布衣老爸的风雪花月

翻译家张谷若和他的世纪

张玲——著

北京出版集团
文津出版社

图书在版编目（CIP）数据

布衣老爸的风雪花月 ：翻译家张谷若和他的世纪 / 张玲著. — 北京 ：文津出版社，2022.10
ISBN 978-7-80554-819-7

Ⅰ. ①布… Ⅱ. ①张… Ⅲ. ①张谷若—传记 Ⅳ. ① K825.6

中国版本图书馆 CIP 数据核字（2022）第 132637 号

策　　划：高立志
责任编辑：冯姝玲　王绍君
责任印制：陈冬梅
责任营销：猫　娘
装帧设计：吉　辰

布衣老爸的风雪花月
翻译家张谷若和他的世纪
BUYI LAOBA DE FENGXUE HUAYUE
张玲　著

出　　版　北京出版集团
　　　　　文 津 出 版 社
地　　址　北京北三环中路 6 号
邮　　编　100120
网　　址　www.bph.com.cn
总 发 行　北京出版集团公司
印　　刷　北京汇瑞嘉合文化发展有限公司
开　　本　787 毫米 ×1092 毫米　1/16
印　　张　22.25
字　　数　316 千字
版　　次　2022 年 10 月第 1 版
印　　次　2022 年 10 月第 1 次印刷
书　　号　ISBN 978-7-80554-819-7
定　　价　98.00 元

质量监督电话　010-58572393
如有印装质量问题，由本社负责调换

张谷若（1903.09.30—1994.08.18）

1981年夏，父亲携作者在自家小四合院屋门首迎送外宾

目　　录

作者张玲2021年盛夏在胶东海岸

代自序

山海祭

江雪　　唐·柳宗元

千山鳥飞绝，万径人踪灭。

孤舟蓑笠翁，独钓寒江雪。

Snow on a River

by Liu Zeng-yuan, of the Tang Dynasty

All the birds that used to fly o'er the hills are effaced;
On all the roads nor any footprints can be traced.
An old man, in straw cape and hat, at a lone lorn boat's bow,
Is angling all alone on the cold river in the snow.

Tr. by Zhang Gu-ruo

父亲英译柳宗元《江雪》

汽车沿高速公路北行，从伦敦向爱丁堡。十余周来，游学英国，脚跟无线，观看，聆听，搜集，思考，为自己，也为北京家中的父亲。我们那如今缠绵卧榻的九旬老父，晚年不喜交游，每次我们出差旅行，总要尽量多带回些书画、工艺品和土特产，供父亲卧享。在英国这个切关他毕生教学、研究、翻译事业的国家，更不可疏漏每个细节。

我们已走过十余座城市，写回的家书中，也禀告了部分见闻，特别是在英格兰多切斯特市参加托马斯·哈代国际双年会的盛况。因为哈代是父亲花费心血最早，也是最多的作家；因为年会对于父亲以及他的同辈、后辈中国同行在近七十年为哈代所做的贡献有了更多的了解，并给予很高的评价；还因为，我和外子张扬，身为中国代表，在会上受到空前热烈的礼遇。爱丁堡是这次访英的最后一站。在汽车上，浏览着路旁一一闪过的青山、秀水、牛羊群、教堂尖塔，我俩低声细细商量，回国前再为父亲和其他亲友做些什么。地势越来越高，爱丁堡越来越近，心中阵阵涌出的兴奋也越来越频，仿佛已有一只脚踏上了归程。

我们到达市中心前，格瑞斯早已跑出来等候多时。久别重逢动情地寒暄过后，她拿出几封已经等在这里的信，其中一封是北京的家书。信封上妹妹平素细弱的笔迹似乎多了一点力度，我心中顿时掠过一丝不安，急忙将信拆开，浑身的血液倏忽僵凝：“爸爸已于8月18日上午10时58分逝世……”

目光反复在这一行逡巡，却总无法将它传导入大脑。爱丁堡朋友们的劝慰，只够勉强使我暂时噙住眼中的泪。深夜，在洁白的被盖下，它们才像开闸的水，狂奔直泻。这时，我才感到爱丁堡初秋的高寒和格瑞斯这套乔治式石砌住宅的凄冷。

父亲真的逝世，永不复返？

再过一个多月，他将年满九十一岁，算是享尽天年了。自从1992年除夕他突患中风，虽然精心治疗调理，但总不见起色。我们离家访英前，也曾预料过可能发生的种种事情。但是在他临终的刹那，朝夕与他厮守为伴的子女不在身边，这确是无可更改的遗恨！

如果在这近二十个月里，我不是忙于各种工作，而能对他投入更多心力……

如果我们事先能理智地认知他确已步入生命的最后途程，而取消这万里去国的远行……

如果……

深切的遗恨带来种种悖于事实的妄想。

“你父亲会为你所做的一切而感到自豪，这是他临终得到的最大安慰。”

爱丁堡和英格兰各地写信或打电话来的朋友异口同声地这样絮絮劝慰。

是的，他是在北京空前酷烈高温的煎熬中坚持着风烛一线的生命，终于等到了我们飞越关山的捷报，才瞑目长逝。

早在1993年新春伊始，我们就接到此届哈代年会执行主席斯旺先生的手书，特邀我们演讲并主持讨论。面对正在医院急救的父亲，我踌躇再三，终究没有拒绝这番盛情。

我深知这并非一次轻而易举的攀登。这是迄今最具权威性的国际性哈代学术讲坛。历届的演讲人都是英国和各国第一流的学者。1988年，我曾是参加年会的第一个中国学者；这一次，像登台打擂一样，我将是第一个正式演讲的中国学者。这并非全为自己，而是也为父亲，也为中国的学者同行。父亲，还有我们这个民族的一些知识分子，踏着上个世纪的余音残韵走来，勤奋、执着，但却太过谦恭、含蓄，他们在穷搜苦索中找到适当的起点，便一头扎进知识的厚土，只顾耕耘，少问收获；他们以汗水和心血培育的果实，即使在本土也鲜为人知，遑论海外！只有80年代以后，才始露峥嵘。如今国际的同行既然希望了解更多，我们应该起而响应。我深知自己恰恰属于那“荒废了”的一代，远不及父辈的精深广博。但是既为由他们的精血造就的后代，我不应对他们有所辜负；而且深信，凭依他们从我出生就慷慨赐赠的一切和我尽力鼓起的浑身能量，定能成功。

十余月来久病的折磨常使父亲不满和发怒，也会引发我的不快和牢骚。但是每当我告诉他在侍奉护理他的同时，我必须准备讲稿和做其他撰写、编辑工作，他总是用力地点点白发苍苍的头，就像一个听话的孩子。去年春秋我曾两次出差，行前向他告别时，他还能伸出仍然有力的手握一握，点点头说：“一路平安。”今夏赴英出发前，我站在他的病榻前，贴近他的耳朵为他大声读了哈代故乡报上预告我们与会演讲的消息，他仍然竭尽全力在枕上点着头，然后目送我们走到病房门口。谁知这就是父亲留给我的最后印象。

在爱丁堡收到的噩耗像一颗重型炮弹，将旅居欢快的心轰得四散，难以收拢。尽管妹妹已依家中风习料理了后事，我仍希望尽快飞回故乡。然而理智又在耳边反复细语：“一次来之不易的远行游学岂能半途而返！”这句话一次次重复，我也一次次吞咽下时时夺眶欲出的泪，终于打叠起精神，度过了在爱丁堡的最后两周。不过在这两周丰富多彩的生活中，不论白天黑夜，不论晴天雨天，眼前总蒙着一层灰色的幕。

我们登上这座城市以它而命名的古堡，这是市中心的制高点，站在它的顶端可将这座据山面水古老美丽的城市一览无余。父亲当年也爱攀登。他的出生地山东烟台芝罘岛也有这样美丽的山水。母亲说他生来挺拔高大，脚力雄健，自幼喜欢独自攀登家乡面临大海的峭壁山崖，在树林中以读书自娱。他是故乡那温良的气候、丰厚的大海、清新的树林的儿子。我上小学的时候，他仍然喜欢晚饭后带我去攀登北京住家附近北海公园内的白塔山。他牵着我的小手一路走着，常好用手指在我的手背上书写着一串串的英文字母，口中还念念有词地读着英文中那些拗口的词句。等到登上顶峰，则仰望夜空，指点星座，滔滔不绝地讲述有关它们的美丽传说。那时他已是大学英语系的副教授，除了精通自己的专业，还热爱天文、地理、历史、艺术、民俗、生物、化学，尤其是中国传统书法、绘画及戏曲。他写的一手漂亮的楷、草、隶书，闲时还喜欢吹笛和演唱昆曲……

克里斯蒂带我们去了爱丁堡以东福斯河入北海口的沙滩。这里的苍凉与父亲故乡的海滩迥然不同。我四岁时父亲带我回故乡第一次下海。海水的浮力很大，我像个空心皮娃娃在水中摇摇晃晃站立不稳，父亲就双手十指交叉抱在脑后，让我也双手交叉抱着他的上臂，带我一步步走向深水。父亲水性不佳，他只是带我去体验海水的恬适与咸涩。在我稍稍长成之时，则任凭我自己去学会游泳。

他就是以这种方式，带我步入生活之海……

我们多次走进爱丁堡著名的国立图书馆和美术馆，查阅资料，欣赏藏品。也常走进街道两旁林立的书店选择各种图书。父亲一生酷爱书画。浏览、选购、阅读、批注，以至重新修补装订，是他生活中的重要内容，晚年妻子及同龄亲友先后作古，更以书画为伴。在他半身瘫痪的最后岁月，他在病榻上仍伸出尚能活动的左手，套上温暖的毛衣袖，擎着书画阅读欣赏。他记忆力超过常人，到老仍记得少年时背诵的中英文经典篇章。这也是他翻译、写作文辞丰美的源泉。像有些中国传统文人一样，他专注治学，不擅实际事务。但对于所在学校图书资料建设及教育却分外积极……

星期天，格瑞斯和莉兹带我们去拜谒瓦尔特·司各特故居。这座堂皇的古堡式庄园里那间正对后园的大厅最使我留恋。司各特临终前，曾移榻这间大厅的窗下，遥望连天碧草和缓流其间的退德河（Tweed River，又译作特威德河）长逝。这位毕生多姿多彩的苏格兰大作家最令人崇敬之处，是他的刻苦勤奋。父亲所致力的英国作家，也都是终生笔耕不辍。父亲自己，不过一介书生，区区译家，但在他所孜孜从事的小小领地，他也是如此。他还是大学学生之时，已在工读之余完成了哈代的《还乡》的初稿。在青壮年教学、养家最繁忙的岁月，又翻译了哈代的《德伯家的苔丝》和《无名的裘德》、狄更斯的《大卫·考坡菲》以及莎士比亚的诗歌、萧伯纳的剧本，并做唐宋诗英译。在翻译过程中，为了恰当处理一些难句、典故、注释、妙语、俚语、行话，他有时数日徘徊，寝食不安，千方百计查找资料，与同行知己切磋，向三教九流请教。他的译文在海内外广为流传，深得赞誉，但他从未自我满足，一书出版后，总要反复修改，几近成癖。偶得指谬，则如获至宝；而对于某些误解错评，则要愚顽申辩，不惜开罪于人。十年浩劫后期，他鳏居陋巷斗室，国家前途、个人治学两相茫茫，他仍像书虫一样，以娟笔小楷修改他那早已频频为人称道的译文。正因如此，一旦良机再降，他即有修订译作面世；也正因如此，他的译品得以不断提高。80年代，他以真正的耄耋之龄，再度治学剩年，新出版了《大卫·考坡菲》和菲尔丁的《弃儿汤姆·琼斯史》，两部巨作各近百万言。前者译稿虽为60年代旧有，但曾有相当部分毁于暴力，他以少壮时代同样的精力一鼓作气补译数十万言，并修订了残存部分；后者，绝大部分译于他八十至八十五岁之间，这五年当中的大约一千八百个上午，无论寒暑，无论节假，他始终伏案笔耕。今年新春，卧病经年的父亲勉强捧着上海译文出版社首次寄来的样书，虽已无力像往常那样逐字逐页查阅，但仍以微弱而却清晰的语声对我们说："这辈子我没白活……"

英国朋友们说父亲会为我而自豪，令我既感慰藉，又生惭愧。应该是父亲因他自己而自豪。他生性浑厚天然，仁爱狷介，重实轻华，珍视友谊亲情，讲求生活的内在质量和自我感受而不做作矫饰；处世间，他随分守拙，不斤斤于个人利害得失；但对于道德、气节、文章之类他一心认定的盛事，从不苟且。在正邪善恶之间，他总做正确选择。作为子女，我们应以他而自豪。

爱丁堡与北京远隔大洋，关山重重，父亲永诀时我未能送行。但是在我们居于其上的这浑圆大块，千山一脉，万水相连，我的心电，乘山风，凭海潮，定能赶上父亲的亡灵。你知道我正在追赶，往昔的一切不足挂齿；将来，我要使你真正感到自豪，父亲！

（原载1995年1月15日《大公报》，后《光明日报》等有转载）

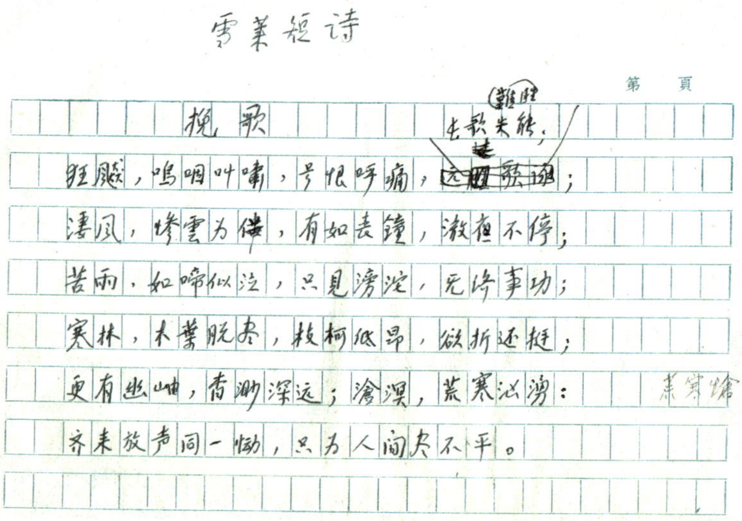

雪莱短诗

挽歌

狂飚，呜咽叫啸，号恨呼痛，

凄风，惨雲为伴，有如丧鐘，澈夜不停；

苦雨，如啼似泣，只見滂沱，无济事功；

寒林，木葉脱尽，枝柯低昂，欲折还挺；

更有幽岫，杳渺深远；沧溟，荒寒汹涌：

齐来放声同一恸，只为人间太不平。

父亲汉译雪莱诗《挽歌》手迹

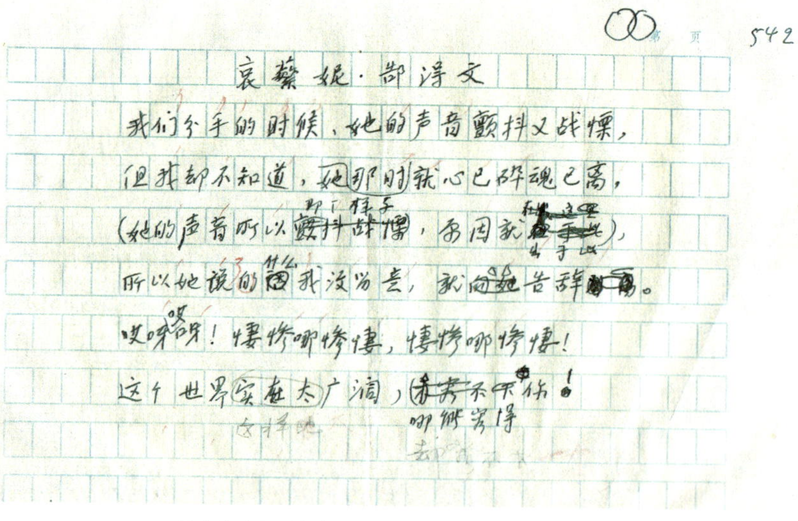

542

哀蘩妮·部得文

我们分手的时候，她的声音颤抖又战慄，

但我却不知道，她那时就心已碎魂已离，

（她的声音所以那么抖，全因就……），

所以她说的话我没留意，就向她告辞。

哎呀呀！悽惨啊惨悽，悽惨啊惨悽！

这个世界实在太广阔，……不下你！

父亲汉译雪莱诗《哀蘩妮·部得文》手迹

楔子

父亲晚年迁居北京近郊双榆树居室

人生在世总有不断行旅，熙来攘往，生离死别多是常态。涉世未深的他者看来，举重若轻；亲临其境的当事者或许才能真体验到其中那实实在在的沉重。死别最为沉重，生离，也并不轻松。

这一本较长的文字，就是与父亲阴阳久别之后的再次重逢，相处之后的再次告别。

汽车沿着高速公路径直北行，从伦敦去爱丁堡，凭直觉和预感，仿佛嗅到了奔丧的气息——那天在1994年8月下旬，妹妹那封恸彻肺腑的报丧信已悄然等在预约居停主人格瑞斯家的客房书桌上。

次月访英归来，再也看不到父亲。家中桌上孤零零躺着一具墨色骨灰盒，把初秋的起居室镇得一片凄凉。

那次出行前的告别，是同年6月底，在距家不远的海淀医院的病房。年逾九旬的父亲因中风已经卧病十八个月，据病情及治疗所需不时移动于自家和医院之间。父亲一生健壮少病，那时已形销骨立，但仍耳聪目明、神情爽利。在家，我已搬到父亲卧房隔壁，一边写一本应约的画家传记，一边随机应侍。一天刚刚把他的身体和床榻清理整洁，他脸上露出松快的表情轻声问我："你还记得幼稚园放寒假前一天，我学校有课，能顺路接你，就打发小陈妈（我的看妈）先回去了。那天正下大雪，回家雇不上车，我一路抱着你走回去的。"

"记得。"我佯装收拾东西背过脸去，不让他看到眼中的泪花。我不仅记得此事，而且记得我穿着爷爷给的那件豹皮小大衣，很重很重。父亲紧紧抱着我，踏着玉屑琼砂般的积雪咯吱作响，一气走了六七里地。

那次在医院病床前辞行，我对着他的耳朵一字一句告诉他，我和张扬是应英国文化处和英国哈代、狄更斯等文学团体之邀出访讲学，即将登机出发。他竭力聚精会神，依在枕上频频点头，像个婴儿。当我拖着匆忙但又沉重的脚步走到病房门口，回过头来勉强微笑向他摆手，他也从被单下抽出那只尚能动弹的右手掌，勉强支撑着向我微微摇晃，像个幼儿。此一刻我看到了他那双未失神采的眼睛中的期盼。几周后，在爱丁堡收到妹妹那封信，是事先寄到哈代故乡多切斯特，然后几经辗转到达爱丁堡。四周前，我已在哈代故乡多切斯特召开的哈代国际第十一届双年会做学术报告，随即写信，将我身为头名参会中国学者所得到的热烈反响和赞扬如实禀告父亲，并由妹妹在父亲枕边耳旁逐字读出。那是在8月十四五日，父亲是在8月18日晨去世。日后听妹妹说，我们走后，父亲虽气息微弱，但仍持续平稳。看来他是在以一缕游丝般的生命竭力维系着心中的期盼，得到满足后慰然瞑目。而我出发前驻步回首的那一刻，却丝毫没有逆料，随后竟会发生永远无法挽回的事——今天含泪写下这几行文字的时候，又不禁心痛如绞……

火车越过八达岭蜿蜒西行，那是1958年9月上半月，从北京去银川。年少胸怀，四方之志，竟也那样沉重！此前一年是1957年，仅在我们专业的一个小班，和我一样，陡然之间命运骤变，后来又确认是被错待了的，约占全体人数的五分之一。

那是我在这个人世间活了二十二年的初次辞亲远去，踏上独立谋生之路。先去北京站赶乘开赴大西北的火车。我双手各提一个小铺盖卷，一个老式旅行鲨鱼皮箱，低头步行走过自家的小巷，不忍回头，却又不禁频频回头。家门口站立的只有母亲和伴其身边同样白发苍苍的表姨，没有父亲。

到达北京站登上车厢甫落座，一把拉过车窗上老旧的墨绿色呢绒窗帘遮住脸，任凭涕泗横流。列车启动，随着老式车轮喳喳的节奏，心中反复念诵："童年结束了，童年结束了……"

当时，父亲正在北京大兴榆垡乡，随北大西语系他的同事和学生短期劳动锻炼，这是"大跃进"的序曲。此次一去，远离家人，关山阻隔，前途渺茫，不知何时才能再行团聚。父亲大约是想顺势不做告别；而我坚持要乘京城尚未发达的远郊长途汽车，辗转来到榆垡乡，只为再看父亲一眼。

时近正午，北大的这一帮教师和学生还在地里干活。因为父亲在他们当中年纪最长，有幸得到特别照顾，经常留在那个特定时期开始办起的乡间公社大食堂帮厨，所以很快就见到了。和父亲面面相觑，千言万语涌上心头，嘴上却一个字也吐不出来。不久，已到开饭时间，只得跟随父亲默默走到村边路口，彼此仍是默默凝视对方。我伫立原地一动不动，直望着父亲转身走回去的背影。彼时，他早已年过半百，身架仍旧高大宽厚，脚步依然沉着稳重。只是那天那一时刻，异于寻常地，脊背有些佝偻，步履略显蹒跚。

当年一别，相隔两载，我才初次享用到法定给予芸芸未婚者本应一年一度的两周“探亲假”。那是我生平第一次这样长时间在北京父母的家中缺位。

历史的长河，人世的一瞬。盛世豪门英雄帝侯，陋巷茅舍黔首细民，两相比较，小家小我的交睫一刹那，是多么无足轻重；然而，作为结构国家社稷最原初的一撮沙尘，却又是那样无可辩驳地不容忽略！二十多年后，我又回到了家，不是探亲，而是长期，或是说，定居到北京的老家。已经没有了身为家庭支柱的母亲，自己也已经到了接近他们当年那种华发早生的年龄。往事既非霓云彩霞，也非烟障雾霾，比实实在在的人生更为鲜活的倒叙、回闪，又成为我们现实家庭生活的一个组成部分。父亲母亲都曾经在和我一起观赏，即使在父亲又过了十余年，也已追随母亲而去之后。真的，这些倒叙的故事，回闪的影像，段段生动有趣，还真是苦辣酸甜百味杂陈，令人亦嗔亦喜，以泪光伴笑声。

1958年初秋我们父女开场初次的久别，平时寡言罕语的父亲是用这样突然发问的方式对我提起：“你知道，那天你离开以后怎么样吗？”

我仰头凝视，一脸茫然。

“我整个下午都想大哭，又怕被人看见，直憋得嗓子发颤，浑身哆嗦。到晚上下了工，大家一起照例开总结会的时候，一个细心的女生关切地问我：‘张先生今天怎么了，是不是身体有甚么不舒服？’

“我一时语塞，灵机一动赶快应答：‘咱们下乡已经这么多天，我总还是这样无能，劳动中生活上还要大家照顾，真是非常惭愧……’说到这里，实在憋不住，眼泪一下子流了出来，而且是一发不可收拾。心想坏了坏了。不料大家竟安慰起我来。异口同声地说：‘别着急，慢慢来，只要尽力，总会有进步……’就这样，才算解了围。”

我听着，心酸之余，怕引起父亲伤心，只好插科打诨似的说：“原来您也狡猾狡猾的呀！这是哪儿学来的？”

殊不料父亲居然微微一笑问我：“还记得青梅煮酒吗？”

由是，我和父亲相对笑了起来。

那时，父亲在给我讲他这段小小的刘备式金蝉脱壳之计以后，我又懂得了他一点：一个终年尽日深居书斋，人称书呆子的文人，历经漫长世道，身临困境，曾经如何保护自己；也懂得了为什么汉文智慧的“智”字上边是个知识的“知”。

那时他还追加了另一段话：“你知道吗？人的心情对于自然界的风景竟有那样大的左右力量！那天你走之后，我心情非常恶劣。傍晚下工往回走，迎面赶上太阳下山。常言‘夕阳无限好’，可是那天的落日血红血红的，看着让人心慌意乱，毫无美感。”

父亲，就是这样一个表面看来高大健硕、不修边幅的“粗糙男人”，原来也有丰富细腻的内心世界。

由是我，一个漂泊二十余年、根归故里的中年女儿，才开始以新眼光重审亲生父亲，给自己童年心中单线平涂的那个形象敷上了多层次的色彩。

感遇

草芥轻纤亦何论，
踏雨御风上停云。
灵台寂寂悬明镜，
愁观嚣壤翻旧尘。

2020.06.01，写于本书起笔之始

第一章

山海之子

晚清烟台老照片

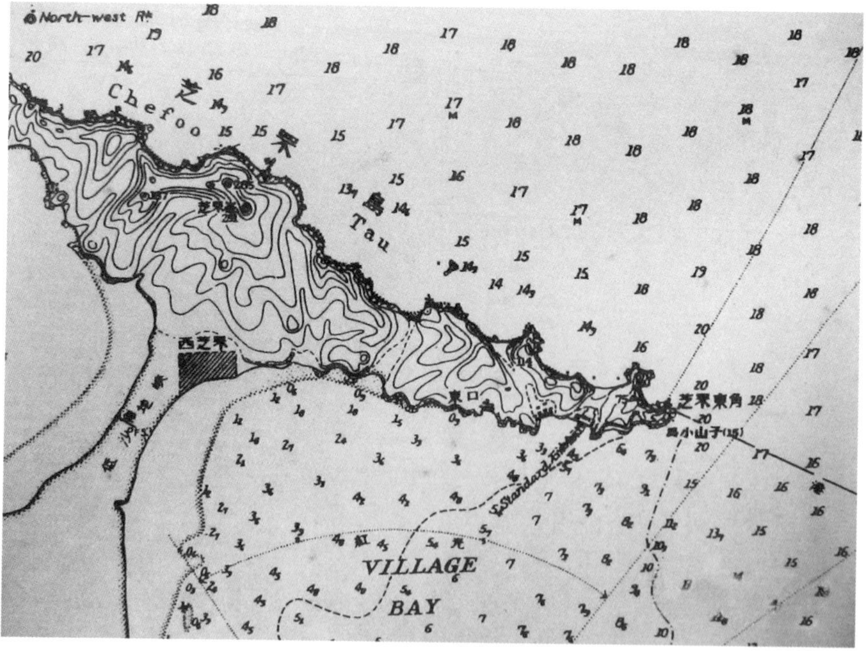

1934年日本海军为侵华所绘制芝罘港附近海域水深图

父亲毕生安身立命养家糊口的职业是教书，二十七岁大学毕业后，甚至求学期间就操起家教，那时称为补习。这个营生，可使他自己的学业大半得到经济支持。但这并非由于他家境寒索，而是那位本来可以有足够充裕资财供给自己儿子最完整优良受教机会的祖父——他的亲生父亲，不肯为自己这个自幼看来大有成才之望的长子慷慨解囊。

父亲一生的社会身份是大学教授兼翻译家，比起较他稍晚的几代，他算少年成名，但是在当时，他那些走出大学校门的同代人，漂洋过海归来，大多都易有机会立即跻身高等院校，取得高等职衔。父亲和未留过学者则是以短暂的中学任教开始职业生涯；跻入大学，也是从教员、讲师、副教授、教授一步步升迁。

我自己没当老师以前，天天看着父亲夹着皮包去学校，从不知教书的难处；自己没教英文做翻译以前，天天看着父亲伏案书写，从不知父亲的学问有多深。20世纪七八十年代以后，我也辗转跨入外国文学行，由于工作的机会，有时遇到父亲以往教过和我同年的老学友，会听他们兴奋地谈起当年受教“张先生”的种种故事。他在我一位师姐的作业本上改错打下重重的一个大叉子，竟深深印透了下面好几页纸！我曾经问他们我父亲是不是一个好老师，他们当然不便当面附和。但我总要坚持问他是不是好老师，因为我小时候父亲在家以他那种教大学生的方法教我英语，我因为难于领会，也曾吃过他的老拳。

人的一生，性格表象并非单一平面一成不变，不论多么简单清浅的人，都会像多面体一样具有复杂多变的表里。父亲在漫长的一生中，在多数熟悉他的人心目中，是性格内向、寡言少语、本性厚朴、温文有礼的文人学者，但也同样复杂错落，赋有层次。不过人的一生，即使千变万化，又总离不开他出生的根。我的父亲归根结底还是故乡那温良气候、丰厚大海、清新树林的儿子。

我的父母十九岁左右结婚，三十四岁左右生我，应该算是早婚晚育。等我长到三四岁，渐渐记事、懂事，父母都已年近不惑，身体发福，不再清秀苗条，不复而立前后的清俊秀丽——那是我从几经动荡至今珍藏的一两幅泛黄褶皱的六寸黑白照上所熟知。在父亲日常接触的亲友、邻里以及一切服务于他的生活工作的医生、书商、市场掌柜、伙计（今称店员）、每天送接他的洋车（人力车）夫等三教九流人物心目中，架着一副黑边正圆形深度近视镜，体魄高朗，总是一身布制长袍，脚上是一双黑布白底儿圆口便鞋的“张先生”，没架子，心眼儿好，付小费出手大方。其实，父亲也有西装革履的时候。四十岁以前，高挑匀整，身上一袭英国进口浅灰条纹薄花呢西服，足蹬一双锃亮的传统三接头皮鞋，配上一张端正英气的面孔，以我今天早已阅人无数的昏花老眼来看，确也是颇为拿得出手的翩翩君子。父亲年轻时身材颀长，中年发福后魁梧健壮，老年依然挺拔矍铄。他每接受媒体采访，我一路往往听到那些注重颜值的现代年轻女孩啧啧称赞：“老先生多精神，多有气派呀！”

但是父亲这种老而未衰的形貌，丝毫和外表着装修饰无关。从小到老，和他朝夕相处，我心中最清楚明白，人的仪表风度，主要是内修所致，亦即所谓“腹有诗书气自华”。

他这个人，他身心所包含的主要气质，归根结底，都是来自中国版图一侧极东端胶东半岛的芝罘岛。按如今的建制，是属于山东省烟台市的一个行政区，20世纪前半叶，曾属于福山县。翻开地图，沿着这片骆驼头颈似的胶东半岛北部海岸线查找到中段，紧靠标志烟台市的圆点偏西，就是那座小小海岛。地形上的灵芝形清晰可见：上端，也就是北部，是扁圆形的芝冠，下面是一枝细细的芝茎。这是一个古老的名字，比它如今所属的烟台市，起码要老上千余年。

烟台，近百年来在人们印象中都是胶东半岛重要的港口城市，其实在中国的历史长流中只是一个——按当地话说——“不起眼儿”的小地方。很久以来，它只是一个天然的浅水不冻港，以小规模的渔业商贸构成主要经济。明朝以来，是按当时军事建制“卫所”制，在沿海边陲建立的一个海防军事要塞——“奇山守御千户所”，简称奇山所，又称所城。在城北海边的山上，筑起墩台，以狼烟报警，这才有了“烟台”之名。至今烟台人口中还葆有“所里的”一隅，那正是其根基之地。奇山所首任千户武略将军张昇（一说为副千户），统领部下和当地民众对抗不时从海上前来偷袭骚扰的倭寇。我们芝罘岛上的张氏，就是这位张千户的后代，据说，父亲还是所谓长支长门，大约未经确考。

至于这座要塞如何拓展成为城市，我已无须啰唆，而烟台此一名称，首先让我们想起古老的烽火台、炮台，都出于军事防御目的，像我们很多沿海疆星罗棋布的城市一样。无论如何，这里有史可查的一段事实是：一百多年前，第二次鸦片战争后，它曾被英帝国相中，成为中国近代第二批五口通商的港城之一，由此而逐渐发展，粗具了现代城市的规模。但是由于它仅仅是浅水港湾，容不下高吨位船只进出停泊，也许还有其他种种原因，其在胶东的显赫地位就被南岸胶州湾的青岛所替代。直到20世纪后期，日本投降后，经过国共双方反复武力争夺，才随同一统的祖国大陆河山得到解放，发展成为今天这样的轻工渔商和旅游城市。本来在这座城市中间有一条长约二十华里、宽约五华里的海滩沙坝连接的芝罘岛，也渐渐成了烟台市的一个行政区，从严格意义上说，它是一个陆连岛或谓半岛。如今的芝罘，早已面目全非。填海造陆，与海洋争地，沙地果园消失；天然海滨浴场、金色的沙滩缩减；山溪汇聚而成的大海阳河干涸而成为民居楼房林立的同名长街。

这些，2004年我回家如是所见，父亲一点都不知道了。1942年以后，他就没有回过故乡；虽然，他在中晚年不止一次认真地对我说：“退休后我要和你妈回老家，要不在威海弄一处房过晚年，那里气候好，鱼虾新鲜。”父亲那时排除烟台在外，选择威海，我知道起码有两个原因，且待下文分解。

回头再说我们的芝罘。芝罘其名比烟台老几千年，应是据其地形而命名，芝，灵芝；罘，屏障。《史记·秦始皇本纪》载秦始皇三次东巡芝（之）罘，明示在我中华青史上，这首位一统江山的始皇帝曾于此地竖碑勒石，以振浩风，以展雄才；仅以此为据，她也并非父亲在其自我小传中所书向来就是穷僻一方。今天，她被俗称为北岛、大岛，我想这是对历史的忽略，对文化的不敬。我不是历史学家，更不谙考古，现在也无意于借回忆父亲这样一介普通知识分子来卖弄知识，只不过是想原封照呈有根有源的一个小地方与布衣学人的一抹渊源：总而言之，父亲就出生在这样一个青史有名、古老沉静的小岛上。我也并非地理地质学家，仅凭童稚年月省亲客居的印象，这座本我祖根小岛，从高空宏观看来，形似一枝美丽的灵芝，深深镶嵌于邻近渤、黄二海交接处的心怀。从早年，这片中国最小的海域，就是我心目中的小地中海，因为她恰在地球东面北纬三十八度线上下，与西面同纬度的地中海遥相对应。她固然没有欧洲地中海那样的规模与名气，但确是与那里同样，气候温润，天宝物华，还包括那令人心醉的碧蓝海水。十多年前冬日掠游埃及到了亚历山大港，特意走到海沿俯身亲手探触过那里仍然温润的海浪，当即为同行“驴友”不解，其实我不过就是为在遥远他乡体验故乡。

80年代至今多次旅居英国，在大至伦敦、爱丁堡，小到大雅茅斯、圣海伦斯、伊斯特本等等滨海城镇，常常把它们和我的烟台联想。1988年在多切斯特第一次参加哈代双年会的时候，告别酒会上该届“荣誉卡斯特桥市市长”曾经问我：“你初到本市，首先想到的是什么？”

答曰：“它像我父母的故乡山东烟台。”

“为何？”

再答：“因为它有同样美丽的山海，同样热情的人们。”

如此回答，出自内心，是一种对其自然与人文环境的天然感应，仿佛旧地重游，故人重逢。

烟台最北端的这个小半岛芝罘，其实是由一座坚实完整的石质山岭构成。东西走向，横贯灵芝的冠头，中部有接连两座突起的山峰并峙。稍高者曾名老爷岭，原筑有阳主庙，顾名思义，那是世代所供奉太阳神主，带有道教甚至原始泛神教风味；另一座较低者，称康王坟。

这座主峰海拔不到三百米，半个多世纪以来，山顶常年有国防设施，从山腰始即封山。山的北坡是巍然壁立的悬崖，涨潮时，海水亲临壁脚。风暴中，海水凶残地冲撞坚实的峭壁，水削石穿，留下深深浅浅的岩洞。退潮时风平浪静，壁脚下退出一带金黄色的沙滩，散落着大大小小的砺石，泛黄金色。那是它的同类岩石中不肯对风暴海啸让步的残留。在地质运动的亿万年中，拼命将自己的根牢牢扎在那坚实的母体石基之上，不肯把自己化作随波逐流随遇而安的细沙碎石。其中更兀立一座影壁似的巨型石礁拱壁，形似澳门的那座标志性大三巴牌坊。只是体积更大，金黄色，呈上窄下宽三角形，俨然一位富态中老年健妇，当地人尊称其为石婆婆。母亲和姥姥告诉过我，石婆婆有家有口，儿女以及她的针线笸箩、烟袋荷包，都罗列在她的脚下。我曾在退潮时走上前去俯身仔细查看，果然发现不少有上述具象的小砺石，同样泛红的金色，像那整块岿然不动的庞大母亲岩石。而且也在未退尽的清澈海水浸润中一动不动。据说，婆婆也有丈夫，就在山坐北朝南的另一面，就是岛上人说的山前，也是这个灵芝小岛南岸沙滩上的一块礁岩，大名石公公。千万年来，这公婆俩背对背隔山面海而立，两不相望。据说，只有到发大水，芝罘岛全淹没了，他俩才会相见。

这位石公公，是一块巨大黝黑的青色岩石，高度大约和他妻子相仿，但身形细瘦得多，像一把直刺青天的长剑。远远望去，雄伟挺拔，颇有男子汉气概。他的“剑柄”，也就是最底部支撑这块大岩石的基柱却是又细又短，颜色更见深浊，意味着内含稀有金属，大概从中也能领悟到他扎根地下，牢牢支撑整块岩体的原因。据说，他曾受到小鬼子的觊觎，但始终凛然屹立，日本人用汽船都未拉动。因此，人们更要说芝罘是个宝岛，虽有过往船只遇难之事，也有小鬼子一时的霸占侵扰，以及百年来各种兵难，尚多未曾深切殃及。附近内陆一些村疃（芝罘方言读作tǎn）遇有不太平之事，芝罘就成为收留前来避难亲友的上选。

说实在的，芝罘安全而且美丽，对于世世代代漂泊大半生的芝罘岛人来说就是故土难离。早年回乡，我常遇到见识了外边繁华都市回家度假的年轻的舅氏叔伯们，他们闲来最喜欢的就是逛山景，就像我们回到北京要逛香山、八大处。

我因为出生在北京，早年回乡，常被故乡人诨称“小京油子”。那时欣赏芝罘岛，我最喜欢的视角，是站在烟台老市区当时的东郊海滨沙滩上遥望芝罘的南侧。在这里，主体当然是那两座山峰坐北向南的阳坡，但是仔细定睛，目光终会不由自主地聚焦在黛色的半山腰与淡淡海边黄沙之间那一带村落民居上。在万里无云海天一派湛蓝之色的大布景下，在我这个年轻女孩满怀恋慕的明眸之中，种种细节历历可见。

那是一幅令我终生不忘的画作。一排屏风似的低矮山岭，正中两座山峰比肩挺立，几条山径顺势缓缓蜿蜒而下，直达山脚，和这一带海边沙滩自然融接。就在山坡与平沙交错接壤的地平线向上约占三分之一的一带缓坡上，劈出一片片梯田或鱼鳞坑似的宅基地，盖起了一户户居家宅院。远观，错落密集；近看，一水儿灰砖青瓦，坚实规整，典型的中国北方平民四合院格局。其中部分院墙的下半部，砌着天然形态的大石块，更显得平整坚实，这是通常所谓虎皮墙，一看便可理解当年老辈人就地取材的匠心。——这也正如我前述，我老年多次游历客居英伦三岛，常常联想到父母的故乡，就是因为在他们那些简舍（cottage，不应译为茅屋），也常看到这种天然石砌虎皮墙。我从来不懂八卦风水，但是大略看看这样一带坐北朝南，依山势层层而建的民居，北有山峰为屏，南面整座岛屿与烟台海岸相连而形成的岬角海湾，冬暖夏凉，想必正是鱼虾和各种海物的婚房、产房和育婴室。每逢鱼汛佳期，外海老洋种群不计其数的水生动物受繁殖后代、延续种群的天然使命驱动，争相洄游产卵。父母说那时候，春天大对虾汛期的壮观远胜于过江之鲫，一个大枚（铜板）就能买到一大盆活蹦乱跳的大对虾，一家人可以对虾为主食连续饱餐几天。有谁能说这不是风水宝地？当然，毫无环保意识的彼时，在今天看来，也真是太过于暴殄天物！

从这片民居地带再向上走过，是天然的山景，泛红色沙石泥土和生长其上的山花野草，还有马尾松等林木，自是一派烂漫天成。

早年，我也最喜欢雨后跟随邻家同龄小伙伴们在这些山间小石道上奔走嬉戏，听道旁小溪涧的汩汩水声，看光洁的卵石在透明的跳跃流动溪水和光影下闪烁变形。沿被清澈纯洁的山泉奔流冲刷得纤尘不染的山间石铺小径，一路归来，母亲做的小布鞋鞋底上的针脚线都给刷洗得豁然醒目。那时候，距离父亲儿时，已经过去三十余年，我曾经猜想，我那时所走过的山间小石路，大约和父亲小时候所走过的还没有如今那样大的变化吧？没有，肯定没有。因为我成年以后听父亲亲口说过，他从小喜欢山上的景物，常常独自沿这些小路，伴着溪涧爬到可以看到石婆婆的“后山”，读他的子曰诗云。

童年时代就听说，岛上这种多石质的土壤，含有铁、金和多种稀有矿物质，也曾经受到日本侵略者觊觎，由于粗估尚属贫矿才算罢手。所以相关小鬼子的汽船曾试图拖走石公公而未果的传说，也非纯属子虚乌有。80年代，改革开放打开了这里人的头脑，勇于创新的中年人带头深入本市以西山区，成为新时代中国的淘金者，我们的近亲中，虽然并未实现暴富的预期，也算是小小地火了一把。可以说，这里的人们并非不思进取，也不缺扎实苦干的劲头。实际上，这处远离尘嚣的石质小岛，在农耕时代的中国，无法依靠可耕土地维持生活。这里的生民，世世代代早就习惯了向大海讨生计。而且每年夏季经常出现的蜃景，也就是常说的海市蜃楼，将地球各方城乡山林胜境人物借助大气光影投射到这里海边广阔的天幕之上，引人聚观，诱人遐思，也会激发起血气方刚青壮年的四方之志。最简单的，一只船、一双桨、一片帆、一张网，乘风破浪，潮起离去，潮落回返，慷慨的大海就会助他满载而归。这片海虽然面积小，且是较安全的，但和地球上所有的海洋一样，也有喜怒无常的脾气。芝罘岛的人还没有浪漫到天生乐于冒险，凭空抛闪亲人，一心向死的蛮气。深冬寒夜，下海，真正地驱一叶孤帆在茫茫大海颠簸浮沉，那是在草房粮断灶冷，为了炕头嗷嗷待哺的幼儿向漆黑冰冷的汪洋夺食，终被巨浪的狼牙吞噬。在父亲血肉至亲当中，就有这样的例证。

另一条谋生之路是海外经商，或漂洋过海，或陆路跋涉。这有别于海上冒死求生，但需要一定文化和资财为成本，而且也并非轻松快意的旅游。那需要面对陌生的环境、孤独的客居、商海的诡谲，以及应付酷劣气候和世俗邪恶的坚强体魄。父亲的父亲，我的祖父，就是这其中的一员。

不过这个在20世纪初方圆不过四里，包括三个自然村（中间的大疃和两头的东口、西岛两个小渔村），上世纪中期总共还不过千余户的陆连岛，多得蛋白质海物供养。因此原住男男女女大多健壮匀称，飒爽矫捷。偶有外地游客沐浴在蓝天白云艳阳之下，漫步于淡淡金色的沙滩之上，常会遇见面色红润光鲜的老人，即使平生贫困，终日操劳，脸上却并不见多少沧桑之痕。他们可谓真正的阳光老人。交谈之间，你会从他们身上发现这里民风淳朴，民性爽朗，世代偏居一隅形成的保守固执当中，又夹杂着豪爽开明。

说到芝罘岛人的保守固执，照当地习惯的用语应该就是一个“犟”字。从早年存留的印象里，我可以提供两个最能体现这个字的实际例证。其一，是自幼亲见亲闻这里的人家，常常是父子不和，代沟深亘；另一个就是康王坟的传说，在岛上的老辈那里耳熟能详。

据传，上古很久很久以前（应该是指东周），芝罘岛是康王的封地。康王有一个儿子，脾气死犟，父亲指东他偏去西，父亲指西他偏去东，一辈子没顺从过。康王临死（古时王死称“薨”）留下遗嘱，说：“我死后把我埋在山顶上。”其实他的本意是想埋在山底下，只是心想：“我儿子一辈子都拗着我，我要老实说埋在山底下，他必定把我埋在山顶上。”

没想到这个儿子在父亲死后，良心发现，心想：“我一辈子没听父亲的话，如今他死了，就听他这一回吧！”人们扛着康王的灵柩上山的时候，觉得特别沉重。那是康王的魂儿还在使力较劲儿。

据说康王死后，这个王国很快就败亡了。康王为什么希望把自己埋在山底下呢？因为他早就知道，他的国号是康（糠），就是麸皮，风一吹就散，绝对不能埋在山头。

今天看来，康王的故事无疑只是传说，像石公石婆一样关于夫妻——人际关系的传说。我在闲读胶东半岛史籍的时候，曾遇到过即墨城北绵延群山中关于康王墓葬相同的记载。但这样一个简单肤浅的口头传奇，却蕴含了一则深刻而又不乏深意的哲理：人生的、家族的，甚或社会历史的衰陨悲剧，往往是人与人之间因对立、误解而生的荒谬所致。

父亲所出生成长的胶东半岛之北名为芝罘岛的一隅，是一块得山川之利、物产丰隆的宝地。在历史长河中，她在人们集体意识的潮汐冲刷之下，淡漠了颜色，渐渐融入了人们的集体无意识。

七八十年了，从我有意识以来，我一直在听，一直在读，希望在自我个体上稍稍保留那些宝贵有意识中的点点滴滴。

父亲出生在一个普通的商读人家。“山后张家”的远祖或高祖本是军人后代，杀伐征战之余，转而躬读，也属自然之事。就我所知，从父亲一代上溯三五代，从未有过达官显贵，冠带功名，到他祖父（讳张培德），已是实实在在地家道中落。我曾祖父村上人称“张大个子”，大约是人大心大，大大咧咧，饱读诗书却终未晋尺寸功名，连最低级的秀才都无缘。那时疃里张姓近支已经有中秀才者，家里当宝贝存着靴帽蓝衫（指当年秀才的

"官服"）。我太爷爷终生以堂堂一米八五以上之躯，一辈子屈尊在疃里唯一一家小杂货铺站柜台当伙计（今谓店员），然而，他就是父亲实质上的开蒙师。父亲最初学会的那些汉字，都是由他老人家手把手教出。他是不是在这个长孙身上发现了一粒读书种子，看到了一点朦胧的希望？无论如何，在如此普通平民之家出了父亲这样一位社会有用之材，这首先是故乡天地海山之钟灵毓秀。作为黄海之滨芝罘小岛的子孙，父亲的生命，他日后获得的一切，首先来自这里的海和山，他是海山之子。

第二章

殷殷学子

Zhang Gu-ruo, alias Zhang En-yu, born in 1903 at a seaside village near Yan Tai (Cheefu), Shandong Province, China. Educated at Nankai Middle School, Tientsain, and Peking University, Peking. Professor of Beijing (Peking) University. Translator of Shakespeare's Venus and Adonis, Bernard Shaw's Heartbreak House, Thomas Hardy's Tess of the D'Urbervilles, Jude the Obscure, The Return of the Native, and Charles Dickens's David Copperfield and American Notes. Translated some Tang and Song poems, two of which were published in The World of English, 1983, No.5.

975

外译《经典唐宋诗》中父亲的英文简介

“你爸爸从小书念得好，小学到大学年年考第一。”

母亲送我开始入学读书时对我这么说过。她平时从不夸奖父亲的长处，唯独在那时对我说这话，我明白她的用意。

“你爸爸小时候就成天价抱着书看，晚上就着油灯看到下半夜。早早就瘦得皮包骨，成了大近视眼，还戴上了眼镜。爹妈看不惯他那穷样子，说是‘在了鬼子教了’！”

我家祖祖辈辈无论男女多非滔滔善言者，祖母也不例外。这是她到北京来闲住时对我说的。她从未吐露过为娘的对自己长子的得意；我理解她当时对我这样说的心情。

爷爷和奶奶一起来北京，他对我或别人从不提父亲。我也理解他保持沉默的心意。

试摘录父亲于1982年在自己小传里的述说，再看他是怎样谈论自己的学业的：

> 我生于1903年，八岁梳辫（非束发）入塾（非入学）。塾师虽非“天玄地黄喊一年”者流，而我念了两年书，除了《三字经》《百家姓》《千字文》而外，四书则《孟子》尚未读完，幸而辛亥革命，私塾改为学堂，然我亦只学到“缀字”（即后之“填空”）的程度为止。故乡地处穷乡僻壤，全县（山东福山县）只有一个高等小学。当时办得不太好，学生人数寥寥，学校派人下乡劝学，我才选入高等小学。这对我说，实在得算是不幸中之大幸。因为我学会了作古文而能成篇，实在是这个高等小学的教导，特别是其中一位国文教师。此人名丁鸿标，号准夫，为清末举人，实在得说高明。当时的办法是，选大名家古文若干篇，由先生讲解，由学生熟读模仿。学生所作文章虽不出策论式规模，

但我由只会缀字而进到作古文成篇，总得算是一个跃进。尤其是这位老师，与众不同，文章经他改一句半句，或添一句半句，则全篇因之醒目，题旨因之突出。不但此也，我当时买了一部《古文析义》（与《古文释义》同属一类，不过所选之文不尽相同），他替我把那部书又重新精选了若干篇，且加圈点。经后来揣摩，认识到他之所选、所圈点，真能把作者的特点标出。

我在这种古文的基础上，开始涉猎古典著作。在高小三年中，我涉猎的书里，经书有《论语》《孟子》《尚书》《诗经》及讲训诂之学的《说文》《尔雅》。《说文》以段玉裁的《说文解字注》，王筠的《说文释例》为主，《尔雅》以郝懿行的《尔雅义疏》为主，兼及郝氏丛书（我当时买到一本郝氏丛书）。史书为《史记》《三国志》及《御批通鉴辑览》（当时尚不知读《资治通鉴》），兼及《王凤洲、袁了凡批纲鉴》。子书则以《庄子》《韩非子》较熟。说部《红楼梦》《水浒》《三国演义》《西厢记》等，但说部在当时，只是看着玩儿，并不把它们当正经书看。

我当时大约念了六七年小学（年数记不清楚，大概有六七年，因在高小时，学校当局往上级呈报晚报了半年，所以毕业也晚了半年）。在这六七年中，前三年，几乎等于白白糟蹋，后三或四年总算侥幸；但也只能算是入门而已，且所学为写古文，后来一兴白话文，几无用处，所以也等于白糟蹋。……但从另一意义上看，则古文之作，需讲用字、造句、分段、成篇，也就是起承转合这一套陈腐的训练，也未尝于写白话文就是无助。但虽在高小时学会了写古文，也只能算是初步，涉猎了一些书，也只能算是涉猎，并无系统，并无重点，并无人指导，只自己瞎撞一气，碰到什么是什么。如果不是这样，能有人指导等等，则所学可能更切实一些。因为把十几岁最好的学习时期，未能好好利用，也令人懊悔不已。

但令我更悔恨的是，高小毕业后，到北京考入当时最有名的中学。

我在这个中学念了一年，毫无进益。例如我听了半年代数课，仍不知代数如何代法。先生上课照本宣读，声音低微，令人欲睡。加之我心理上起了厌世之感，觉得在人海茫茫中，前途真茫茫，此皆由不明读书的道理，也无人告以读书的道理。因知前此高小之所读，也净是胡乱瞎碰，碰出来的。我当时既有这种心理，遂欲离开京华软红尘，回家做陶渊明。这三年中，除去看了《随园诗话》《渔洋诗话》，试作旧体诗而外，真是岁月空添，光阴虚度，陶渊明当然做不成，因为那太不现实了，但背了几首陶诗，也可以算是这时期的一部分收获吧。……如前所举涉猎书名，盖十不逮一，所以未具列者，盖恐有抄书目之嫌。但其中有一书，不应省略者，即《文选》……

……这三年中，渐悟务农之不可能，须读书求知，有一技之长，始有出路，于是乃有二番外出求学之举。这次既决心求知，于是乃选当时华北第一个中学（也有说是中国第一的），这就是天津南开中学。

……盖南开这个学校，当时是最"洋"的。什么都以美国为法。所用课本，除了国文和中国史地而外，其他一律是英文本，而且如所用课本，有与美国同等级之学校中同年级所用者相同，则以为荣。而教员亦多精于业务及教法。例如数学，我不但对代数、几何、三角，明其道理，且对之发生兴趣，即最难的习题，都能应对自如。但是……南开对于英文，既如前面说过那样重视，由初年级即于读之外，更训练听。而到高中最后二年，即由美籍教师任教。当然，美籍教师并不是人人都会教书。我前后经历了四个美籍教师，其中最好的也只有一位。我一直到现在还记得，我们都叫她"米斯塔尔白勒"。她之所以与众迥异，是因为她不但诵读课文，解释词义各方面清朗明晰，而且她会按课文内容，做给我们看，学给我们听，给学生最清楚、深刻的印象，给学生最精确、明白的了解。所以凡是她教给我们的东西，一直到现在，虽几经半世纪，而仍旧有许多我记忆犹新。我在这儿举一个例子，可以把话说得更具体一些。我们当时课文里，选了一首诗，叫作《动物合奏曲》，里面说“巴波林克”拉小提琴、牛蛙打鼓、老鸹打镲等等。“巴波林克”是美国的一种鸟儿，叫的声音听起来像“巴波林克”四个音（此鸟以其鸣声为名，如中国之“光棍好苦”）。这位教师学给我们听，四个音节，高下抑扬，特别是“林”音提高拖长，听起来很像小提琴。这容易懂，但以中国人的耳朵听来，蛙鸣与鼓声，老鸹叫与打镲声，都对不上号。她当时当然想不到中国人与美国人在这方面不同，所以在课堂上未做任何讲介。但是我却要弄一个水落石出，所以课后我就问她。她当时学给我听。原来西洋打鼓，鼓槌在鼓皮上滚，听起来是“啯噜”“啯噜”的声音，西洋打镲，是镲的两半，相对擦而击之，听起来是“刮、刮”的声音。这样一来，二者都对上号了。这不过是明显易解的例子。其他如课本中人物之动作、神情等等，非我笔之拙所能形容，所以也就不必再事喋喋，但由此一例，其他也自可明了。以上这个例子，一方面说明那位教师怎样教学有方，一方面也说明我怎样勤问好学。……我在南开时，其他课程方面，自不必一一列举，只再谈一谈国文方面……因为英文和国文是我从事翻译的准备。关于国文……第一件，是我在全校国文比赛中考过第一；第二件，是我们那一届的毕业同学录前面的序，是我用骈体文作的。这在当时总算特殊，因一般序言，总要请一位名人执笔或出名，再者其时已是五四运动之后数年，一般都写白话文。此反用骈文，显得太陈旧。然而终于选了我那篇序，只是因为同学中有人能这样作，总得算突出吧。

我从南开中学毕业后，考上了北京大学，我上了四年大学，学校换了四个招牌。第一年我考进去的时候，仍为真正老牌北京大学，但第二年就换为京师大学堂[①]，第三年又换为北大学院，为北平大学的一部

---

① “京师大学堂”为北大前身，此处应指1927年高校合并成立的“京师大学校”，仅存一年。

分，第四年才恢复了北京大学。即此一事，已可说明政局动荡，学校亦随之而动荡。这四年中，真正上课的时间，不过两年半，其中一年半等于掷于虚牝。……例如京师大学堂那一年，课程最乱，纪律最差，学生可不上课。但有机会自学，我在此时乘机阅览了大量书籍……又如在四年级时，学校请到英国当时文学批评名家瑞查兹（今又译作“瑞恰兹”“理查兹”。——编者注），讲授文学批评与小说。我在听课之外，又在他休息的时间，问了他许多课外的问题，但他那次只在中国待了一年，我未有机会再多受到他的教导……

我于1930年在北京大学毕业后，一直从事教学工作，由教中学而教私立大学，而教国立大学，一直到解放后……

写到这里，文已了而意未了，打油之兴亦未了。故再凑一首，聊以终篇：

岁不我与那得闲？
书被催成墨未干。
春蚕到死丝未尽，
地久天长悔绵绵。
（“书”当然非书信，“丝”亦非情思。）

每次阅读父亲此类简短的自叙，眼前总会出现连绵滑动的画面，像电子屏幕，其中的主角是从孩子到少年再到成年的父亲。而其中轮廓最为清晰的片段，是他还身为童子的时候，起坐、行止，手中捧着线装古籍，埋头阅读，仰首背诵，掩卷沉思……他的周边，既无师长，又无同窗；那不是在“书房”（故乡芝罘岛一带方言，指学堂、学校）教室，而是在芝罘岛的后山。坐下是一块黄金色山石，背后一棵遒劲苍老的马尾松，山风习习，帮他飒飒吹翻手中薄薄书页。

如今简略梳理这些引文，可以从中列出几个关键词，略加敷陈：

一、“八岁梳辫入塾”

当时习惯所谓八岁是虚岁，父亲生于1903年9月30日，应该是到1910年9月30日才满七周岁。按当时学制都是春季始业，父亲上小学一年级其实不过六岁半。此前，和一般乡间孩子不同，他祖父已开始教他读书识字，正是父亲的头任蒙师。

祖母曾对我说：“辛亥革命那年，正闹着铰辫子，你爹学着别人的样儿，背着我一剪子把辫子铰断了。他头发厚，每天早起给他梳头，薅得生疼，他烦气得慌，巴不得铰了；那辫子粗粗的，自己铰掉，又哭了，怕我打。”

父亲是地地道道芝罘岛人，是那里的山海阳光雨露的儿子，本性天然纯真，向往自由自在，无拘无束。对于自己的衣着打扮终生以省事、舒服为要，加之他又是自幼饱读诗书，接受经史子集中传统文化浸润熏陶，一向更接近老庄一派超逸洒脱、自由放达的理念气质，更受用他们的宽袍披发。对于儒家道统和繁文缛节天生叛逆，这又与芝罘岛以至胶东半岛上偏重道家、泛神风习恰相吻合。身为男儿，他每天梳理长长的满头密发，本来就是一件十分厌烦之事，当时赶上这样一阵革命风潮，不言而喻要起而响应，也算得风气之先。但在严母——中国封建时代严苛母亲的拘管之下，小小年纪又养成怯懦优柔的性格，缺乏气吞山河、勇往直前的大勇。有这两类貌似颉颃的特性集于一身，其实又是相辅相成。至今我才意识到，原来这也可算是儒家的中庸。对于这样一种特性，引申为处世之道，褒贬臧否，我自己至今也了无主见，但回想父亲某些生活经历，这确实贯穿于他一生命运的几个紧要关头，起过掌控作用。

二、“选入高等小学”

不应小觑他上高小时所在的福山县，那是比芝罘甚至烟台更有传统文化底蕴的地区。即使在我早年，无论是在北平家中或回到芝罘老家，听长辈议论起饮食、用品，都称赞福山县的比烟台的更“地道”。至今在北京耳熟能详的几大名饭庄，多为福山老乡经营。常年受其供奉的京城达官显贵在享受口腹之乐间，往往并未意识到，美味佳肴这样一类世俗的物质文明，恰是支撑众多高雅精神文明之根基；而这些操着独特拖腔甚至遭受京城口技艺人取乐嘲笑的口音经营这种物质文明的群体，本身也需具备足够的智慧修养。看来当年一介童子的父亲在福山高小幸遇恩师，又在县城里巷坊间购得经史子集，也实非偶然。而这些书中有涉训诂之学的《说文》《尔雅》一类，以及后来大学时代受教于英国名学者瑞查兹，与父亲日后开创一条独具特色的翻译研究实践门径，也有重要渊源。

三、“考入当时最有名的中学”

由于父亲自幼学习成绩优越，从低幼到高深的各级考核，大多是被拔擢头魁，乡党间耆宿看待他的才学能力已成无往而不胜的定见。因此，1917年他初次负笈北上投考那所“有名的中学”时，疃里就在同步盛传，谓其甫入“京城”（在乡间人心目中北京永远是北京，不管它是不是京城或是否更名）一下火车，先就提着行李直接跨进这所学校大门，然后才去报名应试。这只是乡党欲以此说明，父亲对自己被录取具有十二分把握。直到我早年回老家，也还听疃里人向我如此反馈。回京后面对父亲验证，才知道那纯属讹传。父亲初次负笈远行是十三周岁。经海路先抵天津，再转乘火车。进“京城”后，先在目标学校附近一家福山同乡经营的米面铺借宿，放开行李才去投考并得中。父亲如是口述，自然比乡野传说可靠，这也才更符合父亲一向的行事为人。当然，据他的研究者，山东大学外语学院孙迎春教授查访，他的中学及数年后大学入学考试，都是以优秀成绩被录取。

父亲在他这次进京求学当中，恰遇一桩重大事件，就是五四运动。他晚年回忆时说，自己那天清晨随高年级学长队列从和平门外校园出发，一路

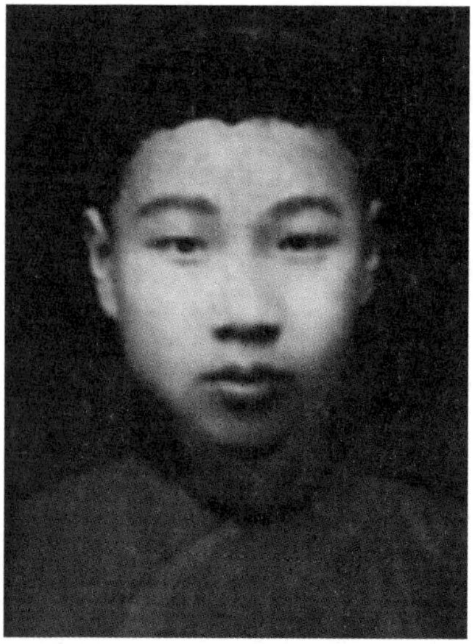

初上中学（父亲留下最早的照片）

走到天安门，身为初中一年级新生听从指挥留在当地，也算是会聚广场三千多学子中之一员。其时四周拉起界绳，席地久坐后少年心性颇感不耐，于是将自己即席转了一个一百八十度大圈，面向绳圈外一跃而起，脱离群体独自返回了学校。

四、“做陶渊明”

父亲自己说，他高小毕业上了北京的师大附中，那虽是“有名的”中学，但对他这个求知若渴的学子来说却是碌碌一载，不得饱足，于是索性打道回府，归隐还乡，就这样学做起陶渊明。设身处地想想，一个十三四岁的孩子，长于得山川之利的自然环境中，养于其勤敏刻苦善于经营之父打造的小康之家，又是家中备受关切的长子，平素的生活待遇与当时举国及本乡同胞相比，多少都可说是较为优裕。父亲也曾对我讲，勤俭持家是他父母一贯的生活准则，他上中学的时候，一家老小上上下下需要供养的统共也有五六口之多，而他只身在外求学的资费，却等于其余人口的总消费。对于一个少年，这无疑是一种无形的压力，加上生活学习条件不适，他宁可放弃收获不丰的学业，复归他自习独乐闲云野鹤般的日子。然而，乡间千百年代代因袭的风习，家庭内隔代人之间思想观念的沟壑，是天天碰撞的现实人生。一个青春少年，已长成堂堂七尺之躯（此时的父亲已继承了其身材高大雅号“张大个子”祖父的身形），早已不能安于在家坐享嗟来之食，即如今所谓啃老。——无论是从家族人众的白眼，还是身为一员已在外界稍长见识的少年个体的自尊来说都是如此。因此，在京求学一年后还乡，又在本疃教小学一年。这是十五六岁的父亲独立谋生的初次尝试。

除此之外，还有一个丝毫无法逃避的现实问题，就是那桩人生头等大事的婚姻。这段故事，虽被父亲小传忽略，我父母还有祖母都曾经对我或详或简地说过，而且早已构成我脑海中有关双亲深刻记忆的篇章。

那时父亲少小离家，“外边”北京这样令人眼花缭乱的花花大世界，无疑是足以令他这一介小小书生目不暇接。一年后悻悻回返，虽不过十四五岁，却仍是性喜独处，不擅交游，同性之间尚且如此，遑论男女异性！仅凭种种迹象观，那时他尚属情窦未开。——此一公案，可憾我从未想到面对面向他确证！

不论如何，总而言之，按当时泱泱中华大地观念风习，男大当婚是天经地义，而且婚姻大事全需听凭父母之命媒妁之言。这在海疆边陲蕞尔小岛芝罘则更其为甚，彼时彼地虽早经国民革命与五四运动冲击，这种理念和行为方式，仍是根深蒂固，对任何人毫无例外，也无可置疑。

这时，民国已步入它的第二个十年，帝制更是已推翻十年，这个时期的中国后来被定性是半封建半殖民地。“旧的不去，新的不来”，结果却是半新不旧兼而有之。在谈婚论嫁这个人生非同小可的板块，封建遗风与殖民新习杂糅，程序愈显繁复。那时候，祖父身居海外，在“崴子”（芝罘对苏俄远东符拉迪沃斯托克的俗称）及东北哈尔滨所经营“买卖”意兴正隆，仅每逢岁末回家过年，平素家事均由祖母留守操办。祖母出身渔家，生性简朴勤俭，平日操持家务刚强果决，对于看来颇为出众的自己亲生的长子，应该算是尚未施诸全权专制。起初提起婚事，母子间尚有谨慎磋商余地；但父亲尚在弱冠之年，前途惶惶，意念中从无心仪佳人，这自然要使祖母起初的小心试探屡屡不爽。然而祖母的固执刚性也不容低估，母子间遂有几番口舌之耽耽。父亲不得耐烦，无奈只好稍有让步。条件是女方必须“读书识字”。殊不知，这原来恰是一道死结！因为在当时的社会条件下，托媒人挨家挨户把全芝罘岛搜索通透，也只有一家一位符合条件的适龄女郎浮出水面。那是疃里唯一小学的校长之女，也是疃里那唯一一所书房课堂之内唯一的异性。由于其父开风气之先，伊自幼随其父在本校就读，为人端庄本分。我父亲对此同窗师妹亦无反感；况且父亲从儿时就读本疃此小学初起，即已大受恩师瞩目，颇有意于择为东床：如此看来，岂不是恰合世代说书唱戏情节之佳构！而且这位小姐还是走在时代前列的疃里唯一天足女子！在开化先行地区，这可能恰为好逑男子心向往之。而在我祖母，这位典型传统封建铮铮女士心目中，则无疑早已归于异类邪魔，万万不可纳入其老张家门楣。当时在芝罘这乡曲一隅，祖母背后还有无数无言无声的支持。于是，他们母子之间，自然有了一番抗辩争吵；终于，年齿尚嫩、情窦未开、学无所成、业未得立的父亲的区区底气自然而然得让位于其母亲的刚强执拗。最后，这件事不得不由父亲这样一锤定音："你不就是为了要娶个媳妇到家里来伺候你吗？那我就给你娶一个。"

随后，祖母再托媒人在疃里展开认真搜索，终于把目光聚焦在仅一街之隔的邻居老陈家，并与之产生共识。这也是个经商乡绅人家，主妇也就是我姥姥，年轻时是有名的大美人，夫妻俩有比肩三位待字闺中的女儿，个个品貌端方。祖母和大媒经过事先私密研讨，依次将相隔四岁的这三位闺女按年齿一一过滤：长女，过大；三女，尚幼；唯次女略长父亲两岁，恰合彼时彼地乡间习俗！而且因为双方家族都是村中大姓望族，长久有通婚惯例：我这位正待候选婆婆的祖母，本来就是陈家嫁过来的闺女，论辈分，恰好是陈家姑娘的从姑。借此我突然悟到，我们古代汉人本来就将公婆谓之"翁姑"！于是日后成为我父母双亲的这一对青年男女的此生姻缘，就此命定。窃所谓命定：一为命运之定；二为命令之定。而我父亲这位首要当事人，面对此情此景，却形同陌路。

说起来，老张老陈这两户人家相距不过一街之隔，虽然山东的芝罘岛可能不如李白的长干里开化，也不盛产翠竹青梅，男女幼童不可能有那份梅马绕床之缘，但是每逢过年，男性无论老少照例都要出行拜年，老陈家的小闺女们在家门口看到张家的小小子在街口一露头，必定会机灵地转身跑回屋里，一路大喊着“××子来啦！”一边爬上炕，隔着窗户向外偷窥。因此姐妹几个后来都尊称为“谷若”的这个白白胖胖、在疃里已显得出类拔萃的小小子，还真不能算是未在这家人中早受青睐。

但是这个小小子已经长到了十七八岁，又是个大近视眼，却一直还不大清楚那个老陈家的二闺女从小到大究竟长什么样。不过，既然是父母要给他娶亲，主要不为他，而是为给他妈娶个使唤丫头，那和他自己又有什么关系？

按照疃里千古成规，婚礼一切程序，和一代一代前人所历，分毫不爽。

下边的记述，是根据父母分别在不同时间地点对我所说，而后由我拼接起来：

“那天，我是粉墨登场，扮演了‘新女婿’。折腾了整整一个大白天，到夜里给来坐席的，也叫闹喜的用酒灌得人事不知，连推带搡送入了洞房……”

“出门子（故乡方言出嫁）那天，俺是长了十九岁头一回离开家。从早到晚给你老娘（指我姥姥）和两个姨摆弄来摆弄去，昏天黑地上了轿，到最后给安顿到洞房的炕上。人都走了，你爸醉得像个死人一样给人弄进屋里倒头大睡，我哆哆嗦嗦在炕上墙角蜷了一夜……”

是啊，好不容易熬到窗户纸泛白，随后，阳光拂到醉汉的眼皮上：“第二天酒醒了一睁眼……”父亲说。

于是，父亲看到了他的夏娃。——西方伊甸园里的那个夏娃和中国仕女画上的那个仙女的重叠。

次日，父母共同生活的第一个白天，父亲涓滴未饮，但大有自醉之意。等到夜间，洞房里一对新人完成了他们人伦之礼，少年的谷若，凑到让他如此动情的新妇身边，轻轻问道："难道你妈原先就没有告诉过你……"

母亲把头深深含到尚未完全发育的胸前，微微摇了一下。

此时已是民国时代。民主、自由、科学、启蒙、女权……已呼唤了整整十年！

然而，这也不足为奇，即使西方发达国家，如英格兰维多利亚时代，新娘子不也是等到挽着父亲被送进教堂之前，母亲才会对她郑重告示："今天晚上，你丈夫将要对你做最肮脏的事！"

我的父母文化程度相差如此悬殊，为什么能够相扶厮守，从一而终？此问题，不止一次有人问我，或径问我的父母，但我从未听到父亲或母亲直言过其中有什么奥秘。然而我一向认为，答案就是他们厮守终生之死靡它这一事实本身。或许，这只靠得一个缘——与宗教迷信无关的那个缘。那不过是人与人各自的生性气质以及成长历程中在修养、道德、情趣，包括审美等诸多方面各自所获积淀的相互契合。

母亲对我忆述她早年在一个多子女又并不富裕家庭中的成长故事时，曾引用过一句故里古谚："头生贵，晚生娇，贱坎贱坎半截腰。"

母亲就是那个半截腰的老二，年长她四岁的大姐有见地，强记忆，自幼过继给了有资财的孤寡伯母；母亲身后相差四岁的三妹形容尚小，身量不足。母亲的贱坎，就是要协理外祖母的全部家务；再加上生于这个多子女的大家庭，自身先天不足，后天失调。通常女孩子长到十来岁，正是个"狗都不待见的时候"，父亲虽是个天生的书呆子，毕竟青春年少，又在外边大地方略微闯荡过一番，对于异性、情感，也不能说一窍不通；对于眼前自己的婚事虽是漠然，对这位具体的对象却也并非毫无印象，只不过是没有向对古今中外高文典册之中佳人那样地心向往之。而谁又曾料到，这位原本从小在家吃苦受累，备受忽视，柴火妞般的二闺女，又能出落到何等年华？她本来也是有一对俊秀父母的模子，自身又是天生丽质，但是自幼长在多子女之家，过早帮助母亲持家操劳，长期缺衣少食，体弱多病，给人印象终归是那个“不大起眼”的小黄毛丫头。但是，我们现当代人已不易想象，在那个“老辈子”，中华大地东部海疆一隅的弹丸芝罘小岛，固然地处僻远，难称丰饶，但却山清水滟，民风富丽而又夹带清纯，据此养育的女儿一旦在不知不觉中长成，走出深闺，会是何等明艳动人！

当年，尚未实质成为我母亲的那个少女正是这样，“出门子”那天就像一朵含苞饱满的花蕾，一夜之间骤然绽放。

丑小鸭陡然变为公主，并非神话！从那时那刻起，对她的书生王子忠贞不贰，直至瞑目长逝；她的王子呢，在她天生丽质含苞初绽的那一瞬，为他这位终身拥有唯一的王妃全身心地倾倒，直至两相厮守五十年。从家中历尽风雨至今仅存的那张百年前的老旧照片可见当年父母姿容。即使排除为人子女者之亲情因素，请一位毫无瓜葛的外人审视这幅珍藏，定也会说，那是一对青春勃发郎才女貌的夫妇标准相！

我们现在理性地来看，父亲母亲同是芝罘岛上土生土长普通人家的儿女，同样质朴热诚勤奋好学。那时芝罘岛上，重男轻女风习根深蒂固，女孩家再聪明伶俐富有才智也是赔钱货，不堪造就，但是，养在深闺大门不出二门不迈，接受父母的言身之教，以及一奶同胞兄弟姐妹之间耳鬓厮磨的互教互补，其效果与价值也无容忽视。这正是我父母，一个有学问的男性和一个文盲女性在旧社会得以结为连理、厮守终生的基本文化背景。也就是说，我的父母先是奉父母之命少小成婚，尔后伴随着他们自身这些同等素质走进彼此的生活和心灵，尔后坠入爱河。那时候，少年的父亲，真是像天下一切多情人一样，一下子疯狂地爱上了母亲，而且不顾自己亲长大惊小怪，侧目嘲讽，难禁时会当众对母亲做亲昵之举。

那时候年轻的父亲母亲，又赶上中国再一次窘困贫病之期，芝罘虽曾号称宝岛，也是罹网难逃，仅仅瘟疫就夺走了父母两家四五口兄弟。我父母在这场瘟疫面前也遭劫难，幸运的是母亲先舍命把染病的父亲从死亡线上拉回，自己又渐渐康复。

这时父亲虽形式上只有“初中一年级的文化”，但从到福山县城上高小开始，腹中已非文墨空空；加上他在北京一年师大附中的求学见闻，他自幼亲见以英国为主的各国殖民者在烟台本土立教会、开医院等等所作所为，都使他对自己的未来命运有了更广阔的思路。

“这样的一个女孩，我怎么能让她在这样一个地方待一辈子？这一次疫病流行，我们俩是死里逃生了，假如下一次……”

父亲不敢再往下想，但暗暗下定决心：“得立刻出去把书读出来，得把她带出去，建立两个人独立自由的小家庭。”

就这样，父亲和母亲那种旧式的结婚，他们那一年婚后半新半旧式的恋爱，成为父亲此后毕生学业、事业的启动按钮。父亲开始了人生真正的历险航程。离开芝罘岛老家时，父亲以他的依依眷恋，母亲以她的热泪共同铸就希望与信心，依依惜别。

就这样，1922年新春伊始的一天清晨，黄海之滨烟台市的街里，一个细瘦高挑，戴着近视眼镜的青涩男子独自手提行李箱，直奔港口码头匆匆而来。头一天，他已在芝罘疃家里拜辞亲长，到市内暂宿一夜。早起来到海沿码头，一步跨上当地叫舢板的摆渡船，立即力挺身躯，摇摇晃晃催促着船夫快快摇橹直奔停泊深海专待鸣笛起航的轮船飞驰。烟台是座浅水不冻港，重型大船无法靠岸，乘此类大船远行，必须靠小舢板摆渡。

再见了，故乡

海浪号叫，
马达歌唱。
船头劈开白色波涛，
带他驰向无际汪洋。

吸吮着清凉海风，

把世界拥入怀中。
心在和海鸟赛跑，
想立刻飞到北京。

再见啦，故乡的温柔沙滩，
我向你暂时告别！
让我再看你一眼：
故乡的墨绿山峦。

轻吻着手中花束，
挥手向岸边招呼。
姑娘的手帕似蝴蝶，
频频向花束飞扑。

再见啦，亲爱的姑娘：
你那双明眸虽然动人，
但那深广如海的知识，
却正在将我死死吸引……

到达学校之后，
立即写信给你。
为迎我尽早还乡，
快备好动听歌曲。

风浪四起惊天动地，
姑娘书生伸出双臂。

隔着汹涌的波涛，
他们拥抱在一起。

此段不伦不类的酸涩长短句，我写于16岁，那时刚刚读过拜伦《恰尔德·哈罗德游记》首篇“Adieu, adieu! my native shore”中主人公那段著名的告别。它曾经激起俄国大诗人普希金《致大海》的写作灵感。将其与我幼时听闻父母早年故事杂糅拼凑，抟成这样参差杂韵的几行文字，欲试描绘我少年父母的新婚别。或许他俩当时自身举措并不如此直白放达，更不带有“洋味”，但一对青春年少男女发自灵与肉的真情实感，肯定是同样烂漫纯真。如今我赧颜将之誊录于此，旨在呈现早年潜意识中所潜藏家庭现实之一斑——这也是支离岁月的残篇断简，不无价值。切望读者念在为人女者痛切思亲中之妄诞，而勿加哂笑！

1922年起始，从烟台到天津成了父亲多次规律往返的航道，起初是独自一人，后来有母亲相伴，再后是带上我这个小不点儿。那时已经是十余年之后。我刚满四岁，最初记事的那年。从大海中叶片似的小舢板过渡到大轮船，顺着轮船甲板上吊下来的软梯一磴磴往上爬。梯子磴只有一人宽，两边由粗缆绳连接，摇摇晃晃悬在半空，父母说我已是大孩子，不能像前次那样由大人抱在怀里无知无识地登上甲板。于是我就小心移动着细小的胳膊腿，战战兢兢一步步自己往上爬。照父母叮嘱，一路只能抬头往上看，不许低头，爬到中间，偷偷低头睁眼朝下一看，锯齿狼牙似的波浪近在脚下，立即浑身一阵拘挛……多亏下有父母支持推助，上有船员提拉，才帮我渡过了这第一道奇特的人生难关。

父亲早年，岁岁赶船，当然从未有如此惊险感受；但是也正因习以为常，如履平地，也就极易疏忽大意。一次，还是他度过中学暑假离家返校之时，因起身较晚，中途有车行耽搁，到达码头船已在起锚鸣笛。原本往返摆渡的几艘舢板也都收橹返回，只有最后一艘正在靠岸。父亲急声呼叫，连请

父亲在南开读高中的时候

带求再送一趟，艄公无奈调转船头，不声不响连人带行李一起弄到船上。然后，这位满面海风的大爷一路不歇气地加快摇橹，一路嘴里带着脏字不停数落："××，倷们这些穷（以胶东方言，非真贫穷之意）学生，做事没个谱！""早干新（什）么来的，害得俺们吃挂落儿……"

艄公紧赶慢赶，大汗淋漓精疲力尽，才使得父亲没误了那趟航船！

父亲日后给长大成人的我讲完这段故事，又议论了一句："山东人就是这样，一边嘴上骂得你垂头丧气，一边还是下死力把事情给你办妥了。"

写到这里，我想父亲遭老艄公这一顿臭骂，似乎还是长了见识。因为以我之所见所闻，成人后的父亲办事，无论居家还是旅行，通常总是未雨绸缪，有条不紊，甚至干脆利落，而少见冒失错讹。更重要的是父亲辞亲北漂都是走海路，每每享受海风迎举。没有海洋航行经历的人，对此不会深切触动并领会：世间万物之中，海风是最最易于鼓起青少年人心帆的自然之力！

父亲以高考分打开天津南开学校的门锁。他在自传里，对于自己二次北漂求学是这样记载的：

"这三年中，渐悟务农之不可能，须读书求知，有一技之长，始有出路（当时觉悟，不过如此），于是乃有二番外出求学之举。这次既决心求知，于是乃选当时华北第一个中学（也有说是中国第一的），这就是天津南开中学。"

这就是说，此期间他务农不成，学陶渊明失败。他似乎从来没有意识到陶大诗人对他的意义。而我写到此处，仿佛看到却有个陶靖节恰恰和他一同站在一个三岔路口，面面相对，死死挡住了展现在父亲眼前的两条岔路：一条是仕途，通向千百年中国读书人心向往之的终点；另一条，就是自己几代家族谋生之路——不是经邦济世的那个经济，而是经商。

在山东大学孙迎春教授的《张谷若年表》和父亲的短小自传里关于南开学校，也列出一些有趣的记录。

还记得我儿时独自在家玩耍，常爬上父亲书房里的椅子，跪着摆弄书桌上的文房四宝。我最喜欢的是那一套金光闪闪的黄铜墨盒、笔架和镇尺。上边刻有细细填绿阴文山水画和一行行题字，每天都擦洗得光滑如镜，摆放得整整齐齐。等我稍稍认字以后才发现那一行行标准蝇头小楷书写的都是“张谷若先生留念”。母亲注意到我开始关注这些物件时特意告诉我：“那是你爸在南开作文比赛得的奖品。”

又过了很久，一次酒后微醺，他提到那次作文比赛，说是在他上高二那年，“大家说把高三的学生都打败了。”——父亲酒后才能略吐妄言，我从未见他正常状态时吹牛说大话。而眼下此地则只是由我偶尔替他小小地吹嘘一番了。

再很久以后，我才略知这次得奖的详情以及日后以此为线索，他和他仰慕的当代学界泰斗的一点瓜葛。个中原委，容我留待下章交代。

以上我就父亲自我传记的内容略作补充说明，读者或许可以从中看到，由于当时新教育制度尚未完善，父亲的求学之路并不平坦，但在南开四年，他已不是几年前初次离家远赴北京上师大附中的那个“愣头青”。在求知处世方面已臻成熟，不久就崭露其出类拔萃之处。南开学校是举国闻名的新式学校，主办人张伯苓先生是青史留痕的中国现代教育家，从四面八方会聚而来的学子，经其苦心经营良才辈出。莘莘学友之中亦不乏出自高门显贵之家，政治经济背景雄厚，而如父亲小康人家一介平民，又终究不擅交际，却从未受到小觑，皆因大家喜欢这个朴厚扎实、才智过人且学业上乐于助人的同窗，四年相处毕业升学就业后，彼此仍保持交往，以至晚年。

我儿时另听父亲讲起，当时学校初招女生，男女生间向无往来、对谈。平时男生面对女生，佯为视而不见；但在体育课操场上，男生列阵在前，女生在后，体操做到叉腿弓腰动作，头臂倒悬，男生则以双眼经胯下空当，偷窥女生。我猜，当年父亲想必也曾有如此动作，否则，怎得知他人所作所为？无论如何，这也可视为民国之初，彼等优选跻身名校佼佼学子年少顽劣之一面。

至于在南开具体学业，父亲的自述比较详细。这四个年头，父亲是依祖父的经济供给完成了学业。此期间，他试作古体诗，书写骈体文，均在学校的刊物上发表。父亲自己说过他学作古文的经过和所达到的水平。直到我渐渐长大才知父亲那篇获奖文章是用文言文所写，而且，在比较论证中西文化当中，还明确提出反对白话文的观点。此前父亲身为十五岁的北京师大附中初中一年级学生，虽然身影也曾出现在游行的长安街和静坐的天安门前，尔后，那场新文化运动的影响，也早已深入人心，然而深受中国传统文化浸淫的父亲以及他的师长、学友，却从未真正斩断其数千年代代相传的精粹脉络。

大学时代的父亲

父亲从南开中学毕业，是年那册毕业同学录的序言也是父亲骈体文的手笔。记得我上中学时，曾翻阅过家中保存的这部精装册页，其中包含有每一位应届毕业生的资料和照片，首页一开始就是父亲的序言。可憾的是，这部家传珍宝，后来却在同样假以文化之名而发起的动乱中毁之一炬。

如果按照时光的顺序述说，现在就到了父亲的大学时代。

南开中学毕业后，父亲以平均近九十分的成绩考入国立北京大学英文系。在南开中学的成绩和表现说明，他本是一个文理兼优、全面发展的学生，高考所以选择了英文系，按他自己的话说："当年鸦片战争之时，英国人是靠着船坚炮利得胜，我从小在故乡也亲历过这个殖民帝国在当地的所作所为，身为一名读了书的中国人，就有一种迫切愿望，要仔细弄清楚它们到底是怎么回事；而要弄清楚它们的事，就得先学它们的语言文字。"

这是父亲对我亲口所讲他选择这个科系的初衷。

20世纪前半叶，中国大地内忧外患频仍，内有军阀混战，政要倾轧，外有列强蚕食瓜分，按父亲自传里所说就是"时局动荡，秩序混乱"，由是他才得"趁机自学，阅览了大量书籍。四年级时，听英国文学批评家瑞查兹讲授文学批评与小说，颇感受益。其时，开始对英国著名小说家兼诗人哈代的作品产生浓厚兴趣。1929年在学校期间即开始翻译哈代的《还乡》"。20世纪三四十年代的中国，因已肇始新式或谓西式教育，大中学校多有聘请西方师资之例，父亲在北大期间曾遇英国学者瑞查兹，亲受其教。此先生是英国新批评派重要人物，其对文学作品做细致词义分析的理念与实践，对于形成父亲日后英文教学与翻译的特色，也不无启迪。就此方面，下文将有详述。

所谓"时局动荡"，也是北大校内、校外同步。四年当中，学校共换了四块招牌。师资与教学质量都参差不齐。唯一值得庆幸的是当时学校实行的是学分制，学生不用每天按部就班上课，成绩主要看期终考试结果。

父亲真是有效地利用了这一大好时机！一方面，根据自己的兴趣和需要，"抓紧自学"；另方面，"以做家庭教师及在威海的中学做代课英语教师自助"。

照理，此时期父亲的家境应该算是颇为宽裕。因为这正是祖父生年以及事业的盛期，他在海参崴及哈尔滨正是生意兴隆，具有完全的经济实力支持自己前景大好的长子继续深造。然而，芝罘岛上远古以来父子违和的风习在这两代人之间也大肆演绎开来。

岁月悠悠，成长不仅给父亲身形面貌带来了改变，也充实了他的精神世界，加上芝罘岛民根深蒂固的倔强放达，也形成难入乡人长者之眼的特立独行。这些，从父亲的内心，外化于其言行。而那位道不同的尊长，则是毕生只专注于货物行情涨落，手下算珠噼啪作响，囊中大洋哗哗进出，每次还乡都会用一个个铜板“攒”起来的钱财换几宗在本地有根的土地房屋。他自然将这样的长子视为忤逆，于是申申其詈：“我一辈子顶着严寒风险，昼夜筹谋盘算，供养你长大成人，如今你翅膀硬了，‘在了鬼子教’，我难道还要继续填补你这个忤逆之子！”

父亲则言之凿凿：“那么你就不要管我，让我自己供养自己！”

就这样，父亲靠给人补习，如今称作家教，阶段性地课外教书，维持大学四年的生活和学业。还真是托当时北大“学分制”之福，父亲可以在限定时间之内离开学校，去外地任教。至今威海二中（原名齐东中学）校史上还有父亲这段经历，而且认可父亲曾为该校的开启教育，尤其是英语教育，打开了门径。记得父亲还曾经对我说过，那时他是和在校其他两位需要打工挣钱的同学自行组合，先由父亲打头阵，教半个学期，然后另两位同学来接替，教完下半学期，此期间父亲则回到学校应卯上课。每半学期授课所得，大体即可维持当时一整学期费用。

当年有关威海这座学校的这段经历，回想起来当时父亲对我只是轻描淡写地偶然提起，在父亲自己看来，不过是早年身为一介青年学子为支撑自己的生活学业而实践的半工半读。现今偶然在网上看到威海二中信息中尚有父亲当年在该校工作的记载，且有视张谷若先生为该校创始人之一，其实不过是父亲与此校往昔一点历史渊源的过高评。

在我们悠久的中华历史文明当中，典籍浩瀚，早把国家版图之形成及变迁界定得明明白白，而且无论是从政治观还是文化观，齐鲁大地都是我封建帝国不可分割的重要组成部分，但是，对于我们一贯以大河为母背水面山的民族，这片突出于渤、黄二海之交界，形似骆驼首颈的胶东半岛，即使翻阅近现代历史舆地图册，也无疑令人感到冷落。这块面积可观的半岛领土，常被视为东海莱夷之地、异族之邦。其所受海外他族觊觎骚扰，较内地更甚。及至近二百年前，工业革命推送地球上泰西的强悍掠夺者驶来远东，胶东半岛边缘遍布的一座座美丽海港立即博得海寇青睐。威海卫，这座如前述烟台同为明代海疆边防卫所建制之下的滨海要塞，遂在鸦片战争后，被英国租借殖民，小城开始其现代化建设，文化教育事业初兴，先父及紧随其后几位北京大学工读同窗，恰逢英籍"帝师"庄士敦卸任教习，来此任总督四年（1927—1930），从而引发当地对英语教育之重视。此种巧合，也可视之为一种蝴蝶效应。

在我从小到大的印象中，父亲虽称不上仗义疏财，但也向来豪爽慷慨，不大重视金钱，而他那大学四年，靠打工做临时教员，收入自然有限，肯定还是会精打细算，量入为出。总之他就是以这样的方式完成了学业，并且以名列第一的考绩（每个期终总分之和）取得最后的毕业文凭。应该说，父亲这一纸文凭，主要是"凭"了自学所得。这种自学，其中并没有什么奥秘。自幼嗜书如命的父亲，只不过是并未因当时那种半工半读式的松散学习生活方式而偷闲，或是像一些不过是想来大学混日子的同窗，趁此有更多溜出校外社会之机，涉足花天酒地。父亲说，他即使偶有一些小小娱乐，比如看一场电影，也是选择美英原文片，不论是纪录片还是故事片。静坐在影院里，膝间还要放好纸笔，聚精会神地边看边听，遇到生僻字句，赶快摸着黑儿记录下来。

说到父亲求学时期的这些日常生活，还不得忽略他的一位早年挚友刘澜波伯伯。

父亲自幼在家，因是男孩，按照山东以至中国大多数地区旧习，男性不涉家务。尤其是父亲这种天生不谙世事的男性，有了和母亲共同生活的二人世界后，家务全由母亲操持，如此早年独自外出求学，日常生活想必遇到许多难处。当初读北京师大附中有始无终，大约也是小小年纪来到遥远陌生环境，突然失去护持，遇到了种种不便与不适。幸运的是，从来到南开中学开始，遇见这位刘姓同窗（原名刘玉田），来自辽东半岛的凤城，同样临近渤海湾地区（如今有称为渤海圈），近似年纪，少年心性，像冥冥中有缘牵引，二人遂在同校芸芸学子中间走出，彼此靠近，四年后又同时考入北大。

这位好友性格爱好与父亲大相径庭，喜欢运动，富有办事才干，善于交际，处理日常生活更是得心应手。因此不论是在天津的南开还是沙滩的北大，父亲的租房、包伙等大部分生活事项，多由刘伯伯连带办理。在沙滩北大，刘伯伯以他的特点兴趣进入政治系，和父亲仍然同租住，同开伙。一天，午饭后二人走回校园，漫步在小路上，偶然经过路边一根电线杆。那时的大学生们，时常在这类标志物上贴满自家各种各样小广告，那一天，就在这根驳杂的电线杆上，一则并不起眼的广告引起了他们二人的注意。上面写的是当天晚饭后，有共产党小组在校园某处开会，欢迎同学光临。

20世纪20年代的后半期之中，自1921年成立的中国共产党恰与南方执政的国民党处于合作阶段，大江以北的北洋政府既不认可南方国民政府，又视共产党为非法，然而北京大学距离接受五四运动洗礼尚未太久，蔡元培校长离任后所遗留精神遗产也尚未挥霍殆尽，加之在政局动荡秩序混乱之际，反而更有些自由民主思想言行流通的空间，当时校园内出现此类广告并不足为奇。有志向、有胆识的青年，心系家国，毕竟接受过五四运动洗礼，夙夜探索的都不仅仅是区区个人职业前途，而多少也都关切政治；与此同时，也是出于青年人求知的好奇心，他们二人立刻商量决定是晚前往，照父亲的话不过是“去看看共产党是怎么回事”，也并未将之看得如何严重。但是到了晚上，父亲因为他事耽搁未去，只有刘伯伯去了，而且恰恰就是那场会聚，遭军阀当局查抄，参加者全体被捕，包括刘伯伯在内。谁也没有想到，这样一桩充满变数的事件，竟然左右了很多人的命运；也就是这次随同共产党人被捕，使刘伯伯在狱中弄懂了这个年轻政治群体的高远情怀和理想，并立地和他们站到了一起。

刘伯伯被捕后不久就被取保出狱，据说是因为他当时还并非党员。对于这种当局无法确认其身份的“疑犯”，找到某个稍有产业资本社会地位的商铺字号，盖章具保，就可以把人保释出来。这是当时惯例。父亲借助京城商界山东老乡的关系，将刘伯伯接出牢房。20世纪六七十年代，刘伯伯蒙冤再次长期入狱，到了“落实政策”的阶段，其所属部门政审干部曾经亲至我家中“外调”，父亲如实说明当时刘伯伯没有自首叛变，证实了刘伯伯的清白。抗日战争和解放战争中，父亲也曾用同样套路，营救过其他几位没有暴露身份的地下党朋友和学生，其中或有共产党员，或有国民党员。

“当初我要是也和你刘伯伯一起参加那次会，也许今天就没有你们（指我和妹妹）了。”父亲在我们长大成人后，笑着对我们说。

他说得有理！这位刘伯伯是父亲的终生好友，可谓通家之好，无论是在早年“微”时，还是日后“显”时，还是暮年“艰”时，他们都心气相通，力所能及地相帮。刘伯伯身为文化教养深厚的元老一代的党的政治家，确是知人善任。他自第一次出狱后，从来没有积极主动携带父亲加入他的地下活动，日后也从未对父亲做过或明或暗的“统战”工作，大约也是早就准确认知父亲的生性为人，确定他不是从政之“料”。作为政治家，刘伯伯在

凤城一中的刘澜波像

人生的每一关键时期，都能站在人生形势的制高点，以更开阔的视野更准确地观察并做出判断，决定自己和朋友的命运前途。于是，他就任凭我的父亲，他的这个少年好友，自去走更适合他个人的不同道路。我想他定是以自己的博大胸怀早有预见：或许父亲将来可发挥他那小小一己所长，如此照样也可为国家民众效绵薄之力。

大学时期不仅是年轻人接受高等级文化知识教育，确认个人志向、前途的时段，而且是他们充满激情提升自己身心，铸就品格灵魂，界定未来命运的生命时段，往往也是聚会选择终生良友的场域。父亲此时结识的好友，多是同声相求同气相应的优秀青年才俊。给我留下印象最深的，还有袁家骅和叶维之两位，父亲和他们都是通家之好。

袁家骅伯伯和父亲同庚，大学英语系同班，和父亲都是班上考第一第二的学生。伯伯是江苏沙洲（今张家港）人，典型江南才子风貌，大学毕业后留学英国。袁伯伯初次去国赴英留学，我父母在中山公园（当时称为中央公园）“来今雨轩”西餐部设宴为伊饯行，怀抱着襁褓中的我。

叶维之叔叔，本名叶维，字维之，兼作笔名。他是父亲的终生密友，比父亲迟生两岁，但比父亲毕业稍早。依中国传统文人习俗，子女对较父年少者亦往往尊称为伯，维之先生是唯一确实因少长于父而我称之为叔者。他是浙江杭州人，民国时期“北四行”之一金城银行家族后裔。本来，他是生得一副江南才子坯子，清瘦俊朗，天资聪慧，多才多艺，但因是优裕家族的长子，自幼娇生惯养，加之又有些源于先天不足的怪癖，是可谓为英国人所言spoiled child，因此毕生总显得有一副弱不胜衣、落拓不羁的体态神情。一袭旧西装革履，一副黑镜框背后引颈探寻的深度近视眼，一副双手倒剪漫步闲游的步态，是他留给我的终身印象。如果借用文学名词概括对比他和父亲的气质特征，可以说，叶叔叔是浪漫主义的，父亲是现实主义的。特别是在家庭亲人关系方面，父亲终生与母亲、女儿情深意笃；叶叔叔一世孤独，不管是到我家来串门（所以称为串门是因为他虽常到我家来，但又不是通常的做客，而是在书房、餐室随意走动、闲聊，像是回自己家人居住的家），还是在北京文人经常出入的公园（特指当时的中央公园）、北海、新旧书店或中西餐馆，父亲带我们全家外出，常会遇到叶叔叔，但到处见他总是形单影只。

第三章

帆樯初崭

父母而立之初摄于北平

父亲求学之路，因起初曾有曲折，正式独立谋生也随之稍晚。1930年父亲从北京大学英文系毕业，当年的北大同学录上有他当时两张照片。这是父亲生命中的立业初始。

清末或民初以后，受过高等教育的知识青年通常心所向往之的首选是去国留洋。而略忆那个时期日后成就斐然的学者名流，大多是西洋或东洋留学生出身，且头顶种种学位光环；而他们之中的绝大多数，又都有政治、经济方面家世背景的优势，学成归来通过家庭亲友同族、同宗、同僚、姻戚、同乡等等关联瓜葛，也顺理成章地易于被名校以高位相聘。父亲不过区区一介普通农商人家学子，从中学开始，尤其是大学阶段，都是靠自我单打独斗闯过，毕业后只靠自己求职寻路，也是不言而喻。所幸虽为一介白丁，他还是凭借唯一的己之所长，就是学而优异，得到师长同学举荐。父亲提到当时大学生毕业即失业的窘况时说："那时候北大学生毕业后回家抱孩子的也不乏其人。"

父亲一生以教书为正业，最初是从教中学开始。至少对父亲那一代佼佼学子，这是大多数人所默认的一条初始必经之路。

我在1948年小学毕业后，报考的中学是师大女附中。这所学校，民国时代就有极高的声誉，又是当时北京（北平）唯一国立女子中学，历年投考者众而录取率低，筛选相当严格。我小学毕业时的女同学们一是慕其名，二是国立学校免除学费，多趋之若鹜。我所以首选她，则多半是出于自己"随大流"。我的父母向来对我这些选择并不干预；再说，我一向并非用功学生，大多数同学尽在紧张准备升学考试，而我则耽于学骑自行车，或任学校垒球女队队长，带领队员们在北平四城"征讨杀伐"，所以父母师长对我的期望并不很高，我因此一旦榜上有名，他们多少还是有些喜出望外。

记得一向不多言的父亲在发榜前一天下课回家，带来当日《世界日报》，其上已刊载该校本年录取榜单，贱名有幸在内。其时，我尚混沌未开，遇事反应迟钝，直到次日考生们聚集该校墙下，议论纷纷，我才明白，自己是本小学同级毕业女生中屈指可数的考中者之一。回到家中，满面慈蔼的母亲对我附耳低语："这是痴爹夸好女呀！"朦胧之间，我明白了母亲的意思。这就是说，父亲当我不在的时候，背地里夸奖了我，而且母亲同意，并且赞赏。

而此时从不对我当面赞扬的父亲只微微含笑轻声说了一句："你要是念得好，将来送你到美国学校上高中。"我低头不语。这也是在往常难得地听到任何夸奖时同样的形表。

父亲口中的美国学校，是如今"国际学校"之类性质私立学校，聘有外籍教师，有助于为学生打好英语基础，便于日后留洋深造。彼时，还未曾了解，那是长期在北平的一所全英语制中等学校，主要供来华各国外交官及本国权贵子女就读，在某种意义上，也是中国人送子女出洋留学的预备班或谓跳板。抗战胜利后，学校流行打垒球，我和本校女生队参加市小学生队比赛，见该校队员，一律雪白运动衣裤鞋帽，嘴里嚼着口香糖，喊着"OK"，往往偏激以为不齿，投诸侧目。我父母对于他们那种全盘西化，远离本土大多数平民之家的教育范式和生活做派，也是始终敬而远之，并不急于安排子女前去投奔。一个人青少年时期的成长过程，对于日后生活习惯方式的定型，影响深远。我父母的崇实蔑虚，朴素无华，有意无意间，早给他们的孩子打好了底色。

我的小学六年是受教于北京市西单宏庙小学，也是京城颇有名气的公立实验初级学校。而那时父亲任教的辅仁大学，是属于罗马天主教会的私立学校，资金雄厚，待遇优渥。按其制度，所有该校职工子弟，依自愿，从该校附属幼稚园开始，到小、中、大学，均可经报考优先免费就读。但因为那是私立学校，吾辈都是在公立学校凭考试成绩被录取的同窗，小小年纪，已经养成傲视其以金钱权势烘托的风气。这也正是我不顾辅仁中学的优待，首先选考师大女附中的原因。而回想我父母向来的教育理念，始终是自由发展。对子女——起初多年还只有我这一个独女，他们在人生理想、专业意向、学习方式方法等等方面，都极少干涉。平时他们不止一次说起，自己早年是在不自由的环境中成长，深知其苦，因此也不想自己的子女再受其苦；不过在当时民国的大环境下，父亲身为高等学校教授和为人之父，对于培养青年后代接受所谓完整教育的基本理念原则，还是初、中、高等国内教育，外加海外留学。这本是20世纪之初，民国以来并未成文的传统，随着百余年来社会风云冷暖变幻，虽然半途有所中断，但是时至今日，大体还是沿袭依旧。而在当时，我身为一名高小毕业生，已常听到邻里亲友们戏言：“高小毕业，这已经等于是高中秀才了！”从平时寡言少语的父亲那番话中，我也已经完全能够领会他早已暗中对我的前途有所打算，而且对我当时在录取率极低的情势下，经过毫无私弊的严格“密封”判卷考核而被录取，还是暗自颇有快意，只不过他向来不就此与我沟通。

我入学女附中两年后，一天课间休息，教授各班的先生们正聚在教室外空地上闲谈，一位和蔼可亲的马老师突然操着浓重的鲁西口音问我：“掌令啊，匿是叫掌令吧？匿知道，渥怎么知道匿叫掌令的吗？”

面对这位从未接触过的教高年级的历史老师，我无以应答，只是揪着裙子下摆羞涩地忸怩摇摆。

回家在晚饭桌上对父亲提起此事，他只用两句话就为我解了惑：“那是我的老同事，我过去教女附中时候的。”

从此，我才知道我这所求学的著名女中，曾经是父亲早年正式任教的第一所学校。哈，原来我和老爸是校友！说到这里，我又想到那以后多年另一桩事。

1956年秋，在鲁迅逝世纪念日，北大中文系部分师生恭迎先生遗孀许广平先生光临，最后在未名湖边临湖轩合影留念。这种场合，总有同班活跃进取一二女生捷足先登，抢占紧邻贵宾左右位置，反把系主任杨晦先生远远挤到侧末，恰在我身前。此时，前面有人回过头来叫我：“张玲，到这里来！”

我原地未动，却听见杨晦先生回头看着我说：“你叫张玲呀？”

“是，杨先生……”我漫声回应，不明白杨先生为什么这样问我。

“我认识你爸爸！”

大学一年级时杨晦先生教过我们“文艺学引论”，我是班上这门课的课代表。不论是高堂讲授还是课外辅导，先生用词语气都很随便，从不故作高深。而那天恰是在广众迎宾之际，他突然来了这样一句“家常话”，我听得虽然亲切，但有些不明底里，更不知如何应答。周末回家问过父亲，才弄清楚，原来杨先生曾经是比父亲高两届的北大哲学系学长！那时候，虽不同系，功课好的学生，大家都彼此知道。父亲毕业求职，曾经一向热心的杨先生成功举荐了父亲到青岛铁路中学。尽人皆知，那个年代，高等院校毕业生多有以教中学起步者，而且，直到新中国成立以后，铁路、邮政等系统长年沿袭旧例，待遇福利较其他领域始终优厚，是所谓“铁饭碗”；但是父亲大学四年，深受北京这座中国古老文化积淀最深城市熏陶哺育，已对之难舍难离，所以，一旦原地有了就职立足之机，也就不得不辜负青岛铁中的盛情和杨先生的美意。

仅就父亲毕业求职一事，亦可看出，父亲很早就形成的一种习惯，或谓行为方式，那就是注重人的个体性、独立性，不擅利用熟人裙带诸种关系，巧取多占公共资源。晚年鳏居独处，乏人照顾，起初还是多亏北大当时系主任李赋宁先生登门探望，亲见其种种狼狈，主动建议，久经周折，才使我得到招考信息并进京的工作机会。

在女附中任教，是父亲走出校门立足社会的第一个职业。直到20世纪40年代末我在这同一所中学就读，还有资深教师对父亲记忆犹存。这也是得益于他自己的专业修养、在学生时代就在课外担任代课教师以及做补习教师（所谓家教）的经历与积累。做好女附中的英文教员，这本应是不在话下；加之当时在校内乐于帮助同行同事解决教学上的困难，父亲自然也很快得到普遍认可与尊重。我上女附中期间的英语教师、曾任校教导主任的徐慕贤先生，也是父亲当年的老同事、我父母的老朋友。母亲告诉我，她是一位很坚强的女性，很年轻就丧夫居孀，带着孩子独立谋生，遇到教学上的不解之惑，常请父亲帮助。

女附中的教职刚刚确定，父亲就迫不及待地寄信到芝罘老家，请母亲的长兄一路舟车亲自将自己的“二妹”护送进京里，立即在城南南新华街并不宽敞的胡同里一所普通民居小院租下小小两间屋子，开启了他俩帆樯初试的北漂生活。事业与婚姻是人生两桩首要大事，古今中外皆然。这是在20世纪30年代之初，对于我父母亲的私家个人生活，也可称是一个白银时代。

父亲弱冠之年依家乡旧俗，他是奉命早婚。父母婚后似乎并未立即洽然融入翁姑及小辈叔姑的大家庭，历经数年，二人分居异地，年年离合悲欢，尤其是父亲与祖父母间忤逆的拒斥、抗争，以及并非轻而易举的自我奋斗，终于脱离了让他们爱恨交加的老家。而独立于父母之家创建自己的小家——真正意义上的独立自主的二人世界，竟迟至十年之后。母亲当时得以与托付终身的人日夜为伴，摆脱在老家做传统小媳妇的身心重负，成为独立自主、受人尊重的家庭主妇，开始畅快淋漓地施展自己治家相夫的才艺，这对年轻纯真的母亲来说，也是得偿夙愿。

她从未上过学，常言不识字，但并非没有文化。那个时代，对于至少是小康人家的女儿，出生以来自有她个人吸纳受教的途径。自幼闺中她的父母，尤其是母亲，还有同族亲长、邻里的言谈身教，加之多子女之家兄弟姐妹间的磨合、砥砺、启迪、诱导，都是一个淑女滋养出落的别样渠道。他们早年，在已沦为半殖民地的胶东烟台地区，还要再加上基督教教会及其所设洋学堂、西医院在其足迹所及之地的社会工作，又使母亲那一代女子的家

始为新妇的母亲

庭、社会教育增添了异国现代的内容。

更有幸的是，父亲与母亲的二人世界，有互敬互爱、同声共气的精神情感为基础，加之父亲事业有成，随即获取了温饱有余的物质条件。因此父亲未满而立之年，已脱去早岁的羸瘦青涩，倏忽长成高大、儒雅、匀称的堂堂男儿；母亲也早在烟台老家受父亲鼓励剪成短发，放开缠足，展露丰韵。其实父亲也是粗中有细，在辅助母亲尽快适应新生活和提倡科学卫生的生活方式上，表现出了最大的耐心。家务稍事就绪，父亲就按自己久已设定的计划，陪母亲去京城最好的医院逐一治愈了她自幼深受其苦的肠胃、口腔、心脏等方面的痼疾。本来父亲还设想，能课余亲自教母亲读书写字，但因母亲身体太过脆弱，又加上父亲缺乏耐心而难以如愿。在这方面，父亲则像在学校对待自己的学生，或日后对待受亲族托孤照应的孤儿平安以及我们姐妹俩一样，从不强求。如此母亲身心在宽舒自由的环境中渐渐得到调理，而母亲的天生丽质，也更得以舒展焕发。这使年轻的父亲不露声色地暗自欣喜。至今，任何人看了母亲难得保存下来的几幅早年照片，都不约而同地啧啧称赞，从而由衷信服，我们对她姿容的描绘都非仅仅出于情爱而成的矫饰。

随后经过数年在北平改换、适应环境，自觉接受这里异乡人以及移居于此同乡亲族世交后裔中有教养女眷的耳濡目染；同时又有夫妻至爱的相互关怀鼓励，再加上北京古老深厚文明习俗的熏陶教养，他们俩都在短短数年间经过了不断的身心蝉蜕。

母亲为父亲爱重，归根结底，也并非全凭姿色。善解人意，富于同情，温婉无私，勤俭天真，以及善于处理家庭戏剧中主配角关系，都是贤妻良母的必要素质。固然，如今一种相关的流行说法是：女人要想管住男人，就要先管好他的胃；而我母亲恰是亲朋公认的善治炊者。不过，人之为人，除去胃，还有其他各种内在五脏六腑以及外在感官之器，仅只管住了胃，是否真能统领五官的全部感受，我从未及向母亲讨教；再者，就我自幼所察，母亲也从未有意无意于“管”住父亲！

笔者本人自我检讨，由于家庭环境及自身经历，起码生来应属于女性意识较强之人类个体。恭逢世界及中国进入近现代社会，恰遇男女平等、女权主义呼声高昂的盛世，几近毕生都是铮铮实践男女平等；而据个人现实生活所见所闻，实感夫妻共聚，终日较量平等与否或孰尊孰卑，反而极易导致不安于室，倒不如双方各据己之长短，轻慢微调彼此主次高低尺度，如此或可更易抵达琴瑟之和。在此仅据个人孤陋浅见而窃以为，近百年来世事剧烈多变客观环境中，我父母此种老式夫妻家庭组合，至少在他们的时代尚非孤例，且是更显稳定的一种家庭模式。

人世间不幸家庭都是一模一样，幸福家庭则各有各的幸福！

那时候，我正当盛年的父母一家两口，男女双方分主内外，平时勤恳贤明地做事理家，假日则有悠然的娱乐休闲。

母亲很早就讲过他们二人初次去白云观逛庙会的情境。

如今白云观是一个多么家喻户晓而又四通八达的地名！时代的进步，真是大大缩小了人们的生存空间。而近百年前，父母家住老城圈内，去一趟西城外近郊的白云观，却是一段不易的旅程。母亲进京前虽在父亲鼎力支持下早已放足，那种中国千百年世代虐待女性的酷刑随着革命与革新已尽废除，但包括母亲在内那一代女子肉体上所留的残疾，却并未尽愈。那时从北平城南出城到白云观，主要的交通工具就是小毛驴。于是，这样的一幅动画在我们面前徐徐展现：

父亲在宣武门外驴市雇好代步毛驴，漂亮年轻的母亲被搀扶着战战兢兢偏坐驴背之上（这是老辈女人骑驴的正确姿势），有几分类似农家娶亲后，新郎官赶着毛驴陪新媳妇回门的仪态场景。

母亲虽然来自乡间，在娘家婆家却从未骑过驴。偶有机会出远门走亲戚，只坐坐“驮轿”。那是一种乌篷轿车，由一口骡子驾驶，如今在清末民初故事电影里还能看到。逛白云观是母亲生平第一次骑毛驴，身不由己地颠簸摇摆，也就不由自主用力抓住驴背上的鬣毛。小毛驴给抓得生疼，也就拼命快跑。母亲抓得越紧，毛驴跑得越快，赶驴的小伙子心疼自家牲口，紧跟其后边跑边轻声呼唤：“太太！太太……”

这一路母亲提心吊胆，又对小毛驴和小伙子过意不去。父亲则寸步不离，傻乎乎地快步紧跟。

听母亲讲完这个小故事，我没有问他们是不是到达后多给了小伙子“酒钱”。我想会的。因为我从小就常见他们遇到我被类似服务过后嘱咐要多付零钱；而且，我从小就看到，他们对相识或不相识的老弱孤残病者，多多少少都会尽力帮助；而且我祖母也说过，父亲小时候每次从福山县高小坐驮轿回家，总是争着求她多给赶脚的（车夫）一点酒钱。

写到这里，我自然又想到父亲晚年译《大卫·考坡菲》的时候亲口对我讲的他小时候一个小故事：

他小时候，也有一个“坡勾提舅舅”，是地地道道的渔民，为人沉默寡言，质朴厚道。每次出海打到好鱼，都要尽先送些到妹妹、妹夫家。这位妹妹，也就是我婆（祖母），多少总有些嫌弃这个娘家穷至亲。舅舅送罢鱼默默走出妹妹家门，年幼的父亲总要跟出来拉着舅舅送他一程，而在拉着舅舅的手那一阵工夫，就偷偷把一个银圆塞到他手里。那是父亲从祖母供他上学之用节省出来的。

后来，母亲含泪给我讲述，我的这位舅爷为了自己和家中贤妻及几个嗷嗷待哺幼子的辘辘饥肠，在不该出海的酷寒严冬，葬身海底。——此时我的笔触所及，也被眼中泪水模糊。从此我这位舅婆孀居，主要靠退潮时挎着篮子到海沿拾蛤蜊、螺蛳，拿到集市上去卖几个钱勉强糊口，拉扯几个孩子长大成人。

我小时候听老家来做客的一位“大姐”不无骄傲地说：“芝罘岛出过

两个名人，老辈子是贤良女，现时是张谷若。”

把父亲的名字和一个身后荣获皇家钦定立牌坊表旌的节妇连在一起，颇似鸡兔同笼，风马牛不相及。然而彼时我尚未意识到，往昔芝罘岛上民风竟然如此拙拗，尤其表现在对丧夫女性必须守节之坚执上。

从此我这位舅婆一家，自然也受到我祖父母的照应。也曾记得，日后舅婆跟随她的儿子来到北京，每逢过旧历年，她和她带大的两个孙女都是受邀来家宴座席的上宾。“文革”期间老人已经去世，她家的孙辈男女都成了“革命”的动力，和我家的关系，且容我在下文再作交代。

缩小视野回眸来看，30年代之始，以父亲领先，母亲紧随，在北平城南南新华街一隅建立起的这个小家庭，即二人世界中的成员，论天性都是从不图慕虚荣浮华，迷恋时髦风流。首先他们言谈举止大方得体，默契潮流但又不事张显。比起母亲，父亲更加偏于内向，不善言谈交际。身为教师想来也不具滔滔口齿之俐。在讲堂上，他是以身心深处学养而赢得学生、同人敬佩，长辈赏识，上级垂青。父亲在京城教育文化界既已赢得点滴声望，随之，也偶有出入名流雅集宴会；在京城亲友、同乡子侄辈婚礼上，长袍马褂出面主婚，致辞，并以应和时尚的冷幽默博得众彩。日后我逐渐懂事时，随父亲参加某表堂兄此类订婚、结婚仪式，——有时父母是有意令我见世面、开眼界，但尚难懂父亲其时表达语意，更不解他口中所出言辞为何引起阵阵哄堂大笑。

也就是从我开始记事时起，还常见父母为家中来访同乡亲友排解家务难题，其中夫妻离异案例几占十之八九。父亲是斯文学子，自家烦琐俗务且大多交付母亲打理；但其平素思维行为习惯，则是凡事多为他人着想，尽己所能帮助女幼弱者。一己小家虽从无广厦万千，但我自幼常见家中有不速之客，多为弃妇、孤儿，甚者食宿盘桓数月方去。这也是父亲在乡党中早有生性厚朴之说的实据之一。直到50年代初，同院南屋的孤儿平安结婚后，小夫妻夜来“打架”，父母辄披衣起身奔赴院中立其窗下，连连柔声劝告：“平安啊，你要让着点，万万不能动手！”

次日父亲有闲，还会对我们说：“女人也不容易，白天在外边劳作，晚上回来还得带孩子，就得迁就着点……”

对于女性的观点态度，父亲所持其实是中西合璧，土洋互补。

回想父母当初二人世界的小插曲，还有另一个也使我至今难忘。

那是他俩带女附中的一帮女孩子去郊游，地点是颐和园。当时，对于住在京城圈儿里的人来说，这是更加遥远的地方。母亲说：“那些上新式学堂的女学生，看你爸爸这么个年轻老师还带着自家媳妇出来玩，觉得新鲜，就故意捉弄他。下了车，就把各自的干粮袋争着推给你爸，你爸就傻呵呵地背在浑身上下。”

“那时候那些十几岁的小闺女都是又粗又壮，又很开通、调皮。”母亲又补充这么一句。

“各个的小腿都像水缸似的。”父亲闷闷地说。他只有酒后微醺，才如此含糊其词。不过，我日后看到那次郊游留下的一张照片，那时公私立学校校风迥异，——恕我唐突，那些师姐个个都是短发齐耳，浅色短褂、黑色短裙（指校服过膝而未及脚踝），细看她们的身材，我父母所形容的确不假。

古人云三十而立，我父母恰在即近而立之年，在“北漂”的水云间日益成熟。北京悠久、深厚的文化氛围，使他们从胶东故乡带来的原始质朴的艺术气质与爱好渐渐变得丰富多彩，升高了层次。也就是在女附中任教后，父亲开始走进北平高等学府的讲堂以及相应的北平这座仍为中国文化首都的精英知识分子圈；但他资历浅陋，业绩表现有限，而且生性内向，在陌生场合腼腆紧张，不擅交际经营，只能算是初步涉足。

告别我那些小腿粗壮的师大女附中学姐之后，父亲陆续在北京师范大学、中国大学、北京大学做教员、讲师，一面教书，一面翻译英国文学名著，首先译的是大作家哈代的小说。应该说这是父亲在教书糊口之间心向往之的真正事业。从此，他一生的职业生涯，就此定型。

就简单日常生活而言，我父母是从起始就厉行简约，以至终生。如果说他们当初是裸婚，也未尝不恰如其分！父亲数十年后也亲口对我说："当初你妈和我也是只有几块床板、四条长凳、一套桌椅的。"

祖母给我说过："你爹八字好！"果真不差！他们在南新华街长凳、床板、桌椅的日子没过多久，在北平一家财主远房亲戚的出现还真帮了大忙，这家的男主家同为张姓，是开滦煤矿政纪公司某层次东家，以我之孤陋揣测，大约就是如今所谓煤老板。他们属于那种一个大字不识的典型暴发户，原本是故乡海上渔民苦力，依靠心狠手辣的剥削和精于经营之道而发家。——母亲曾亲口告诉我，这个论辈分我称为"老大哥"的人临终时，我父母去病榻旁探视，他在神志模糊中对我父母说："叔叔婶子呀，我眼前好些红眼绿毛鬼对着我又哭又号啊！"

那时候我很小，母亲给我的解释是："那些红眼鬼就是给他当初逼死的煤矿工。他那是临死终于良心发现了！"

如今吾已老矣，又多了一层设想："如今有些煤老板，是不是连临死前这一点良心发现也没有呢？"

现在再简单说几句我称之为"老大哥"的这位张老板。此公确实在京城也是富甲一方，家中一妻（是比母亲年长十余岁的本家远房侄女）四妾，儿女比肩雁行。自家住宅独占西单大木仓内大片地皮，建成中西合璧的广厦。1949年以后，这片产业被国家接收，曾为北京邮电医院设址。由此亦可见其当初规模。而此公身上唯一的好处是一反芝罘岛人传统的守旧执拗，善于审时机变。他本人虽然目不识丁，却敬重斯文，就其麾下众多儿女受教育方面，十分尊重我父亲的意见。对待我父母这八竿子尚能打着的本家尊长更是优渥有加。看到我父母的小家初创草率简陋，立即吩咐底下人（山东方言谓仆役）打开自家仓库，将多年积存一套桌椅床柜送到我父母新居。这些家什物件虽然款式稍欠时兴，但都是用上好材料精工细作，实用大方，甚合初次过问家事的我年轻父母之需。

回想我父母一生，除食之外，对衣住行三方面所需向来简朴，视求浮华赶时髦为俗气。即使随着社会及经济地位逐渐上升，仍是初衷不变。家中这些受赠老家具，不管家搬到哪里，始终赫然在目，伴我成长。直到母亲父亲都已永别，去到另一个世界团聚，这些旧物还一直与我形影不离。当然，其中有些功能已经发生变化。比如，原来那口镶着大穿衣镜的大衣橱，已经变成专门保存对开本书画册的橱柜。

父亲当初也并非买不起书橱，但是他太爱收藏书画。他添增一批新书画时，往往所有余资已尽，无力添置相应新书橱。还有很多次为了节省书款，他会去旧货店购买旧家具，请木匠改造成书橱，这样用节省出来的余款买更多的书。还记得抗战胜利后搬进西单商场后身李阁老胡同（现名力学胡同）自己的小四合院时，住房宽敞许多，父亲立即又添置了大量中外文图书，一时没有足够橱架，就再次启用了当初刚成家时的那些床板和条凳，在客厅里一排排支起，用以临时摆放新书。同时，请来木匠朋友李师傅用买来的旧木料，一口气打造了四个直抵天花板的大书架。

父亲直到和我们永别，除去那两口起初自行改造的大书橱，收藏着他最珍视的图书，其他无论大小，都是开放式普通书架，高低宽窄参差，颜色也不规整协调。但其上的陈列，几乎都是做学问人的珍宝。这种重内轻表、重质轻形正是父亲天性中的重要特点。

北京的天气，一向是干燥又多风沙，因此室内多尘土。每天晨起父亲漱洗过后，手持鸡毛掸在一排排书的容器前慢慢走动，轻轻拂拭，就成了我们家居生活的第一道风景，天天如此，直到这种活动变成了步履蹒跚。

当然，父亲买书藏书不是为买藏而买藏，而是为真正阅读。打开他的藏书，不论中外文字，常会遇到有父亲的很多圈点注释，都是细密的娟笔中英楷体。一些珍贵藏本中，则不是直接画在纸上，而是夹有纸条纸片。

在北平安家之初最起码的生活必需品一旦安顿稍妥，他立即正式开始翻译英国文学作品。这方面，也是他这个时期第一重大事件。按照他的自述，他是首先由译哈代做起。

哈代当时是英国首屈一指的大小说家兼诗人，又是刚刚于1928年故去。我国各大学，当时多选用他的小说做教材。根据父亲回忆，他于1929年，还在北京大学上学时，就已着手译哈代的《还乡》。父亲最喜欢他这部书，尤其喜欢其中的风光描写。父亲把此书译完后，把译稿卖给了北新书局，两三年没有消息。当时，著名的庚子赔款名下成立的中华教育文化基金会下设有一个编译委员会，着手翻译出版一流世界文学名著。有朋友告知父亲他们正在找人译哈代的小说，于是，父亲从北新书局把《还乡》的译稿赎回，但其中半部已经失落，父亲又将其补译完成，立即向此编译委员会投稿。父亲的译稿被欣然接受，他们并约父亲继续翻译哈代另一部，也是更重要的小说《德伯家的苔丝》。这两部书于1935年和1936年先后由上海商务印书馆印行问世，还颇有些一鸣惊人的景象，父亲在大学里的教席自然日益稳固，在当时京城文化读书界也赢得了小小声誉。

父亲在自己的启蒙时代设立首要奋斗目标的首要动力，具体说来，就是逃离乡间，突破传统老旧的大家庭，实现自我的、自由的发展。说到这里，我突然顿悟到父亲选择哈代《还乡》为首译的原因。

翻开商务这部初版《还乡》，正文之前，题词页有一首小诗：

我向“愁烦”，
说了声再见，
本打算，和她一别天样远；
谁知道，恋恋，

哈代（1840—1928）

　　爱我似心肝；
意惹不自持，情牵割难断。
　　我想弄机关，
　　把她巧欺骗，
却又转念，她对我，情不断。

这是哈代引用济慈长诗《恩底弥翁》中的一段。济慈的诗，始作于1817年，诗人二十二岁。哈代引用于《还乡》，发表于1878年，时年三十八岁，父亲的译诗发表于1935年，时年三十二岁。

父亲和哈代、和济慈在那个时光的节点上相遇，他们和声言愁。读中译文，再读英文原文：

　　To sorrow
　　I bade good morrow,
And thought to leave her far away behind;
　　But cheerly,cheerly,
　　She loves me dearly;
She is so constant to me, and so kind.
　　I would deceive her,
　　And so leave her,
But ah! she is so constant and so kind.

看来他们都是在言愁了。但无论原诗还是译诗，却都节奏明快，语含戏谑，恐怕多少有些“为赋新词强说愁”——少年心性！少年哪知愁滋味！

父亲自己在小传里曾经说过，那是由于他喜欢此书中的景物描写。如今回味此作艺术特色，我不能不说，信哉斯言；但转念思忖，却又窃以为，父亲此言也不尽然！试想，这部小说无论主体故事还是诸多细节，尤其是那些“乡间旧习”，有多少在父亲阅读和翻译当中会使他屡生联想！其中的男女主人公姚伯和游苔莎这一对遥远的英国乡村知识青年，身处时代巨变的暴雨惊涛，挣扎冲突于逃离与回归故乡之间，父亲早年初读之际，又怎能不感同身受！

仅就小说开篇不久《乡间旧习》这一节来看：在他阅读此书的一百年前，一个入冬的夜晚，遥远英格兰西南隅一片荒原上，英国一群乡民在传承自古老习俗的祭天祝火集会上，阚特大爷和老街坊提摩太·费韦、赫飞等人边唱边跳，洋相百出，打着哈哈盛传邻里间的谣言闲话。他们嘴里还不停地吐出怪声怪调的韦塞克斯方言。父亲读到这里，是不是自然就会想到他早年在故乡芝罘岛常常称呼着的，他的那些都有奇奇怪怪“外名”（绰号，母亲告诉我，芝罘世代相传有句古话：人没有外名不发）的大爷、二舅？他翻译到这些哈代故乡方言的时候，是不是会不假思索地就把相应的芝罘土话写在纸上？肯定是！——如今我想。

与此同时，我也顿生质疑：父亲自幼在严母的切盼和管束下，终日读书，不问桑农，虽生长乡里，真可谓四体不勤、五谷不分，又兼之少小离家，他头脑里哪有机会和场合积累起那样大量的俚语俗言？他翻译《还乡》和《苔丝》的情境，我尚未在他们俩那个家里现身亲见，但是多少年后，父亲翻译其他作品的时候，我大多可以无障碍地近距离眼见，甚至在某种程度上参与，诸如他译《大卫·考坡菲》的时候，遇到狄更斯的cockney（伦敦土话），有时请教会说北京土话的嫂、看妈，或是拉三轮车的邻居，送报的老邮差。由此及彼，父亲用山东方言翻译哈代韦塞克斯方言的时候，想必是更有语言天赋的母亲曾经不知不觉地给他提供过大量词语资料。常言成功者的背后不知有过多少无名英雄。母亲一生在父亲背后，也不仅仅是生活后勤供给角色。从开始，她就是父亲译事上一个特殊的合作者。

用山东东部方言，也就是土话翻译哈代原著中的韦塞克斯方言（土话），在这方面，从父亲的这部中译本甫问世，就备受瞩目，而且引起论者、读者褒贬各异的争议。年轻的父亲曾在当时有影响的报刊上亲身参与交流，以致论争。近日重读父亲20世纪30年代发表的几篇相关短文，首先感慨的，是那时业界之内一种宽畅认真的氛围。而从父亲身为初出茅庐新生译者来说，从那时初始，他至终认定自己有对应性将汉语方言引入英国著作中译本的翻译方式为理所当然，且终生奉行；时至今日此种翻译方式仍为海内外同行及研究专家首肯赞许，甚至视为一种“创举”。而30年代以来，我译界同胞有极少数，坚持认为此一方法为非。平心而论，个中原因可能与某些论者、读者对汉语某些方言，诸如胶东方言之偏见及歧视相关。2009年盛夏，我再访瑞士，在日内瓦附近汝拉山村老友埃瑞克家做客间，这位瑞士的哈代学者、译者曾出示一期英国《哈代学刊》上中国南京某大学青年同行文章，其中将父亲所用山东此方言界定为“那是一种不好的语言”。不言自明，这是一种几近于因无知而武断之对外发声。至于此位学友作者在此类刊物投发此等大作目的所在，我身为其同行同胞，自是了然于心；而且对当时国内高校研读学子为发表论文通过考核达标所采取途径，也并非纯然懵懂无知；只不过鄙人在其时异国做客，不便过度反应，更不愿为外人道。行文至此我则突然自问：如果先父健在，读此文将做何感想与表态？当然，白发苍苍谷若先生，已非当年血气方刚青鬓小儿，对于此类说辞，依其暮年心性，大约也不过是莞尔一笑而已。

父亲本来不善交际，缺乏口才，就此他还对我透露过自己小时候的一桩秘密：

在疃里，他虽然生性仁义敦厚，又有严母苛刻拘管，小小年纪就进入学堂，又接受师长半新不旧的训诲，通常公认自是温良恭谨。实际上，古今中外幼儿，尤其男童，哪个不曾顽皮恶作？其时，村上有一位大叔，因口吃说起话来歪嘴挤眼滑稽百出。芝罘岛人也像世界各地岛民一样，自来富于幽默感，很多当家男人都被取有绰号。于是，这位不良于言的可怜人也就理所当然地美号称“结巴子”了。父亲随同龄顽童在背后玩笑间模仿这位“结巴子”大叔，不意间竟也结巴起来。日后后悔莫及，且遭到严母斥责，虽竭尽九牛二虎之力勉强得以矫正，但多少总留下些许后遗症。

父亲透露他这段早年隐私，大概也是给我一则预防口吃的暗示。不过，依我个人判断，对比母亲的口齿流利、言语多彩，父亲在这方面的天分是从根本上略逊一筹。

总之，父亲是生来既非伶牙俐齿，长成也非滔滔雄辩。对于自己这根软肋，他始终有自知之明。身为教师，照他对人通俗化的说法，他本人是“吃开口饭的”，为了适应这个他借以安身立命的职业，他大半生都在暗自刻意磨炼自己的口齿。朋友、邻居、看妈、洋车夫，以及相声、大鼓、评书艺人，都是他学说北京话，力求改掉自己那“胶东腔儿”的老师。借此，他也无意间腹中积累了丰富的非书面语汇。

除了这些对面授受的学习、训练，他在30年代经济上稍有起码条件，就开始收藏各种留声机唱片，论门别类大约有梅、尚、程、荀、谭鑫培、杨小楼、毛世来等名角的京昆名段，包括当时著名口技、鼓书艺人的段子。

有关英语口语及语言教学方面的唱片，除最负盛名的丹尼尔·琼斯的《灵格风英语日常用语》等教材外，还有以戏剧演出贡献而荣获爵位的著名演员吉尔古德爵士的莎士比亚戏剧台词朗诵，伦敦大学学院弗斯先生的拜伦长诗《恰尔德·哈罗德游记》中的《致大海》朗诵，等等。在家中尘封的老书柜中，我还发现了一张《马赛曲》的法文唱片，从褪旧的原纸封套中抽出，还紧紧贴着一张同样褪旧的讲义纸片，左侧一栏打印着这首歌的法语原文，还标有语音符号；右侧的句句相对，是英文译文。从笔迹可知，是当初父亲的亲笔。原来，父亲学习标准汉语和英语语音时，还有些老师就隐藏在这些黑胶大圆盘唱片当中。

父亲在家里的大部分时间除去读书、备课，常常听这些唱片，用以改

法文版《马赛曲》黑胶唱盘

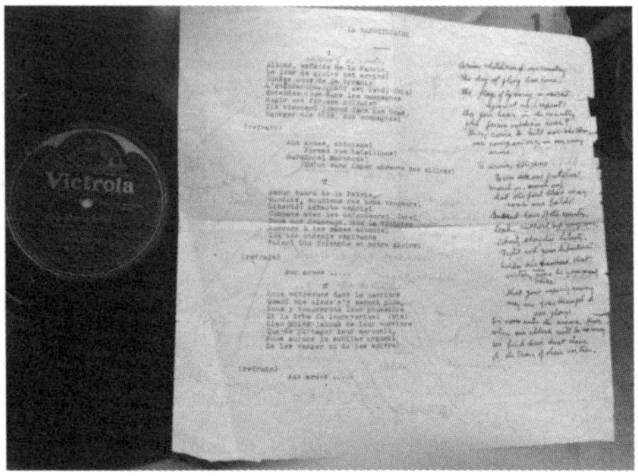

《马赛曲》法英对照（英文为父亲手迹）

正自己中英文口语发音。只有极少闲暇才和家人一起听娱乐节目。直至抗战胜利之后，他还像学生一样，在不断自我训练中、英语言的音读。那时候，限于外语语言环境和学习条件，外语教师，包括大学教授，大多数外语口语口音真真令人不敢恭维；即使其中一些出洋多年、环境条件优渥、语音语调纯正酷肖其母语者，也是凤毛麟角；其余大多数，以我有限的经历而冒昧直言，仍难免乡音未改。正因此情普遍，遂习以为常，形成默认。

稍有语言学常识的人皆知，胶东方言和北京话以及英语，由于在自然人的发音器官上之具体细微部位不同，自然而形成各自明显有异的读音。成年人，尤其男性更甚于女性，自幼一旦形成此种口音，矫正起来并不轻松，特别是对那些英语的口舌音、唇齿音、升降调，还有北京话词汇的阴阳平、上、去的四声，都与胶东话音调大相径庭。父亲深受当初学习外语起步太迟之害，也常就此自身短板提醒适龄亲友、学生，包括我在内，学外语务须尽早，切莫错过记忆力和模仿性皆强的年幼大好时光。

父亲自己也明确意识到，这是他自己早年成长过程中的一种无可奈何的缺憾和教训，又是他在写小传时频频言“悔”而并未意识到的领域。及至我的童年，本来具备比他不知要优越多少的环境条件，却因顽劣怠惰而荒废蹉跎，不知惜福，这自然要惹得他痛心疾首，甚至借酒挥拳。

父亲自己在课下家中矫正发音时，还真是狠下苦功。我在儿童少年以及日后父亲的晚年，大都和他朝夕相处，见他除定期去理发馆，从未自己对镜梳头或修整面容；但在他那张大书桌上，在摆放有序的中西杂错文房四宝当中，却长年支着一面小镜子，是从母亲梳妆台上挪来。当年，父亲在家就常常用它揽镜自照；不是为自我欣赏须发眉眼，而是细查镜中自己的口舌唇齿，也就是口型，为的是训练、改正自己的英语发音。

从30年代后期到整个40年代这段时间，我们先后住在口袋胡同、东斜街和李阁老胡同那十余年，父亲每天课余回家吃过晚饭，常带我出门去逛书店，吃冷饮，买点心。常常是我跟在他身旁默默漫步，父亲一路沉默不语，但时常要用他的手指在我的手心手背写一串串的英文字母，口中还会ch，sh，ts，th地念念有声。和他一起坐人力车在车斗内依在他膝间，我也常常听到他在背后车座上连连发出此类声音。

20世纪70年代中期，我弃媒体（那时只叫新闻）半路出家，在边远地区做了大学英语专业讲师，父亲大概也是为了给我打气加油，说起他任课那时，除去课堂教学，远没有我们现在这样多种多样的学习英语读写的方式，但是他从初中开始，就养成了看英文电影的习惯，每逢坐在京津城里寥寥几家放映英语片的影院，腿上都要备好纸片、笔头，遇到有用的生词、单句，立刻摸着黑儿匆匆记录下来。

确实，父亲是好看电影，在我尚未形成系统意识的极早童年所存储的一些模糊影像、音响，至今还会在脑海隐隐浮现。其中有北极的冰天雪地……猎狗拉着雪橇奔驰……身穿光面毛皮衣的人冻饿得奄奄一息……片片断断。很久很久以后我才醒悟，那可能是由杰克·伦敦北极探险小说改编的早期好莱坞电影；配乐是经典交响曲，那是西乐的金属管弦发出荒野之中“狼虫虎豹”强力的声浪——这个词，是当初母亲告诉我的。那想必是父母带我看的第一场电影。而日后给我印象极深的一场外国电影，是英国纪录片《伊丽莎白女王结婚大典》，1948年的腊月，很冷很冷，父亲已年逾不惑，还兴致勃勃地带我去东城一家很远的影院，那是市教育局特别安排放映的“内部片”。父亲有那样高的兴致，是为在信息远落后于今的时代，可以更多地直接看到、听见英国实况。

还记得我已上北大二年级的时候，学校特邀英国《工人日报》名记者阿兰·魏灵顿在旧大礼堂做报告，我从校园西区匆匆赶去，顺路先去告知父亲，他立即起身，以和我同样速度一起赶到礼堂。我们选择最前排旁边的座位，父亲始终像小学生一样端坐静听。那是50年代，普通人直接近距离听外国人讲话，机会难得。

有趣的是，父亲谈起他在影院里学英文的往事，清清楚楚，但是我以我的有限知识问起他，那个时代的经典名片和走红明星，他却嗫嚅再三，只勉强摆出了贾波林（卓别林），还有一个英文名Lilian Gish（莉莲·吉什）的女明星以及好莱坞一位少有的华裔女明星，主演过一部电影叫《空谷兰》的黄柳霜。

第四章

名流边缘

父亲译《还乡》的初版本

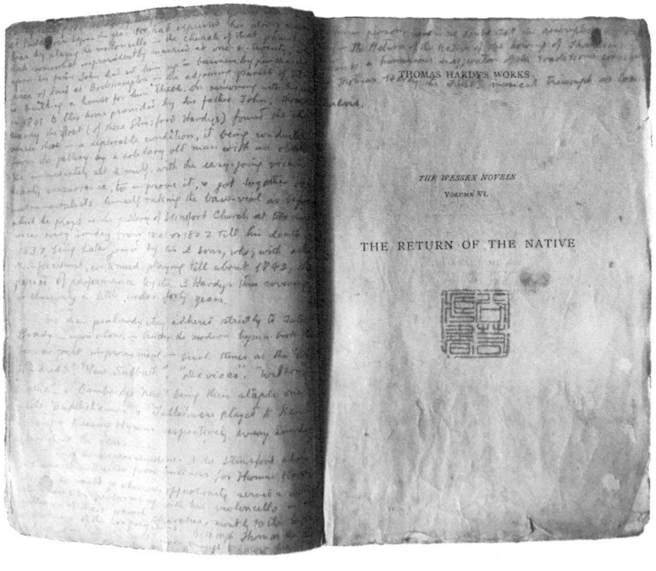

翻译《还乡》所用的底本，父亲写满了批注

30年代，恰约与父亲三秩年岁大体重合，因此也是父亲事业的而立之期。那时父亲年富力强，体力、心智都在上乘。凭了这些生理基础产生的心气儿，以及山东人——具体到自家祖上——吃苦耐劳的遗传特质，在业务专长方面初崭头角；同时在几所大学里任兼课程的教席，自然也日益稳牢，也就渐渐走进当时北平不大的读书界和外文圈。

若干年后，我已上高小，一次到同乡家玩耍，他家已经上大学、高中的所谓“表哥”“表姐”告诉我，“姑父”已经上了名人字典，并立刻出示刚刚从旧书店淘得的一大厚本旧辞书。那是三四十年代之交北京出版的一部《中国名人大字典》，父亲的冠名词条赫然在目。我觉得新奇，回家后告诉父亲，他向我淡然解释了一下：“那时候，教大学的升到讲师，也就算是名人了。”

其实，按当时的辞书编纂标准，翻译出版了那两部优质的哈代长篇小说所赢得的声誉，大约也构成了部分入选资格。以我仅存的贫薄记忆，那时候，和后世某时段的“教授满街走”不同，莘莘士子荣登高教职位，自是凤毛麟角。即使少数留洋归来，通常也需确可以己之有分量的专业著述为硬干货夺关启户，平庸甚至滥竽者流大多难有侥幸；因此大学从教者晋升讲师之级，已足以令人瞩目。退而言之，再以我及同龄人所经历熟知的50—60年代初期为例，讲师尚可法定正式列入“高知”仙班；遑论在更为贫弱晦暗的三四十年代!

在20世纪三四十年代的中国学界，哈代既是当红作家。父亲这两部译稿，那时也并非没有竞争者，此时还是哈代逝世后世界各个角落的读者为他余悲未终之期，中国也无例外，尤其是年轻的新潮文士或海归人物，翻译哈代也不乏其人。父亲同为年轻英语学人，虽无留学这一金牌照命，但他的译作所以能中前述基金会编译委员会之选，确是由于其译笔出色。后来，台北人人书局于1968年出版的张振玉著《译学概论》，多引用“山东张氏”之名译哈代《还乡》《苔丝》中大量章句为正面范例做比较批评。上世纪新时期以来，父亲与台湾回乡旧雨新知聚谈，不止一次听其言及父亲所译《苔丝》《还乡》在当地盗版流行。至于《译学概论》作者之以“山东张氏”代父亲实名，换位思考或因为其对“彼岸”此译者情况（包括政治情况）不甚了了，姑隐其名。

在这两部哈代名著从投稿到筹办前后，父亲和该基金会编译委员会自然有所交结，而他们的主持人正是大名鼎鼎的胡适之先生。父亲对我回忆说，胡适审阅他所投译稿后，曾照例邀约。面见开口就问道：“你是南开学校作文比赛考第一的那位同学吧！”

胡适未等父亲回答就继续说：“我就是当时评判文章的人。”

直至晚年，胡适在他口述历史中谈到十二位中国早年翻译家，张谷若之名忝列其中。关于张谷若译《苔丝》，有这样的记述：“文笔极佳，我是用重金买下的。”

说起父亲和胡适关系，倒也可谓无缘还有缘。开头是有这样两次际会，但并无深切后续。父亲虽出身自北大，但与早于他求学前任教英语系的胡适失之交臂，抗战爆发后胡适任校务长，父亲仍留教于天主教会创办的辅仁大学。因此，父亲从未直接受教于胡适，认真说来，全非胡适亲炙弟子。但是依我国千百年科举旧俗，对于审阅、拔擢过自己的名儒，后进读书人往往也是竭力要投其门下。然而父亲虽于这位学界泰斗学识人品留有美好印象，而与其交往，恐终属淡如水者。即使在抗日胜利之后，胡适再次北上，荣任北大校长，门前众生徒趋之若鹜，父亲的主要教职仍在辅仁大学。1946年5月，北大校庆，父亲作为校友，也在被邀请之列。那时我已满十周岁，父亲开始每逢适宜场合，就会带我一起去见世面。记得那天他拉着我的手，迈进大门，刚刚走到属于当时北大古色古香寓所的阶前，就看见迎面顶上一级的台阶门口前站着一对年长夫妇，男士身着传统中式长袍马褂，戴一副黑边眼镜；女士是一袭半时兴半截袖旗袍。我因平时看惯了父亲及其同乡亲友高大身影，这二位看来遂显身材略短，且如通常人到中年以后自然地稍显发福。那时他们并肩而立，笑容可掬，看到父亲领着我款款拾级，一同笑容可掬地寒暄，父亲立即轻轻放开我的手说："快给胡伯伯、胡伯母鞠躬。"

胡适先生

于是，我立即从幼稚园时期老师所教，四肢并拢，向二位老人深施一礼。

"呵呵，这位小朋友还挺懂礼貌的啊！"这该是胡伯伯的一句礼仪之赞。但短短一句声腔纯正的国语，至今忆及，言犹在耳。

年少时懵懂未开，这位胡伯伯、胡伯母在眼前就这样一瞬而过，并未经心。两年后从小学已入初中，历史课上老师讲到五四运动和白话文的旗手胡适，我头脑中立即勾勒出一幅这位大洋博士的想象图：颀长身材，西装革履，戴金丝眼镜，走起路来双腿笔直，大有那时当红电影男星名舒适者的身形风度。待老师渐渐深入讲到细处，才恍然醒悟，两年前北大校庆在招待室门前对其施过大礼的那位胡伯伯，原来就是这么显要的胡适先生！

在初中的那堂历史课上，我和同桌钟姓女同学还曾在课桌底下暗自互递纸条。她问："你想胡适什么样儿？"

"你说呢？"我反问。

"细高个儿，穿一身灰西装，手里拿一根文明棍儿。"

我得意地答曰："不，他穿长袍马褂，个头不高，戴着普通黑边眼镜，面色红润，笑呵呵的。"

在下一轮课桌底下质疑问答操作之间，我又再次得意地补充了"胡伯母”的形状：“也戴一副金丝边眼镜，穿一件半截袖料子旗袍。”

那时，以我之孤陋，全然不知那位就是今人还屡次提起的江冬秀女士。彼时正随她的夫君卸任驻美大使归国，到北大履校长之职。而我首次对她的那一瞥，只是使我突然想起前边提到的那位母亲本家、政纪公司的“老大姐”。近几年，国内学术界对胡适的关注有所增长，曾有媒体约稿，希望我写写相关胡适与五四运动的文章，因为自觉吾非民国史学中人，且见闻孤陋，惭愧谢绝。

父亲对于这位往年赏识自己的长者，确是视之如师。还记得随后那几年，每逢旧历过年，家家人人都按俗习依次出门拜会亲友，父亲也是穿戴齐整在正月初五前去（也是应邀）给几位最重要的师长拜年。其中有“老罗”“老凌”，以及胡适。父亲背地里昵称“老罗”者，名昌，夫人就是康有为的女儿康同璧先生。每次先生赐饭，父亲饱足而归，常会赞其广东人的烹饪手艺。从胡适家回来，和母亲说过，他家有好厨子，徽菜风味清蒸火腿香而且糯，入口即化。母亲也悄然买回生金华火腿试做，终未得其要领。

然而享誉中华的山东大馒头，则是父亲大年初五出门拜年时孝敬师长的王牌礼物。蒸得又香又略甜的大馒头，那可是母亲的绝技。每当春节，父亲都会去各位师长家中拜年。今天仔细回想，其时总有一个堂堂中年斯文男人，十冬腊月天气，皮帽大氅全副武装，步履咚咚走在街上。那时节，年节送礼，也都有那时特定的包装。最起码，也得是个蒲包，或规整的纸包上边蒙有大红纸帖子。父亲手里却总提着一个不大不小特别的布包，严严实实兜着家庭自做（home made）馒头，也得算是一道抢眼风景。那个包袱皮，是逢年才启用的猩红色，上面有密密芝麻粒大小斜长方形小白点，比起通常喜庆家用的一码大红或土红色，自然显得鲜亮、整洁而且“洋气”，足以代表年轻母亲当时的审美理念方式。

再回溯几句：20世纪30年代的中国文学，也可谓我们这个民族历史上承载血雨腥风长河中的一段静谧湾流，出现了一些至今令人志念的作家、诗人。父亲有幸作为同龄翻译家在圈内有所涉足；但他只是头角初崭，又兼其为人简朴内敛，不善言辞交际，也自然只能算是圈内边缘人。父亲天性是知恩必报，对长者提携，同窗帮衬，总是力求回馈。如胡适，父亲心目中他始终是华夏知识分子文章道德的典范，是谦谦君子，热心助人的长者；再如梁实秋之博雅谦和，在翻译理念上又与自己投契；再如徐志摩，其才情风采令父亲钦慕，曾长久保留一幅他半裸上身照片，十足的超浪漫主义风格，但此兄台给他也留下旷达有余而扎实不足，热衷许诺而疏于兑现的印象；再如老舍，在他眼中是傲气过甚……对这些人中道相左者，自然难与为伍；对于任何时代都难免有之的斯文败类，父亲则也会反其惯常的敦厚随和而对应。——这也再次验证了父亲性格中之多元相悖。

总体而言，父亲的交游处世，确是"淡如水"。即于胡适，也如是，而且了无政治瓜葛。在他如日方中之际，父亲并未趋之若鹜；在他"臭名昭著"于大陆那些年月，亦未投以井石——据我所知。

大约在20世纪70年代中期，即"文革"后期，我从西北返京省亲，遇到北京大学西语系负责"落实政策"的干部来家中核对父亲档案中夹带（保存）的一封给胡适的信，是父亲30年代所写。来人说，经查实此信为普通函件，是向胡适检举一位30年代末在中华教育文化基金会工作同人经济行为不端，无涉政治，请父亲阅读确证，签名具结。父亲和这位一代文豪之缘，从实质上已就此了结。但直至本世纪，父亲已离去十余年，我偶然从《大公报》读到郑延国记录整理的《胡适晚岁八论翻译》，笔录如下：

> 对翻译一向关注的胡适，即便到了晚年，依然对此念念不忘。其从六十九岁至七十一岁即一九六〇年到一九六二年的短短三年间，论及译人译事居然有八次之夥。
>
> 首次说的是佛经翻译，内容涵盖四个方面。一是佛经名典如《维摩诘经》多为鸠摩罗什所译，玄奘主张直译，所以从"译的经典，倒没

有人来读”。二是佛经翻译的流程，即四道操作工序：“一个人在读梵文，一个人用中国意思讲出来，另外一个人来笔记，最后送给几位元翰林去润饰”。胡适用了一个比喻，说这种运作“好像现在制造汽车工厂似的，这边把原料交给工厂，那边一辆汽车出来了”。三是译出来的佛经，其文字“在当时算是白话，所以之乎者也这些字很少用”。四是中国字不够用，不能将“印度那种奇离的思想”完完全全明明白白地翻译出来，譬如像“三藐三菩提”这种直译，“谁也没有看得懂”。胡适的四点真知灼见不容置疑地表明其对中国佛经翻译历史始终都在予以高度关注。

第二次讲的是张荫麟。胡适读《张荫麟集》，对其译笔不畅之处，以红笔画杠，并说：张称自己的译笔受林琴南影响，其实不确，因为张的译文“有一些句子不通”。张荫麟（一九〇五—一九四二），历史学家，曾留学美国四年，精通英文，由是热衷于翻译，先后译有包括诗歌和文化、教育、政治、语言文字等方面的著作，其中对斯宾格勒理论的译介最为完善。张尝批评郭沫若译歌德长诗《浮士德》，匆促从事，竟致“谬误荒唐、令人发噱之处，几于无页无之”。想不到几十年后，张自己的译文亦遭胡适诟病，真乃螳螂于前，黄雀在后了。

第三次议的是傅东华。其时胡适将傅东华所译《美国短篇小说选》翻阅一过，且称自己亦曾翻译过《米格司》。胡适说傅译中有一句“你晓得某某吗？”其中“晓得”二字“应该译作‘认得’才对”。胡适对翻译的一丝不苟由此可睹一斑。

第四次评论的是伍光建等。胡适称：“启明出版的《侠隐记》，有许多地方运用中国的成语是不通的，他把‘火枪’译作‘毛瑟枪’。《侠隐记》是反映十七世纪的作品，那时只有‘火枪’，哪里会有十九世纪的‘毛瑟枪’？”胡适说的《侠隐记》当是上个世纪五十年代台湾启明书局的那种译本，译者亦当是曾孟浦。胡适认为“翻译是很难的事”。他感叹伍光建译的《侠隐记》很出色，“文字干净”，因此“喜欢他的译文”。胡适还建议出版部门重印伍光建译的《侠隐记》以及梁实秋译的莎士比亚戏剧等。他甚至还委托香港集成图书公司代他购买“从前商务出版的伍译《侠隐记》、《续侠隐记》及《法宫秘史》”。先生读他人译著的认真以及对老辈译人译著的喜爱，实令人感佩。

第五次说的是张谷若。胡适回忆自己当年主持中华教育文化基金会编译委员会时，曾以高额稿酬请人翻译了哈代的两部长篇小说《还乡记》《德伯家的苔丝》。胡适清清楚楚地记得译者是“张恩裕，字谷若，北京大学英文系毕业的”。

第六次提及的是洪煨莲。胡适认为美国人Robert Payne所译杜甫《羌村诗》，“大概受了洪煨莲的影响”。洪煨莲（一八九三—一九八〇），福建人，历史学家，20世纪四〇年代末移居美国，先后在哈佛、耶鲁等高校讲授杜甫，并撰有《中国最伟大的诗人杜甫》一书于一九五二年出版。洪在是书序言中称自己英文欠佳，谬误甚多，但多数学者认为其将杜诗译得格外传神。Robert Payne想必是洪的得意弟子或忠实读者，故先生有此一说。

第七次议论的是朱生豪。胡适称“某庚款会一时译某国名著，如培根《崇学论》等，即该款成绩。最大开支，有《莎氏全集》之计划，曾译出二本左右或不止如此，然译完《莎氏全集》者，乃一未出洋之大学生朱生豪”。朱生豪（一九一二—一九四四），浙江人。朱氏以十载之力翻译莎士比亚戏剧，成为震惊海内外的壮举。胡适对朱的评价虽只有二十字，却能令人感受出其对朱郎的一片深情厚谊。

第八次回顾了严复与林纾。胡适称自己年轻时，“总看了上百部”林琴南的翻译小说，故写起叙述文时，颇受其影响。不过“说理的文章是受严几道的影响”。胡适少时是否亲炙严、林二老的教诲，未及考证，但胡适对前辈译人的尊重与感恩却足以发人深省。孰料，胡适在对严、林念念不忘之后的第十七天即一九六二年二月二十四日，便骤然谢世，从此再也不能向晚辈们论说译人译事。然则胡适的这八论翻译，却如同闪烁的星光一般，能够给人以深刻的启迪和无限的联想。

《国闻周报》登载了父亲少有的议论文章

胡适先生离开大陆前，父亲其时仅以翻译区区两部哈代名著鸣世，看来，他还是以作品虽少而精给予尊长深刻印象。

两部哈代译作联袂问世后，也曾有笔仗文争。而《还乡》《德伯家的苔丝》适时进入中国读者的视野，首先是读者的直接反应：大中学的学生，尤其是继五四以来走出家门日渐开化的女学生，喜欢读，暗流泪。一时间，张谷若这个名字在青年学生，尤其是攻读英国文学的女生中走红；甚至有和少女苔丝遭遇雷同的中国女读者，就像哈代老人当年那些曾经横遭厄运的英国女读者一样，致函这位年轻的译者，倾诉衷肠，询求心怀致命隐私面对自己丈夫，究竟应该“说，还是不说”。

50年代院系调整，父亲调入北大，在燕园未名湖边健斋内有一间专供他的单人宿舍。此斋楼长住有一位年轻李姓数学系教师，可谓北大、清华数理科系奇才狂士之一员，起初父亲不知其还是“苔丝”迷——今日应谓之“苔丝”粉。这位先生得知自己恰与其“久仰大名”的《苔丝》译者为邻，即从点头之交，渐趋倾谈不辍。对父亲译文中的精彩段落，如苔丝给遗弃她的丈夫安吉·克莱的决绝信等等，竟能开口背诵如流。一次谈至兴起，还一本正经地悄声对父亲说：“我要是遇见苔丝，一定要她！”真仿佛这位不幸而又动人的女主人公就是现实中近在眼前的大活人！父亲对此公读书用情——今语可谓“沉浸”之深，不禁暗自惊叹。

李先生湖南籍，专擅拓扑学，谈锋犀利，率真如幼童。其貌不扬，落拓不羁，肌骨瘦不胜衣，盛夏执一旧芭蕉扇，俨然济颠活佛再世，终身未娶。

父亲译作的热心读者涵盖各界。京城文化圈老前辈，也有细读其译作者。那时虽然了无各种高科技交流方式，作译者与受众双方互动也甚为自然和洽，对作品读者会当面或寄信提示或撰文公开褒贬。对《苔丝》译者张谷若这个名字，年轻男女大中学生们一时间并不陌生。20世纪七八十年代，有下乡知识青年读过《还乡》译本，还寄信给父亲，结合哈代的人物故事，叙说个人际遇，其中一位名锻炼者，至今给我留有印象。我的50年代北大外语系学友们晚年回忆文字中也说，自己高中毕业所以投考北大西语系，原因之一就是那里有外国文学名教授，“其中有译《苔丝》的张谷若先生”。

行文至此，还要对父亲的名字更迭做几句解释。

父亲本名张恩裕，字縠若，以字行于世，亦用于译作笔名。先后在多所大学任教时，注册、行事、交往有时也用原名。20世纪50年代初文字改革，于是其五縠杂粮之“縠”简化为今日之“谷”。曾有上海滩30年代知名文人名张若谷者，不知因何嫌隙，曾为鲁迅先生撰文冠以恶名；不料又加之有惯于速读之聪慧学人英才，混淆谷若、若谷，失之毫厘间，竟使父亲张谷若惨遭陪绑。父亲生平遇此同样张冠李戴，导致“杀机”，尚不仅只此一孤例。父亲生前身后，虽也有治学认真忠厚晚辈生友殷殷为之呼吁、拨正、平反，但时至近年前（2019年8月7日《文艺报》《中国翻译文化灿烂历程之回顾》一文）如此张冠李戴，又赫然出之于最高学府顶高端学者大作之中，载于京华重点学术报刊之上。[①]呜呼，先父有幸，辞世已近二十年，固不必再

---

① 中国大百科全书出版社2021年出版乐黛云著《九十年沧桑》第一章第四节中提到朱桐仙老师的丈夫译《德伯家的苔丝》。2021年7月28日《中华读书报》在“家园”版说明如下：2021年6月9日3版《乐黛云：塑造我人生的几本书》一文中所提朱桐仙老师的“丈夫是一个著名的翻译家，当时还在上海，《德伯家的苔丝》正是他的最新译作”。1936年由商务印书馆出版（第一版）的《德伯家的苔丝》的译者为张谷若，与文中所提朱桐仙没有关系。

受此等现世混浊琐事骚扰！但不幸身为其遗属之敝人，却仍苟活于世，写到此处，不禁意欲对九重天那端的父亲做隔空投送阴阳对话：

“此事归根结底，还是不得不归咎于父亲大人您本家儿对个人名分太过疏忽，或谓不善经营自己，打理关系，这自然也得算是您自作自受——请恕我不孝，不敬，亲爱的父亲！”

由此我也想起自己初上大学一年级时，本专业普通语言学课程是由一位该学科某名教授担任。开学第一课，这位业内享有盛名的先生，进教室面对济济一堂学子，首先摊开厚厚两册课本，是为先生近日出版新作，反复展示再三，号令举座弟子自费购买，人手一部，由此大著发行量骤增。

20世纪七八十年代，我厕身英语教学、翻译行以来，尝有缘与父亲往昔亲授学子相遇，不止一次听其笑谈少年往事，提到当初报考此校此系，是慕名师而来。入学后，遇到张恩裕先生，先后讲授基础英语、精读、泛读、英国文学史及高年级毕业班翻译、英语作文、工具书利用等课；而且，张恩裕先生是他们那套大学基础英语课本编写人之一，大名也忝列该书版权页上。该同学和这位谦和寡言的张老先生和洽相处（这是当时校园师生关系普遍特点）数载，竟从不知入学前他们所心仪的那位翻译《苔丝》的张谷若先生究竟身在何处。以此看来，父亲那种不擅交往，也是数十年来一以贯之！

再说《苔丝》30年代译作出版不久，一次父亲去李霁野先生家做客，还出过这样一段笑话：

李伯伯安徽籍，父亲同龄人，当时是新晋海归，热情爽朗，喜与年轻人为友。他那时家居什刹海北岸，原是张之洞故宅，由冯友兰先生购买后，霁野伯伯曾住其前院。在他的小小沙龙里，常有宾客往来，笑语喧哗，多为时髦洋派男女学子。父亲到访因随后要赶到学校授课，又一向不善应对，静坐片刻即离席告辞。李伯伯送客回转，对座中“少男少女”（李伯伯书名，1984年3月10日亲题赐赠我一本，至今珍藏）说：“这就是翻译《德伯家的苔丝》的张谷若！”

大凡爱书读书之人，向来多会对喜爱之书的作（译）者发生兴趣，或种种遐想；而刚刚眼前这位活生生译者，想必是令人若有所失了。李伯伯话音刚落，室中一片讶然。座中一位摩登女郎嗒然高喊：“哎呀，我还以为是猪肉铺掌柜呢！”

平心而论且如前交代，父亲无论是在青少年还是老年，一向还都是身材体态挺拔，五官周正——这也正是我们胶东半岛男女寻常体貌特征；但父亲又一向举止随性粗率，缺少当时引为时髦那种够范儿的做派，再加上那一袭便装的长衫和谈吐中字间句尾口音余留的胶东腔儿，在那个群里自是彰显不伦！

这件趣事是叶维之叔叔当笑话亲口相告，也曾在朋友圈流传一时。我从未问过父亲对此类“读者反应”故事又有如何反应。从他多年后对我讲起此事时的神态可以判断，他不过仅仅将之当作一则笑话而已。

叶叔叔是业界造诣极深的翻译家，十足西洋派，且交游甚广，始终是父亲与学界、译界间重要信息渠道。他俩自大学时代惺惺相惜，以对学问的孜孜以求和文学艺术的爱好而相互交往，也以不同的家世、生性、气质而互补，肝胆相照，无所顾忌。他又是一个天真善良得像孩子一样的人，由于不通人情世故，难于长久固定任职。好在家资颇厚，平常也从未遭衣食之虞。但父亲从不请他在家吃饭，因为难忍他的邋遢埋汰。他因为不懂人事关系又过于率真，常无意间在同事朋友间挑起一些龃龉尴尬，而遭父亲无保留的斥责。每遇此窘境，他总是埋头默领，毫无怨怼。然而父亲对其才华的由衷赞美，又远胜于申斥。他们二人从大学时代生成的情谊，穿越六十年，至死不渝。

如今翻开父亲译哈代《德伯家的苔丝》最早的版本，也就是出版于1936年的商务印书馆版，父亲为此书写了“译者自序”：

我现在这篇序，只大概谈一谈我译这本书的意见和方法，并没说什么话来介绍这本书本身和它的作者。因为我想先把哈代的几部重要作品都译出来，然后再给他编译一本比较详细的评传，所以现在且不说他什么。

我译这本书的理想，是要用道地的中文，译原来道地的英文，换一句话说，也就是用合于中文文法习惯的中文，译原来合于英文文法习惯的英文。近几年来，国内许多译书的人，仿佛都忘了翻译是得把某一国“文”译成别一国“文”的了，仿佛觉得由某一国“文”译成别一国“字”，再照原文的次序排列起来，就算是翻译了。他们说，这可以保存原文的语气、风格等等，我却说，这种半中半洋，不中不洋的四不像儿，比transliteration差不多少。我觉得，这种只用手而不用脑的翻译，没有什么意义。现在我的理想，是要用合于中文文法习惯的中文的，我做翻译，就是以这种理想为原则。不过原则当然都有例外。譬如中文里根本没有的字，或者中国人根本没有的观念，当然不是道地的中文译得出来的；遇到这种时候，或者意译（paraphrase），或者造一个新词（neologism），加一个注解。至于我这种理想，究竟做到了几分，当然是一个问题。

原书叙述，描写的地方，译文用普通的白话文，这没有什么解说的必要。至于原书的对话，本是两种：一种是普通的英国话，一种是英国道塞特郡（Dorset）一带的方言。所谓普通的英国话，就是Daniel Jones，Harold E.Palmer，Walter Ripman[①]诸人所说的英伦南部受过教育的人所讲的话。这种话在英国，略如中国的北平方言，或北平语系，所以我用北平方言来译它。至于原文的道塞特郡方言，我用山东东部的方言。

我最初本来一概用北平方言来译原文的对话。但是后来觉得，原文

① 即前述文档珍藏其语言教学唱盘中之诸位英国名语音学者。

分明是两种话，译文里变成了一种话，那怎么成呢？但是用另一种什么方言好呢？后来经过了叶维之先生的提示，和胡适之先生的赞助，才决定用山东东部的方言，于是英国的道塞特郡人，随一变而为山东人了。所以采用山东东部方言的原故，一部分因为译者除了北平方言，恰好懂得那种方言，二来因为那种方言在中国，和道塞特郡方言在英国，仿佛有相似之点。道塞特郡方言，据William Barnes[①]的说法，是从西萨克森（West Saxon）王爱勒夫锐得（Alfred)那时流传下来的一种语言，而山东东部方言，据译者所知，有许多话，还和《尔雅》《说文》上一样的说法。不过凡是方言，都保存许多古字古语，不止山东一处为然，所以这还不足以算是什么理由。但是别处的方言，不一定“怯”，而山东东部方言，却是“怯”话的代表，尤其是北平人，往往学山东东部的方言取笑。道塞特郡方言在英国，虽然不一定“怯”，而哈代用来形容乡下人，至少也得算是“土”。原文用方言的地方，有些读来很可笑，我把他译成北平方言的时候，读来却又不可笑了；后来改成了山东方言，才又可笑了。因此我才决定采用山东方言。

至于本书的注释，全是译者加进去的，所以这样详细，一方面固然为的是便于读者，一方面还想对于研究的人有点帮助。有些注释，可以说是对于一般的读者没有多大关系，但是如果有人想借此研究研究英文，或者研究研究哈代，那我相信我这些注释可以帮他点忙。不过这些注释，只注意材料的供给，不注意文字的美丑。

译者对于本书，虽然费了许多工夫，但是仍旧还嫌工夫不够，思考不周，不敢相信完全无误，不敢相信用的完全是道地的中文，更不敢相信把原著的精神保存了；而且更觉得歉然的，注释中有十几条引用旧文的，未能注出出处，还有十几条知道在某处而找不到原书。如果有人肯

① 英国名方言诗人，哈代同乡、前辈、挚友。

加指教，肯把发现出来的错误告诉我，尤其是能把注释中我不知道的告诉我，那真是我顶感激的事了。

最后我对于帮忙的师友，敬谨表示感谢，其中特别是胡适之先生，把头几章给我校阅了一遍，给了我不少的启示和改正。还有叶维之先生，把全书细细地替我校了一遍。改正了许多错误，修正了许多毛病。我可以说，他那样细心，真是少有；他所指出来的，都不是一般人平常所留意的；就是我说我这部书所有的好处（比方有的话）都是他的功劳，也不为过。还有何子祥先生，关于国语的用字，给了我不少的指正。其余还有温源宁先生、贝德瑞先生（Mr. B.F.Batteridge）、艾克敦先生（Mr. Harold Acton）、吴可读先生（Mr. A.T.Pollard Urqubart）、周伊特先生（Mr. Hardy Jowett）、关琪桐先生，都给了我很大的帮助。

一九三四年十二月

全文可以看到，一个恰届而立的年轻人，对于包括胡适之、叶维之等在这两部书的审校出版过程中提供建议帮助的感激之情，热切而且真诚坦率。

早在《苔丝》和这部前一年出版的《还乡》扉页上，竖排书名的右肩，与著者、译者比肩排列，还有校对者叶维之大名。

父亲既是选择了英文这个行业，在国粹派老夫子，特别是他早年的尊长乡贤亲众眼里，他是西洋派，是“在了鬼子教了”——这里顺便说明，其实父亲恰是彻底的无神论者，而且虽长年在教会大学任教，素与宗教神学无任何瓜葛。只不过，人的工作环境往往也影响生活习惯：他很早就佩戴了眼镜，不是为赶时髦，而是因为自幼囊萤映雪，在乡下就着豆粒大小的油灯通宵达旦勤学苦读，早早就把一双以海物为主食家族遗传而来的明眸熬成了高度近视。

也还记得，在我稍长大后，母亲用父亲几套早年西装给我改作外衣，都是尺码瘦窄，质料、做工精良。依此推断，父亲上大学西语系或刚毕业教英语，三四十岁上下，也有西装革履的时候。身材高挑匀整，一袭英国进口藏青或浅灰花呢套装，一双铿亮三接头皮鞋——这本恰是当时极为醒目的“西洋装”。青春焕发身材挺拔的父亲换上这身打扮，配上一张胶东滨海人轮廓分明端正英气的面孔，本应说也得算是颇为拿得出手的翩翩君子了。然而彼时，在父亲安身立命的北平高等知识界，尤其还是“涉外”的英国语言文学场域，同人朋友大多来自江浙粤闽。那是中华大地尚未遭逢北地白草黄沙马上蛮夷践踏混血的中原遗民后代孑余，多出秀骨清相精英才俊。其中一些父亲的好友，我终生呼之为伯、叔者，真可谓美貌如女子。他们绝大多数又有英美留学背景，母语口音既轻柔雅驯，举手投足又文质彬彬，浑身多是一丝不苟西装革履，言谈中还夹杂有英文等外来词语——其实这里夹杂外语文辞，主要还是其职业使然，并非尽皆世人所讥诟之崇洋媚外。而我的父亲，这个一米八、体魄健强的山东大汉兀立其中，加之不擅修饰打扮，又不见口齿伶俐谈笑风生，可以想见，以当时主流审美眼光看来，则是无可救药地相形见绌了。也正因如此，母亲不管在父亲生命的哪个阶段，都将其称之为“粗糙男人”。其实，母亲和父亲一样，生来受胶东故乡阳光雨露、山海人文陶冶教化，自家骨子里既富刚性，又一向慕阳刚胜于阴柔，因此她对父亲的此等评议，也有几分寓褒于贬。而就父亲本性来说，他始终是重实轻名，不慕虚荣浮华。他通常在北平（京）英语言文化圈中，长袍大褂，避免西装，也并非刻意效法某些自命不凡、特立独行名士大儒，反其道而专以守拙立异，自诩爱国。用父亲自己实实在在的一句话说，他以中式传统服饰为着装常态，只不过是因为“中式衣着简单、方便，舒服随意”！

在先后任教的大学科系，父亲又向以美食家闻名。父亲最欣赏的早年学生孙硕人先生回忆说：“张先生那时候带着我们去吃饭，都是他咚咚咚咚大步走在前面，一只手提着一瓶二锅头，我们就一路小跑，紧跟在后。”

早年的父亲，也有其豪情蓬勃、吞吐如山的气派。

这样一介中西合璧、采纳众长的大学年轻教师和初露头角的翻译家也渐渐粗识西餐，母亲也随着早早就学会了那一套所谓table manners，即餐桌礼仪。从小，我们全家去西餐馆，父母也有意示范教练我们两个孩子学会点西菜，用刀叉，品洋酒。还记得母亲始终念念不忘的一种樱桃白兰地，是北京阜成门外栅栏法国天主教神父特酿，晶莹浓蜜堪称琼浆。

大学任教时期，父亲交往圈中还有两个长期旅居中国的外国文人，那就是美国人R.温德（Robert Winter，1887—1987）和英国人A. 阿克顿（父亲《德伯家的苔丝·译者自序》中作“艾克敦”）。此二人常被视为怀有东方情结的欧美时髦文化人，尤其是温德，长期居留中国以教授英文为业，在中国文化界广为交游，以通晓英美文化与古希腊、拉丁语文闻名，30年代以来几代英语学者教授从其受业者众。其漫漫大后半生，久居中国，尤其抗战胜利后长寓北平（北京），俨然通天教主一尊。京华外国文化文学精英，几无不以趋前拜会为要。老先生异于门户闭塞国人的一些欧美人举止习俗，诸如在颐和园知春亭畔游泳区之单人凫水表演，即可日日吸引年轻学子崇拜喝彩，我在北大求学期间也曾亲见。父亲非出自其亲炙，但向来待之如尊长，对其西欧古典学语言文学（尤其古希腊及拉丁语文）修养极为尊崇。除在运动的非常时期，他们互有往来、宴请，直至1987年老温德逝于北京。

父亲晚年曾给我讲过他们青年时代聚首时的一桩往事：一次北平中外文友相聚，温德首先到场，阿克顿接踵翩翩而至，一眼看到席间温德，脸上立即风云变幻，举座讶然。二人怒目而视，一言不发。阿克顿旋即愤愤转身，猝然离去。

父亲事后听知情中国朋友解释说，原来温德和阿克顿之间曾有夺妻之恨，二人不共戴天，遑论同席！

阿克顿先生是英国著名历史学家、诗人阿克顿勋爵（Lord Acton，本名Edward Dalberg-Acton, First Baron Acton，1834—1902）与意大利女子的非

婚生子。他是我父亲同龄人，翩翩绅士，身世飘零，诗文满腹，情怀浪漫，恰堪为少年父亲羡慕钦敬。父亲彼时正孜孜于哈代两部名著翻译，中途所遇拦路虎，也径向其求教，以英文常用谚语“A friend in need, a friend indeed”描写此公，最为恰当。那时期，这Sir也是应邀至家登堂入室的有限国际友人之一。我出生后办满月喜庆，这位英国人也自然成为座上耀眼明星。父亲晚年曾回忆说，当时这位独身的英国故人曾隐约暗示，他对我们家年轻寡嫂有所垂青。

此寡嫂即前述孤儿平安之母，其亡夫是我同乡近支族年长堂兄，临终榻前亲口将其妻儿托付给我父母，她是我与母亲朝夕和洽相处的伴侣。父亲恪守中国道德习俗底线，力拒这位异国贵友，毫不含糊其词。这位朋友在抗日战争爆发前后，离开北平，离开了中国。

1988年我初访英国，发现此公在英国文学界仍有相当知名度，晚年已移居意大利——那正是其母家。至2010年那次初携笔记本电脑访英，网上循踪索迹，看到有关他的一些公开资料信息。其中有云：他早年漂泊远东，先至日本，所以离去，因同性恋和恋童行为。回想当年，这位年轻英国绅士偏偏青睐我那位相貌平平、质朴本分的寡嫂，究竟为何？我和父亲都曾困惑不解；数十年后，我因在英伦得知其癖，便想到寡嫂的独子，亦即“托孤”主角，比我大三岁的本家侄子平安，确曾是个俊秀童子，于是顿生遐思，此一困惑也大致迎刃而解。二三十年代时我父母二人以自己之厚朴单纯，自然丝毫未曾就此做任何联想，更从未悟出这其中或另藏玄机。

第五章

艰难时世

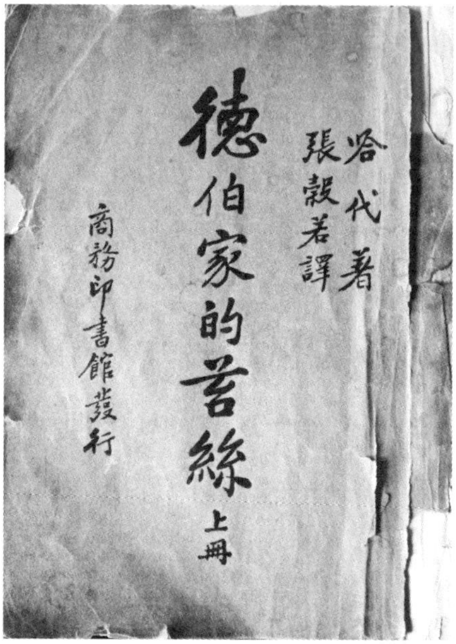

父亲译《德伯家的苔丝》的初版本

2017年《中国翻译家译丛 · 张谷若译德伯家的苔丝》封面

“三十而立”本是孔老夫子前瞻其子孙生徒人生，继而设置去途中的一通重要路碑。当然，这首要还是以这位老夫子后顾自身来路为标准参照。

父亲在这个年纪上，也恰恰使自己达到了这个而立的目标。首先，他在三十周岁的前一年，开始正式进入大学任教。三年后，即1935年，出版了英国当时首席作家哈代《还乡》的中译本。当时父亲尚未满三十二周岁。次年，同为哈代原著的中译本《德伯家的苔丝》接踵而至。两部哈代巨著中文译作，京津沪读书评论界均有反响。由此父亲也相继在北京几所排名有次的北京大学、北京师大、中国大学等高等学府取得正式及兼任教席。

按照中国人千百年传统观念、习俗，立业与成家总是形影不离。忽略父亲十七八岁奉父母之命在老家成婚但经济尚未独立的早年不计，我父母二人在北平苦心经营的小家庭，按照少年父亲一贯的追求与设想，此时期也终于升建在了一个静谧安稳的平台上。紧随其后，就是这个二人行小小家庭的添丁进口，也就是我的出生。

这里记述父亲往事中叙谈笔者自己，全非意欲借写他人之笔，夹带一己之私货。而是因为我的出生，事关父母。那也算是他们在向这个世界、这个人生戏剧性地奉献出的一抔微薄产品。

父亲十七八岁和母亲结婚，我出生时，他们的婚姻生活已有一十六载。而且事有凑巧，我的出生，恰与《德伯家的苔丝》这部书问世同年而略迟一月，因此，我曾在自己闲文中戏谓我和“苔丝”是同胞姐妹！——不是和那位苦命而又身负凶兆名叫苔丝的女主人公，而是和这位女主人公同名的那部书的中文译本。如果说，这个《德伯家的苔丝》，还有比我们俩大一岁的《还乡》是父亲早年寒窗苦读，日积月累，辛勤劳作所获第一批成果，那么，仔细追味起来，我自己，这个与“苔丝”同年不成器的妹妹，却也不是上帝一时兴起对我父母的无偿馈赠！

照常理旧习，出书与得女相叠加，就父母当时的这样一对年轻夫妇的小家庭而言，本应堪称双喜临门。然而实际上，他们却在此前一年，甚至前前后后数年间经历了愤怒、争吵、惊恐、眼泪如此等等的不快与不幸。个中滋味可以说是具象了当时中国一个无后主义者所经历的苦辣酸甜。

如此，我又不得不把话头牵回到我出生之前的很久——

很久以来，在我自己和家人、亲朋，以至读者心目中，毋庸置疑，我是父母的长女。从我家中极早年的北京（平）居民户口簿上寥寥几个家庭成员的名字、年龄记录来看，我的栏目上也明文冠有“长女”字样。仅据此推算，我父母虽是早婚，也应当算晚育。而事实上，按照母亲用芝罘岛人的特定说法却是：在我“身上边”，十年前，父亲尚在大学求学，与母亲两地睽违，逢假期一聚的时期，还曾有过一个长我十岁的姐姐——一个漂亮女婴，都说像母亲；只不过，她在这个世上仅仅挣扎着逗留了十个月，仅仅留下了一个叫“娇儿”的乳名。

我家的户口本上，这个名字从未登录在册。她是父母青春年少，心智尚未完全做足为人父母准备之时的青涩落果。她早夭的直接原因，是僻远乡间生活、育婴愚妄习俗招致的必然病害，也就是乡间初生儿最致命的传染病之一——痢疾。那个时代极为普遍而又甚是荒谬的几世同堂的生存环境，和相应的翁姑子媳等等之间的道德伦常，就是培养这种自然和社会的细菌病毒的沃土。

再说结婚生子，这本是人类生存最最自然的亘古不变之道，但是立业成家的孰先孰后，又是文明人类一项重要而且必须严阵以待的选择。我的父母，身为疯狂殖民的20世纪同龄人，身在积贫积弱、衰朽愚顽、专制溃败的被殖民国度，生于原本僻静，瞬间已被列强踢开的门户，争来抢去的东极海疆，他们从眼耳口鼻能够感受世事人生起始，就亲历了近边环境的窘困，外强践踏的横霸，闻到随风飘来鸦片烟火的刺鼻余臭，眼见甲午炮弹遗落故乡青铜色山坡的烧痕，辛丑、庚子年险恶残忍的妖霾，以及自己底层同种族、同血肉之躯的猪狗般生存状态。他们小小年纪就身不由己地“愁烦”，学会“长太息以掩涕”，以致稍稍长大，轻易地就感染了哈代式深深的悲观厌世。也可以说，父亲自幼对自己民族的深切怜悯以及自卑自怜，恰与哈代的悲天悯人情怀一拍即合。因此与其时同代同龄人中有识夫妇一样，我父母婚后就萌生不敢轻言子嗣的意念，而且付诸生活实践。他们这种早年的选择，又恰与哈代的无儿女趋同，但又绝不仅仅是在理性层面浅薄地邯郸学步。而我那位婴儿姐姐的早夭，又使我父母不要孩子的意念更加定型。

不过，我那仅仅活了十个月的漂亮姐姐，比起苔丝给予她私取教名的婴儿“烦恼”要算幸运得多：她拥有自己正常的，合于伦理法规的父母家庭；但却也像“烦恼”这个孩子一样，在尚未看清这个世界之时，就失去了深切体验世道的机会。

在我初谙世事的时候，母亲给我讲过一次，姐姐夭折后，她常独自悄悄到疃里后山，扑在她的“娇儿”的小小坟头上放声痛哭。一次，哭得过久，起身时眼前突然一阵昏黑，现出一个“上拄天下拄地”的黑巨人，吓得她险些摔倒。踉跄回到街里，先去娘家告诉自己的母亲。我这位贤明的姥姥为帮助女儿从心底放下这可怜的小外孙女，果断劝说道：“这是她在告诉你，她已经走了，不要你再烦气（麻烦）她了！”

母亲默默吞下满腔悲苦，不敢再去打扰，悄悄回到婆家，我祖父母的这个家。祖父经年在海外经商，父亲离家求学，余下留守人丁，上有祖母和一位长年与她为伴的寡姐——两位古板严苛、心乏良善的寂寞老女人；下有我父亲尚未成年的成行弟妹。我母亲手头虽有终日做媳妇的轻重繁简种种家务，怀中没有了可以贴胸慰藉的娇儿，内心一片虚空。唯一期盼的是学校放假。父亲回家的第一天晚上，在属于他们二人世界的那间上房东屋，枕席之间，父亲倾听着她的低声哽咽，用坚实有力的臂膀搂紧母亲，只轻轻说了一句：“等我把书念完就带你出去！”

这就是我年轻的父母久别重逢的喁喁情话。芝罘岛上，由于特殊的地理原因，地少人多，人居拥挤。像祖父母这样儿女齐全的中上等人家，选在地位适中的山腰阶梯平台起屋建瓴，拥有一座正规的传统四合院，已经甚是优裕。其实，一家老小麇聚只有薄壁间隔的连排套间之中，毫无个人隐私可言。好在那时芸芸众生饮食男女，大多尚不十分明确隐私为何物！

就是在这种缺少封闭的狭窄空间，我父母的闺中密语交流，往往还不得不任由我姨婆、祖母这一对嫠妇和类嫠妇老姐妹着意窃听——按当地乡人的说法，应是“伸长耳朵听”。而已经长大成家从洋学堂回来的父亲，不像母亲，此时已经从守势改策为攻。这两位老女人窃听、私窥之后，越是要汲汲表达其道统礼俗立场而啧啧讪笑、嘲讽，父亲越是要在光天化日之下，以不堪入二老之目的举动，对自已年轻美丽隐忍的贤妻示恩爱。这也是他度过假期返校之前，刻意在给留守家中我的母亲加添等待的勇气。

其实，父亲那时说的同样这句话，两年前还对母亲说过一次，那是芝罘岛上瘟疫暴发，他们双双染病，又双双死里逃生之后。那时他们即已大彻大悟，芝罘岛虽然山川秀美，但终究开辟不出他们向往的桃源。

这座偏僻静谧、风景美丽的半岛，既是气候宜人，海产丰富，同样也是宜于恶性细菌病毒滋生传布的所在。家家户户可能原本大多是多生育，但是伴随着贫苦愚昧而来的自然是缺衣少食，鲜医乏药，众多子女的成活比例令人悲憾。以我母系这一边的大家庭为例，姥姥本来生有十个子女，真正长大成人的，不过半数。父亲这边一家原本也有四男二女，长姐早夭，两个弟弟被瘟疫夺去了年轻的生命。20世纪六七十年代芝罘一位同村安姓名邦蓬的“大哥”，又是一位论实际辈分，应称我为“姑”的，是芝罘本土最早的地下党员之一，参加革命后改名安民，从事文艺工作，是文艺理论及民间文学研究专家且擅书法。70年代末，他和我在宁夏重逢，谈古论今中，还提到我那两位夭折的二叔、三叔。据说他们都和他是同村小学同学，品学兼优。他们和我的娇儿姐姐，都是母亲和父亲终生心头最深刻的伤痛。只因已经亲历了自家骨肉的这样几场死别，父亲少小时代对故乡的桃源之梦已彻底粉碎，这才对母亲把话说得如此决绝。

我也许是不知不觉当中受到过父母亲的心理感应或暗示，在成形于襁褓间的记忆里，也很早就伴随着忧伤与恐惧，深深留下了这些亲人的烙印，且在童年的梦境中和他们相见。

然而，自从母亲最后一次从娇儿姐姐的坟头回家后，再逢父亲还乡省亲的夜晚，在他们入睡之前，父亲对她还有一句体己话，那就是：“不要孩子。”语声疲倦含混，但却似一锤定音。

“不孝有三，无后为大。”在这里，无后主义像一柄利剑，把用在这里的“孝”字击得粉碎。成年父亲的叛逆，比少年时期已更显执着。这是一个有了独立思想见解的知识青年在当时中国现实政治经济情势之下被迫形成。

从此，这两句话伴着他俩的期望，直至母亲结束为人“新妇”（中国古称未生育媳妇永为新妇）辞别老家，来到北京（北京、北平虽然随时局演变时有变化，在芝罘乡人口中永为北京）。而且在这座古老而又正在不断更新的城市里，在他们自己安置的新家里，单独的二人世界中，起初，他俩坚守了七八年！

无后主义，本可谓当时稀有知识精英圈内一则流行语，但从父亲口中说得并不流畅轻松。这七八年间，他无言地身体力行，每逢言及此一主题，几乎都是趁酒兴挥拳顿足，咬牙切齿：“中国人的孩子生下来就像猪狗一样给外国人宰割，我要孩子做什么？”

然而——

我本不要孩子，

但是孩子还是出生了。

父母和我

这是父亲尊敬的长辈英才胡适先生早年的白话诗句。多么凑巧，其中所言，二十年后，竟在我父亲，胡老前辈这位年轻的晚生学人身上重演！

细说起来，尽管我的父母在他们浮躁轻慢的早年，对于子女的“要，还是不要”曾经无力做出明智选择，但这毕竟首先也不是所谓新派、洋派知识分子的纸上谈兵，在向新派国人炫耀自己是否马尔萨斯的朋友或信徒，轻率奉行这位西欧狂人学者风靡于时的新论；更不是因名人崇拜要对胡适先生刻意效法。这是一个务实知识分子经过一路生活之途的艰辛跋涉过后，却顾所来之径，身怀切肤之痛不得不做出的理性抉择。这也是而立之后的父亲于自我前途探索的启蒙时代，渐渐生成个人奋斗的首要目标。具体说来，就是逃离乡间，突破大家庭，摆脱自我奋斗途中重负，坚持做丁克，实现自我的自由发展。

然而，父亲虽然通常生性沉静，寡言罕语，但在内心深处也不乏与他心智匹配的激烈。所谓通常，是指日常生活、工作、交游当中，他大多数情况下是理性、冲和的；然而在情感暴发之际，尤其酒后，平时郁结的肺腑之言，才会激烈地冲口而出。至今记得我小时候，一天晚饭中间，父亲薄饮微醺的当口，突然高声喊了一句：“都说我不爱孩子，不要孩子，可是有了孩子，又那么疼爱孩子。其实你们不知道，正是因为太爱，我才不要啊！”

那时的我，刚刚开始懂事，对父亲这句话中的逻辑关系还未理顺。等我又稍长两岁，还是在酒后的傍晚，父亲又用同样的腔调说过这样一句：“一条狗嘛，前面有坑，掉进去了，下一次走到这里，也知道绕着走；可是一个人，他明明看见前边有坑，还是往里走，掉进去，爬上来了，下一次走到这儿，还是再掉进去！”说到这里，他还狠狠把脚跺了一下。

同样是在童年，因为我这个不安分的孩子常有一些出格的表现，母亲不止一次流着泪说：“你不给我争气，当初就不应该要你！”

在幼稚的时代，我听来母亲的这些话，都成了耳旁风。待我成人后几经回味，理解也才愈渐加深。

父母为什么说不要我？后来为什么又有了我？直到长大成人，我才渐渐有所了解和理解。而帮助我解此难题的第一人，竟是父亲当初就翻译过他小说的托马斯·哈代老先生！为使读者诸君明白上述段落的背景细节，这里我必须补充啰唆在父亲身上渊源以及流传这两端都极其深远的一个题目：我父亲，也连同我母亲，终生所恪守、抗争、抵御、背叛、妥协、懊悔、敬服的那项理论与实践的无后主义。

我父母自从脱离愚顽守旧的山东老家，在北平白手起家，起初，在这个二人组合的小小国度，生活静谧、满足。为持久履行他们的无后主义，他们采取了当时尚属稀有的人为、科学节制生育方式。八九十年代以来我们计划生育制度下出生的年轻朋友，偶然听到我提起当年我父母就此命题的身体力行，也往往不禁慨叹："他们好前卫呀！"

确实，八九十年前那时候，即使是在当时所谓知识精英之中，这也还只是流行于少数。没有社会广泛外加的硬性强制，也没有一呼百应的集体行为，全凭他们自己维护与坚持。因为首先，他们懂得自己已经冲出牢笼得到的一些自由来之不易，需要珍惜和悉心维护；其次，就我个人的见闻和体察，这还不仅局限于我自己家庭范围之内。对于有知识，有追求，有文化和生活雅趣之人，包括父母生活工作圈内的亲朋而言，近年这种"计划"也好，早年那种"节制"也罢，个人家庭中，夫妇间实现起来，本不是什么难事。而真正的难，就难在环境习俗的影响和强行挤压。

我的父母，在这个问题上，恰恰就遇到了外界的拦截与围抄。起因，最初还是要归咎于他俩暑期的还乡。

回老家的快乐，对于母亲自是不言而喻。我的姥爷、姥姥向来达观乐天、和善亲切，母亲与众姐妹兄弟早年的家庭氛围清贫而温馨。我见到的姥爷经商退休，已经居家养老，言谈风趣，雅好吹拉弹唱，在我们那座小小的芝罘半岛，一代代不止一两个人拥有这种与生俱来的气质与趣味。只不过，这不是一个需要脚踏实地、沉稳干练的当家人所应有的品性特质。

于是我母亲的父亲，由于悠游岁月不擅经营，遂使一座原本殷实的乡绅门第，在他当政时中落。姥姥在他逝后还把几件珍藏的箫笛悄悄传给了我，日后，在中学、大学以及西北伴随我劳动、生活和文艺演出——当然只是业余，还曾大派用场；可惜，在贺兰山脚下西大滩的沙漠荒地，奔波、劳作、逃离山洪的艰险岁月，这几件珍贵美丽的器物都已失散无遗……现在继续谈母亲，自从追随父亲辞亲北上，就过起两人世界的知福、惜福的日子，但却并没有就此摆脱隐忍思亲的折磨。而父亲这个“粗糙男人”，毕竟粗中有细，为解母亲的思乡之苦，多年坚持趁学校暑期，不惜当时不菲的车船之费，必和母亲回乡省亲；如此，也顺便解决了父亲自己的尽人子之道。再说，躲避北京夏日的酷暑，回到海风和煦而又可供丰盛鲜美海产，当地称之为海物的故乡，恰正好一举数得！

从记事开始，我四岁和六岁两次赶上还乡。此后，太平洋战争爆发，那种令我终生不忘的现实童话与梦境，就此不复重现。

俗语谓：“穷家富路。”父亲年轻时从老家北上求学、谋职、安家、立业，起初显然也是“北漂”。像现今的北漂一样，热衷于回家探亲，特别是母亲。那时没有如今的交通之利，虽地图上北京与烟台近在咫尺，当时的实际行程，却要经过火车、汽船、摆渡的舢板，有时还要被动地等待港口码头的潮汐。这一路开支不菲，路上往返需要一周甚至半月。那时也不兴什么旅游装或情侣、亲子套装，一家大小都得亮出上好的衣饰，尤其是在乘火车至天津住旅馆或海上栖居于招商局大客轮包间的时候。这一路父亲自然是西装革履，海陆途中，天天做客，倒也风度翩翩，受人青睐，借此果然也会得到更佳舟楫驿馆服务效果。我们在故乡大多盘桓一两个月。虽然在乡里亲友心目中，父亲已经异化、“鬼”化，但他和母亲行事低调，礼敬乡贤尊长犹如早年，其实并没有受到多少异类待遇。平时家居粗服布衣，尤其是母亲的未改乡音，仍使她的长幼亲邻、闺中姐妹感到亲切依旧。只有在远去烟台市内或附近其他县镇参加必需的聚会交游，才稍有得体装扮。直至近年，我还亲耳听到乡里故旧口述父亲早年回乡省亲的一则逸闻：1937年暑期回乡，因七七事变而滞留耽延，直至过旧历年，天寒地冻，父亲竟身披祖母一件女式皮袄出面待客，谈笑自若。

还乡，在我的童年记忆中，是一举没齿不忘的狂欢节或夏令营，尤其是在我妹妹出生前七年时间我都是在等同于独生女的独特处境当中。对于母亲，那更是真正的快乐节日。然而起初在我出生前，这也却真是所谓“福兮祸之所伏”！在乡里世俗人眼中，这是衣锦还乡，令亲人好友喜悦，同时也要招来闲人妒恨。不管是好心还是恶意，依据乡俗，几乎是众口一词，频频遭人追问的是：“为什么还没有孩子？”于是，富足而又渐近老年的祖父母隐忍数年的期盼终于摊牌，那就是：他们的长子、长媳必得要让他们抱上孙子。母亲那边的一大家人，主要是一向习惯于儿孙绕膝的姥姥和姨，也是起而响应。

在自我奋斗之途刚刚转上柳暗花明入口的父亲，连同母亲，起初没有从命。由此引出的不洽，可想而知。于是具有同一家族及岛上固执基因的父子为首的双方，展开一场交锋。

既然“要，与不要”的决定权毕竟掌握在我父母一方，祖父母自然一时难得孙儿在抱。但是请莫低估我爷爷的能量。年幼家贫，十六七岁漂洋过海离家闯荡，经大连、哈尔滨，一路闯到海参崴——那里在当时的起初阶段，尚属大清帝国领地，后经中俄之战败后割让与帝俄。他在这块自然与社会环境都严酷异常的土地上，付出全部青少年的华章，克服过生活的困苦艰难，见识过商海的风云惊险，终于拥有了财富。他要在自己的后半生以另一种方式延续自己的作为，绝不能让家族脉息中断。但是对付自己饱读诗书的长子，必须采取心计方略。因为他已摆脱寒窗之苦，“博古通今”“学贯中西”，为父母和家族赚足了面子，早已不复早年接受为他强娶媳妇时的憨直易控。

先是，父子二人面面相觑，尽皆寡言罕语——在这一特性方面，他俩无疑具有直系血缘的承继特性——商谈无果。

夫妻生育问题通常女方总占有更大决定权，于是我父亲的父母把进一步挑明的几句话，通过女眷转述给了亲家公母。其重点为“要是傢家的闺女不能给俺家生孩子，俺可要给俺儿子‘娶小’”云云。

这就是“还乡”这把双刃剑的好处，也是坏处：不用通过纸质书信，母亲很快收到了这份“哀的美敦书”。虽然一向温润和蔼，从未见她和任何人放声争吵，此时内心却也火冒三丈。她自然无法接受来自公婆的这种严重破坏自己夫妻关系的挑战。这样一句话，透露了明拒实受的态度：“谁要来娶小！我又不是自己不能生！”

其实，这里有种种原因促使母亲追随父亲力行的无后主义瞬间瓦解。

一来，母亲原本天性富于母性。在娘家，自幼帮助，甚至代替自己的母亲照看、哺育（贫困的乡间母乳供不应求，需以熬制浆水替代或补充，食材因地制宜）“身下”接二连三的弟弟妹妹，从来不知倦怠。对这些出生在并不富裕之家的小东西，她像自己母亲一样，甚至比被不断生产折磨得已筋疲力尽的母亲更热烈地疼爱。二来，娇儿姐姐是在母亲没有个人自由，物质条件也随之匮乏的环境中夭亡，她始终于心不甘。再者，母亲没有父亲那样学贯中西的深远思想文化背景，用以应付来自社会和家族相关生子的压力。最后，生性温和柔顺骨子里深浸着旧式妇女三从四德的理念，多年来脱离家乡异地客居在北平，身体力行着无后主义，原本不过是夫唱妇随，如今年事日长，每逢眼见无论是北平还是老家的同代亲友邻里，逐一成家得子，总难免暗中艳羡；生性既为良母，娇儿姐姐一去，再次将自身剥离的块肉捧之于怀，享受那温嫩的双唇吮吸自己心胸汩汩而出的乳汁，这是做女人无可替代的如梦似幻的幸福，此时此刻也最易被悄然唤醒。

如此等等，再加上自己多子女母亲和一双终生不育姐妹以及表妹一众女性至亲骨肉的游说劝导，我的父亲，此时已经被一干人尊称为“谷若”的这位丈夫、女婿、姐丈、妹丈囚禁，一时间已成孤家寡人，像与母亲成婚前一模一样，像一只美丽的精细描花瓷器，我父母无后的二人世界出现了裂璺！

日后我很晚很晚还会想到，记事后第一次回老家的一个细节。那年我四周岁，家中除了祖父母、姑姑和叔叔，还有一个叫湘云的女孩，粗粗胖胖，是祖父从东北（大连）买回来侍奉祖母的朝鲜族孤儿。母亲告诉我，原先祖父带人家回来，说是当作女儿，因为姑姑已经出嫁，但是这位姑姑其实是常年住在比婆家更富有的娘家，而且对她自己的父母说："你们的亲生女儿又没有死，哪里又多出来个女儿？"这样，祖父母就给这位湘云降低了一辈，叫我父母大叔、大婶，让我叫她"湘云姐"。

自古中国所谓大户人家，婢与妾的界限，向来模糊。我当时自然不解祖父将那位湘云姐买回家的初衷。从她的年齿身形和称呼的变更来看，祖父也许为应对我父母，早已有所安排；那时，向我父母抛出这致命一言，也并非空话。由此看来，祖父其人也确实具有典型山东人不屈不挠的脾性；而那一句通过母亲娘家人传给母亲的话，也正是界定我在这个世上的生存之言，不是危言耸听，也不是虚张声势，更不是只说不练的嘴上功夫。我那位爷爷，甚至不仅是说到做到，而且是先做后说，也算是未雨绸缪，因此才提早领养回家湘云这么个小丫头！

还记得日本投降后，我们还住在西单东斜街的时候，父母收到从大连来的一个大信封，是湘云姐寄给"大叔""大婶"的婚纱照。新娘身旁的年轻人西式礼服，英气夺人。据说是爷爷在他的生意圈中悉心物色的好人家子弟。母亲高兴得立即和父亲商量，特别寄出了一笔相当贺仪。

以上就是我出生的背景种种。母亲在我儿时顽劣，不堪与谋或犯错的时候，常要流着泪说："你不给我争气，我当初就不应该要你！"而父亲则是另有一番话语的申饬："不用功努力，你将来就是个受罪的货！"

这反映了当初那场旷日持久的子嗣之争还相当激烈。在巨大压力之下，先是拒绝生育，避免子女生而为人却不得不过非人的生活；等到不得已而有了孩子，则又不得不严加培育管教，以期成为人上之人，免遭猪狗般的涂炭。他们是理性的、负责任的父母！他们，从普通人家奋斗攀升，付出良多，此时为了子女的不落尘泥，也是煞费苦心；而且一旦孩子有了，不但对父母，而且对子女，也都要求事先付出多多。

今天，此时此刻，我沉浸式地写着我父母在我出生前几次还乡前前后后所发生的种种纠葛，居然出乎意料地恍然大悟：父亲当年，翻译出版哈代小说的首选，不是哈代最重要的《德伯家的苔丝》，而是《还乡》，竟是那样顺理成章！

至今在读者受众印象中，《德伯家的苔丝》无疑更重要，而我父亲最初接触哈代，《还乡》才是他的首选。我在很晚才注意到此一先后次序。他自己在小传里说，那是由于他喜欢《还乡》中的景物描写。日后回味此作艺术特色，我不能不说：信哉，斯言！而且，特别乐于对照哈代原文赏读父亲的汉译，尤其是第一卷以及全书近尾声章节，对于爱敦荒原独特景物的独特描绘。及至我自己的中晚年，再研读本国内以及域外的专业评论，更信服其作者艺术手法之高妙。随笔一提：原著正文前那首济慈诗作《愁烦》译文，婉转跳脱，活现出而立前后父亲的少年情怀与才思。比较父亲前后两种不同版本的文句，似乎又难以衡其伯仲。而就父亲明言其选译此书初衷，却又始终以为：父亲虽曾说只因此书中景物描写而促成其作为翻译首选，或许并非尽然！

前文说过，这部小说无论主体故事还是诸多细节，尤其是那些“乡间旧俗”他一定感同身受，不啻己出。

这里，请先允许我以“内举不避亲”的古训点赞：父亲是在阅读和翻译时，有意无意之间印证重叠了自己早年的记忆印痕，倾其全情，化自身为哈代，运用据本身素养所获最美汉语功力，传达了哈代散文对于其本乡风土人情、社会人性、历史故事的描述；而这又是多么巧合，竟有如许和自己的国风乡情两相吻合！因此尚属年轻缺乏经验的父亲，对这部陌生国度的小说，感到似曾相识的熟悉。这也应该恰是日后国内外后起学者有所谓父亲是

“哈代知音”的切入点。

恕我唠叨，再来就著译者双方历史、地理、自然、民俗等方面的背景做些比较：

哈代的故乡，多切斯特一带，本在古罗马帝国占领时期就是军事要塞，和哈代的远祖同姓的马斯特门·哈代上将［英国赫赫有名的海军将领纳尔逊（Horatio Nelson，1758—1805）将军的副将］就在这里出生。就其当年以至现今，仍散落着不少驻扎军士的营地遗址。这些，在我阅读翻译哈代的多部长中篇小说中，在我上世纪80年代以来多次旅居当地所见所闻，对此也多有印证。哈代从少年时就是常为同乡未上过学的年轻姑娘——有些是被遗弃者——代笔，给那些驻扎大兵写情书的小枪手。这可能就是他的苔丝在最后写给安吉·克莱的信能够那样催人泪下的根源。

这难道是一种冥冥中的巧合与必然？父亲的童年和少年时期，传统封建意识风习根深蒂固的芝罘岛，地处烟台，追根溯源，它的城市建设之根基，也和多切斯特一样，是一处古老的军事要塞，且至今的芝罘山，大多山体内外已早是闲人免入的国防重地。父亲出生后半个多世纪以来，两次鸦片战争已经过去，这里已沦为半殖民地，像多切斯特姑娘一样健美、多情、开朗、富于遐想的芝罘岛姑娘，却远没有那里的姑娘在个人私情上那样开放。父亲小时候大概没有为她们代笔写情书的机缘，而却也尚能在运笔挥毫之间，服务于他那些父老姑婶一辈，为他们远在海外经商闯荡的亲人代写平安家书。而且，我们中国比英国一向更重书法艺术，父亲自幼就是乡间闻名的童子书法家。逢年过节为邻里家家户户无偿写对联，正是他尽兴运笔挥洒的好时光。直至他晚年也仍有上门求字者，这些墨迹也因此而留在一些知名人物的纪念册、回忆录里。英国牛津数代闻名的布莱克威尔图书公司总部的办公室也张挂有父亲的手书斗方。我仍记得上小学不久，开了习字课，我开始握管濡墨。一个周末，父亲把我叫到他的书房，摆好砚台、墨锭，要我帮他研墨。当时他酒后微醺，待墨研好，立即大步跨到书案前，迅速展纸搽笔

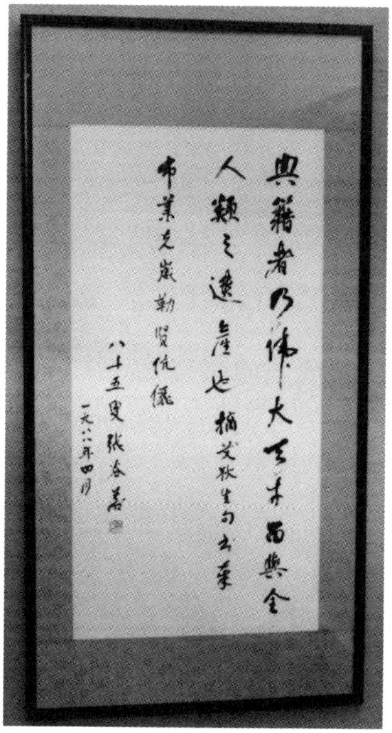

父亲题赠给布莱克威尔图书公司总裁的书法斗方

瞬间挥洒写出“国心佛手”四个章草大字。随后又在留白处填好款识。我那时已能勉强识得那些字义，原来这是父亲题赠给一位医生新开业的诊所。医者名叫张学礼，母亲叫我称他为“三哥”，若论辈分，他应该称我为姑，他就是前述我父母经营煤矿张姓远亲家的三少爷。父亲把题好的字配上镜框后，我随父母每次前去“三哥”的诊所道贺、拜访或看病，总能看到这幅高悬在正面门楹上的匾额。当时常听大人议论，西医界分为英美派和德日派两派：英美派温和，德日派粗暴，“三哥”属于前者。他本人是庶母三太太所生，身材适中，面貌清秀，举止言谈温文尔雅。由于他留在我童年时的这种印象，几乎使我一生都认为，看病救人的大夫，本来就应该都是这个样子。

回头再说父亲与哈代。中国一位青年译者和他之所译的英国赫赫原作者，竟然两相如此机缘巧合，冥冥之中甚至带有某种神秘宿命！这反而令我们这些无神论者难于深究……

再说1935年暑假结束，父亲和母亲带了尚未成形的我回到北平，重新踏上生活的正轨。次年仲春，我来到这个人世，代替娇儿姐姐成为父母的长女。我祖父母也相应添了他们期盼已久的第一个孙辈。无疑，这是去岁的初秋，父母在烦扰噪杂的还乡生活中，与他们的父母两代人之间亲情互动，从排斥到最终达成妥协的结果。从此，我父母原本一两年一度双双结伴的还乡省亲，变成了三人行。至于祖父母，终于有了第三代。这令他们欣喜若狂，——虽然不是二老甚至母亲更为期盼的长孙！

雅好有规律和节奏生活的父母，还是没有拗过天意。在前面那个暑假中，一场车轮大战最终连母亲也投向敌对，父亲大概是早被一干人等搅昏了头脑。他这个人貌似随性散漫，乐于自在逍遥，但终究不是无视世事环境，不食人间烟火。早年，书本和现实生活很快就教会他遵从理性客观，注重计划多思，践行未雨绸缪，避忌盲目冲动，远离侥幸冒险。回溯他一生自我奋斗的路径，也可以看出，他几乎是步步留有扎实的印痕。总之他向来不是不懂凡事三思而后行，而且当初他带动母亲，为恪守无后而奉行多年科学的"节制"生育；但在开始解禁之后，却偏偏忽略了"计划"。

不错，正因如此，我生在了北平阳春三月，公历的4月。但是，这个1936年的阳春三月却不再是一个通常明媚和煦、可按部就班行事的时日。从这个月开始，我在动荡的时局中刚刚活过一周岁，就已经无法继续安静地赖在北平西单口袋胡同4号屋中的那套粉红襁褓之中，继而或是室中牙牙学语，或是院内蹒跚学步。那所谓仅仅一衣带水之隔的东邻强盗，久已闯入我国门，在东北方张开垂涎三尺的血盆大口，虎视眈眈地盯着古都北平。这里的同胞，包括我父母和他们的亲友邻里，日夜关注时政，早已隐约预先见闻隆隆战车和滚滚狼烟的声象。这又是中国几千年历史上一个纷争扰攘最为混乱的年份！

北平九城之内，父母那往日祥和温馨的生活圈中，人心惶惶。南迁，西去，留守，观望，已经不是仅仅停留口头。有很多像父亲一样初崭头角的殷殷学人，在自己事业、家庭两方面刚好踏出蹊径，可以一鼓作气，自由施展生平抱负，同时也享受人生的时候，却偏偏又无可回避地需要重新做出艰难的抉择。

年轻的父亲不是高等院校资深名师，也没有留洋和南方家族的背景，自然不具备追随名校南迁的优势和条件。而他是这个家庭中不可撼动担当的丈夫和父亲，于是，战乱即将逼近之际，他决定趁这一年春季学期刚刚结束，携妇将雏暂离北平，回老家静观动向。但启程动身前并没有意识到，情势发展竟会那样出乎意料。恰在我们这一家三口共同第一次回到故乡的当口，终于熬到了晋升祖辈的我婆，还没来得及把我这个长孙（女）初次抱在怀中大笑的嘴合拢，一家人就已经嗅到卢沟桥的火药味。

信息并不发达的时代，芝罘这个面临大海的小地方，向来有她自己快捷的信息传播渠道。人们闲谈中，或是说书唱戏里，常有这样的说辞：“家庭是我的避风港。”对于父亲，靠近渤海、黄海之交的芝罘岛，虽然是他早年曾经拼却心力终于逃脱的地方，在这个紧要关头，毕竟还是成为他和妻女的避风港。

岛上的人常爱得意地说：“芝罘是宝岛。”这话不假！姑不提远古传说秦始皇登临勒石给她沾染上的那点皇家仙气儿，也不论自那之后千百年她长期受到的冷落，只看近代，我祖辈甚至父母辈的长兄姐都遭遇过的“长毛”和义和团，这块仅以二十余华里长五华里宽的沙坝与陆地胶东半岛相连的山体陆连岛，却始终平安如一处世外桃源。父亲从没有忘记故乡这座小岛与众不同的地貌和优美静谧的景色；而且天生好吃，这也许是天然生理的需要，成人自立后渐渐懂得美食，大半余生更是被大学师生雅称为美食家，这里的大自然母亲慷慨提供的鲜活海产和水果，再加上西海滩清洁僻静的海水日光浴，直至晚年仍令他思念不已。当然往年正常的度假，因种种意念想望的冲突，也曾经分解割断了几辈之间的天伦之乐，也使父亲曾萌生退休后隐居威海的想望。

此时此刻，到家还没有脱尽一路风尘，七七事变的噩耗已如晴天霹雳般接踵而至。疃里每天披星出海戴月而归的渔家，当地称为“海户子”的亲邻，都会傍晚从街里（市内）卖完鱼后，带回种种是是非非的消息。从中，加上捎过来的报纸和北平朋友信件，父亲还是能得到不会被误导的事实概况。来信最多的是叶维之叔叔。他是没有政治背景的自由职业者，又无家室之累，无牵无挂，留守北平也少有忧惧。当时政局更迭、朋友近况，大多可由他的信中略知。父亲又自己手绘一幅全国地图，挂在客屋墙上，根据每天读书报和村里传来的消息，在地图上插小旗标明战事进退。日后我开始学地理，发现父亲虽极少去各地旅行，但却熟知全国各省县市名称位置，原来玄机就暗藏这里：就是因为那时精心手绘一幅中国详图，记住了其中大小地名。——由此也可以证明父亲的强于记忆。

这一个“暑假”，一直延续几近半年，和家人团聚，忘记逝去的恩仇，还真是在尽享前嫌尽释的快意。

祖母日后始终念念不忘的是，父亲请人从烟台市里买回整大片生猪的事。因为芝罘岛固然海产丰富多样，直接从船上买新打上来的海物，鲜活无比，本地人世代都惯常如此靠海吃海，就地取材享用美味，但唯一美中不足之处，是无论贫家富户，每日餐桌上少见肉食、青菜；偶有生客需要款待，立刻动手杀只天天闲庭信步，如今称散养的公鸡，要比摆上满桌海鲜来得更显金贵，这也正是物以稀为贵！如此看来，烽火连天的国土，即使偏安一隅，也有苦中作乐！我们在烟台老家栖身不过数月，寇匪的马靴已经踏得烟台“所里”古老条石马路咔咔山响。

父亲一次收到叶叔叔北平来信后几天，突然有烟台市里日本宪兵队来人传唤。因为那封来信事先已经小鬼子（这至今仍多是山东老辈人对日寇普遍的习惯称谓）检查，发现其中疑点：信中夹杂有英文词语。这是他写到激愤生怒之境，用俚语脏话骂人时，以英语代替汉语，这也是叶叔叔一贯的行文方式。起初一点也没有引起父亲注意，此刻则需应召去向日本人从容分解。

在烟台这样一个中国的小地方，鹊巢鸠占的倭寇，一见眼前竟出现了这样一个身长一米八，须得仰面相与的“支那”文人，首先就以自身源于本族无可更改的短小这一特征，在心理上矮化了半截；再看此人西装革履，器宇轩昂，戴一副深度近视眼镜，说一口流利英语，文化信心更是大受挫折（日语语素少，给日本人学外语造成了理所当然的困难，这是语言学者的共识），入侵者惯常对征服者施展的挑剔刁难的底气顷刻大泄，因而约谈过程未出惊险情节。

这可谓覆巢之下父亲初次有惊无险的经历。祖母虽常说："你爹八字好！"我家不信神鬼，将八字之说视作无稽之谈。人的一生否泰沉浮，总有种种困苦艰险，父亲也无例外，遇到有些事例，得以化险为夷，应该说，往往也是出自多种因由。七七事变后，日寇的对华攻略政策随南下而日益嚣张野蛮，屠杀扫荡种种兽行罄竹难书，但是在文明城市、文化领域，有时还不得不顾忌舆论，做些面子文章，略为收束兽性。这大约也是当初父亲单刀赴会，直面日本侵略者，而能化险为夷的客观原因。

当然，那毕竟使他初次体验到覆巢之下的凶险。叶叔叔以及父亲这种散淡文人因此多少也增长了见识和警觉。父亲立即意识到，烟台，或说芝罘，这处已给他和妻女提供了半年小隐的山林，再也不宜久留。参考远距离所获有关北平的现实情势，他们还是不得不冒险一试暂时重归。经过叶维之叔叔、李霁野伯伯诸位给父亲的建议，父亲母亲于是带着满地趔趄奔跑、满口芝罘土话怯腔儿的我，忐忑回到北平试行大隐。

第六章

覆巢之下

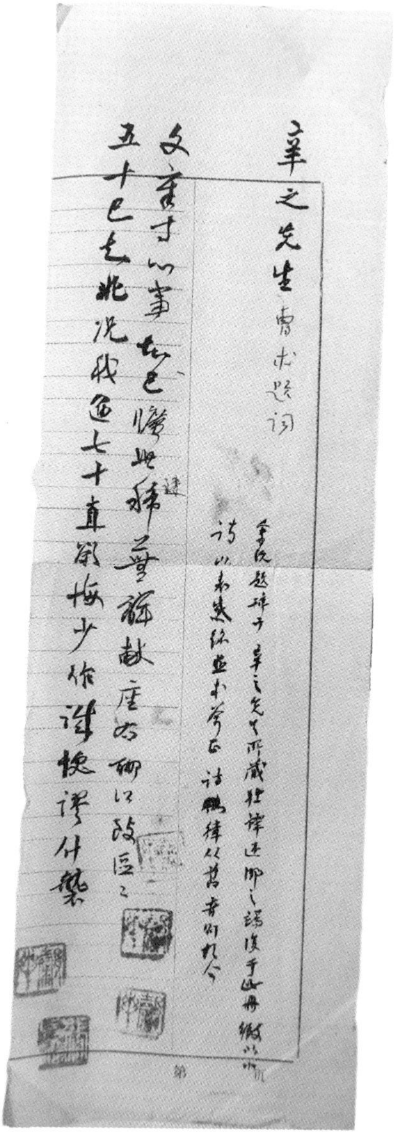

张谷若为诗人、装帧设计家曹辛之题词

余既题辞于辛之先生所藏拙译《还乡》之端，复于此册致以小诗，以表感铭，并求斧正。诗律从旧，音则从今：

文章寸心事，知己旷世稀。芜辞献座右，聊以致区区。五十已知北，况我逾七十。直欲悔少作，诚愧谬什袭。

我们一家此次辞别故乡重返古都北平时，半个中国已江山易色。七七事变前后的北平几所公立大学，包括父亲原来兼课任教的北大、师大，大部分南迁、西去，继续滞留的教职员工，凡未主动回避者，不论是否心甘情愿，自然已属附逆；父亲正式任教的中国大学原为私立，此时则已拱让敌手。而以父亲当时在北平的处境，如果一天放弃工作，那就意味着一家三口即将陷入窘境。所幸当时中华教育文化基金会所属编译委员会仍留守未迁。这是和日伪毫无瓜葛的机构，由于先前翻译出版哈代两部小说都是这里经办，父亲遂得以较顺利谋得一席英语编译员的职位。从1938年始，父亲在此栖息一年有余。此时似乎恰又应了祖母所言的“八字好”，又有幸经李霁野伯伯等人荐举，接到辅仁大学聘书，遂于1939年在该校西语系不间断地任教，直至1952年。

沦陷时期，这所北平城内高等学校以及西郊燕京大学是难得两所独立于日伪临时政权之外的私立教会学校。至今仍有过来人回忆，北平内城一隅的辅仁大学，是那时城中唯一仍悬挂中国国旗的所在。因为她是由天主教会一手创办，日本帝国主义虽横行远东，但于西方列强仍有所忌惮。于是，辅仁大学在某种程度上也算是众生市民一顶小小的保护伞。父亲身为一介寒士，坚守了“不为日本人做事”的底线，但因已有妻女家室，又只能依靠自己头脑和双手养家糊口，选择辅仁栖身，当时自是上举。就辅仁大学方面来说，这虽是一所小规模私立教会学校，但是体制运作极为严谨规范，更兼以拥有一座由北平古旧皇室宗亲府邸改建而成幽美校园而闻名。其中的西语系，外籍教师较他系为多，是校中强系，聘请师资也从不含糊。父亲有幸获聘，自是借助荐举者李霁野等知己好友的声望和影响力，同时也是凭个人数年来在北平几所大学教学实践中所表现的实力，以及自身译作在社会上已获得小小文名。十余年间，父亲在这所大学从讲师做起，凭业绩逐级升迁为副教授、教授，度过了北平沦陷的至暗时日。

40年代末，我已从高小升入初中，有两位同班学友家中的幼叔和长姐，恰巧在父亲的辅仁大学西语系授课班上。我们当时那个年龄段的女孩，喜欢恶作剧，父亲课堂内外举止言行的某些片段，因此会毫无障碍通过这一“频道”隔空投送到我的耳中。我因此而得知父亲的学生们认为，他们心目中系里最主要的英文老师有两位，昵称为杨秃儿和张胖儿：杨秃儿大名善荃，口才奇佳，课堂讲授能从头至尾背诵莎士比亚语句英文全文；张胖儿即我父亲懂得极多，有问必答，人称“活图书馆”“活字典”。至于父亲的英语读音，似乎并未听到这些大学师兄、师姐们苛责诟病。或许，是碍于我这个做女儿的情面；又或许，当时校园内外的师生情谊温馨风趣，学生对老师的短板瑕疵多有包容；还或许，父亲有幸，如前文所述，经长年教课并力克自身之短板所下苦功，并未付诸东流。

这里，我尚需就己之所知稍作补充：杨善荃先生，是父亲多年同人兼好友，当时和父亲并称为辅仁西语系英语专业“两根台柱子”。他和父亲一样，也是非留过学之国内大学“家生子”。其人中等身材，精壮健朗，略带津门口音，解放前西装革履，不似父亲之不修边幅。1952年“院系调整”后，杨先生历任天津南开大学及北京国际关系学院教授。2020年我在《北京晚报》上，偶拜读某公回忆北京往事宏文，提到杨善荃先生，称其任教辅仁期间绰号为“杨秃子”。其中“秃子”与“秃儿”虽仅半词之失，实则差矣。当时辅仁大学众位高徒以师长姓氏、特征后缀“儿”化音而为绰号，意在亲切；如父亲之荣膺“张胖儿”雅号，若换之以“胖子”，虽仅失毫厘，与恩师拉开之距，则已不下千里！那位仁公又述杨先生曾任教于“北京大学”，凭敝人薄弱记忆，似应为“北京国际关系学院”之误。杨先生从未正式任教北大。杨先生与父亲素有通家之好，其音容笑貌于笔者，至今历历。70年代中期，我于大西北任教大学英语，趁回京省亲之机曾有幸旁听杨先生亲授“英语文选”课。其时先生已年近八秩，讲堂上讲到精要作家、诗人篇章，虽口齿略有不逮，然神情抖擞，慷慨铿锵，仍可想见其当年风采。

近日追忆补记先父往事之际，翻阅逐年相关文字记录，幸获父亲辅仁任教期间最得意亲炙门生孙硕人学长回忆文，感动之余，冒昧抄录于下，与读者共享：

精益求精的翻译家张谷若先生

译坛名家张谷若先生终生以教书为业。开始时在北京各大学兼课，自30年代末起，先在辅仁大学，后在北京大学任专职教授长达半个世纪之久，所开翻译课程备受学生欢迎。先生初到辅大那年，我正在西语系四年级读书，恰好有幸选修先生的翻译课。回忆我对先生的认识过程，我首先联想起的便是当年辅大陈垣校长对西语系学生的一句评语。

陈校长说西语系学生多是“横竖不通”（横写的外文和当时还竖写的中文都不通），因此他亲自抓西语系一年级的国文教学。我听了校长一年的课，深感要真正搞通中文，谈何容易，何况搞外文的人，中文底子一般都会差些。

可是不然。听了谷若先生讲英译汉课，见他选用中文对应字是那样的得心应手，对中英词语含义异同的分析是那样的透彻精辟，我开始觉得，搞外文的人不仅可以横竖皆通，而且张先生就已经是“横竖皆精”！至于对先生“皆精”的程度以及他精益求精的精神，还是后来才逐步加深认识的。

我毕业后留校任助教，时常向先生质疑问难。先生诲人不倦，对疑难字句、中西掌故等总是不厌其详地讲得头头是道。我听后不但学到了英文知识，同时也等于补习了中文课。原来先生早年就打下了深厚的古代文学基础，高小时期就开始博览群书、涉猎经史子集，能以古文写作，提笔成章。就读南开中学时，曾在全校作文比赛夺魁，毕业时学校同学录还特别采用了他以骈体文作的序。深厚的语文功力对他后来译著的成功起了保证作用。他在北京大学读英文系时，就开始着手翻译英国名作家哈代的《还乡》，出版后便以其文字流畅典雅而博得广泛好评。近年论者还特别指出哈代书中对荒原的描写是“英文小说中为数不多的散文杰作，中译本文字之美比之原著也毫不逊色”。

哈代的长篇小说，除《还乡》外，先生还译有《德伯家的苔丝》和《无名的裘德》。译文均以忠信传神、行文地道而赢得海内外读者及学者的赞誉，推崇先生为哈代专家。哈代国际学会也对先生有极高的评价。先生对哈代的研究可谓精到，为翻译哈代作品也确实花费了大量心血。先生认为译者须知作者之所知、读作者之所读，因此凡是与哈代写作有关书籍资料，先生无不想方设法不惜人力财力辗转以求，正如韩愈所说“贪多务得，细大不捐”。深入的研究使他对哈代其人的思想情感、心理活动都有了较深的了解。在1952年各大学思想改造运动学习时，先生曾就个人的人生观进行过解剖，批判了自己受哈代人生观的影响，分析了自己与哈代思想情感上的许多相通之处。译者与原作者能融合到这种程度，无怪乎评论家称“张译哈代是已臻‘化境’的名译”。

张译哈代也只是在一定程度上反映了先生治学之精的深度，其广度则体现在他还以200余万字选译了狄更斯、菲尔丁以及莎士比亚、萧伯纳诸名家的著作。狄更斯的《大卫·考坡菲》一书，我国已有多种译本，张译被公认为最佳译本。狄更斯与哈代的创作风格和表现形式各有不同。后者缜密、严峻，前者粗犷、幽默。先生在译狄更斯时能够完全摆脱哈代的影响，以挥洒自如的译笔，充分表现出狄更斯的风格，特别是狄更斯那种运用形象思维的特色。先生高超圆熟的翻译艺术引起海内外翻译界的普遍注目，曾多次被选定为学术团体及研究生的研讨专题，我国港台地区及英国也曾发表多种有关论著及专门文章。海外学者对先生处理对应文字转换的技艺及具有高学术水平的注释尤为推崇。

先生译文注释之精是博得众口赞誉一大特色。先生认为译文应使读者读到与读原文同样的感应。文学作品涉及面很广，一般读者难以全部理解，因此先生认为自己有责任将一切有关知识，如重要的人名地名、成语典故、民俗民谣、典章制度、妙语俚语及难以理解的寓意等等都在脚注中加以诠释。读先生注释可以获得很多知识，有些从书本上难以查到，连一般英国人也未必能解说清楚。由此可见，先生对注释所下功夫之深及态度之认真。有的文章称他的译注是“译作的楷模”。

译作仅是先生业余耕耘的成果。先生的本职是教学，曾在各大学开过多门英美文学课程，诸如小说、戏剧、英诗、文学史等。先生之博学多才还表现在他通晓天文、地理，对生物、化学也感兴趣，对中西艺术更有广泛的爱好。苏东坡谓“腹有诗书气自华”。先生学贯中西，既有西方学者的气质，又有中国文人的风度。

在生活方面，和治学求精一样，他也是食不厌精。他口味高，胃纳强，美食有兼人之量。第一次先生约我到饭馆对酌，酒酣之际，他见端上的一条大鱼色味俱佳，连呼再来一条。我已吃得无力奉陪，先生却于谈笑之间，两鱼皆扫盘以尽。张师母更是烧得一手好菜。先生往往在吃得酒足菜饱之后，将话匣子打开，一番海阔天空的谈论，使你有面对活的百科全书、四库提要之感。

先生喜昆曲，爱字画。宾客当前，他可以高歌一曲。独坐斗室，他可以看画神游以消炎夏。“文革”期间，先生值遭鼓盆之戚。国事家事，事事烦心，先生唯以读书观画自遣。当时先生身居陋巷，斗室之中，到处都是书画，行动几无回旋的余地，但看书看画却可左右逢源。先生尤喜观山水画。他认为一入画境，便似置身桃花源中，可生超尘出世之感，得怡然自乐之趣。于是先生休息时便在世外桃源中过生活，译著时则又投身于英国社会，观察世态炎凉的形形色色。休息时出世，工作时入世，这种高质量的内在生活使先生在译事上精益求精的精神得到了更充分的发挥，到了耄耋之年还能译出百余万言的精品以飨读者。

先生观画时亦常吟诵诗句，诗情与画意共赏，相得益彰。兴之所至，间或亦将唐诗英译，唯所译外传不多，仅见八首选印于《唐诗三百首新译》一书。先生对英诗亦极欣赏，尝谓英国文学，以诗见长，诗人之多，诗之美，胜于西方他国。故先生尝有志于英诗之翻译，但除为纪念莎士比亚应约翻译的《维纳斯与阿都尼》已收入《莎士比亚全集》之外，无暇顾及其他。先生译诗之志，终生未能得酬，实为一大憾事。但可以为先生幸者是先生的事业后继有人，先生的女公子及婿近年曾两度应邀赴英参加国际哈代年会。先生的桃李满天下，经先生辛勤灌溉，译坛上的花朵必将开放得更加灿烂夺目。

先生可以安息于九泉桃花源中作丛中笑矣。

（原载于《人物》杂志1995年4月刊）

孙硕人先生曾为父亲毕生教授老“小友”中最优秀者之一。后半生长期就职于新华社国际部，是该社有口皆碑的中英文俱佳高级翻译家。从他这篇类墓志悼文，也可见当年从师于父亲的老学长们文笔才华之一斑。

与孙硕人先生同班的艾祉源先生就父亲的翻译课也有如下亲身体验：

大三时学校开了一门英语翻译课。当时除讲些翻译简史外，大部分时间都是发篇子，非常精彩的名著，老师随堂边念边讲，没有突出翻译的技巧和示范。……到了大四……张老师上课了……他是在黑板上写出一段英语，然后又写上他的译文，随着再做重点的解释，侧重了翻译的技巧。……这个教法是讲授翻译的一大改进，我为之耳目一新，逐步了解到搞英汉翻译的门道。……当时上课的情况，他的一字一句讲述，迄今记忆犹新。

这是艾先生发表于《辅仁校友通讯录》第17期，1995年6月的祭文，作者时年八十一岁。从此文可知老先生对半世纪前毕业谢师宴上听父亲“哼起昆曲”，仍记忆犹新。当其时，想必是父亲乘酒兴而有些忘乎所以了。

“覆巢之下，岂有完卵”，父亲以一介书生、亡国之民坚守底线，谨言慎行，始终伸展着他那双温厚坚韧的翅膀，维护着他的一己小家，竭力使我们少受亡国奴的痛苦和屈辱；同时还是尽己之所能，以其绵薄之力，为日后的祖国储存了一批有用之材。

在父亲这双温厚翅翼之下没有臭蛋！

在这方面，根本之根本，首先还是师生们把守好了自己大节是非的那根底线。20世纪日本强盗的那场对华侵略战争，在漫长千年以上的包括一切的外族入侵华夏历史上，可谓空前绝后，其处心积虑蓄谋之久，其规模之全面鲸吞灭绝，其手段之了无人性，与西欧近现代之希特勒纳粹比皆仅有过之，而毫无不及。在其进程之中，各阶段所施手段，则各有千秋，对边远地区，穷乡僻壤，对当时的首都南京，其野蛮兽性，都是罄竹难书；但是对于文化古都北平，他们占领之初还算是显示了稍许“文明待遇”。其实不过是尚武怀柔兼施而已。

当时北平的遗民老少、文化宿耆、前朝吏胥，犹如退潮后挣扎于滩涂泥沙上之鱼虾，难以数计，裹挟其间附逆者也昭然可见。首先滞留北平原有的一些北大、清华、师大等中国的高校人众，以及父亲的同学、相识，出于各自原因及难言之隐，也有终于屈尊于日寇的胁迫利诱之下。其中一位原北大教授，无奈去某大学任伪职曾有意于父亲前往助力。父亲视其始终为恩师，但只仍尊敬，而未从命。一位父亲在福山县高等小学邹姓同窗，曾附庸敌伪政权，成为北平商界首要。此等不堪同乡学友，父亲耻与为伍，唯恐避之而有所不及，此公却恬然前来造访，意在代为说项，曾有“既然周作人可为教务总长，兄任市内教育界职位又有何不可！”云云。

父亲佯以此为其戏言，也以戏言作答：“以吾一介书生，碌碌半世而无为，岂敢以从政误人辱己！”

从此父亲与这位同学旧交自是分道而行。八年后沦陷北平光复，此人则身与名俱裂，遗臭后世。

父亲任教辅仁大学西语系期间，在个人平时生活习惯方面，始终和杨先生以及其他英语界师生略有不同。除衣着简朴，身为教书人的随身配件，诸如眼镜、怀表、讲义皮夹，也多是廉价水货。唯一拥有的地道德国货留声机和望远镜，也是来自东安市场的二手货。但在此期间他也开始收藏书画珍玩。父亲是重实轻名，不慕虚荣之人。他珍爱艺术，嗜好千百年来中外先人日积月累的文明和艺术财富，以省吃俭用之余的有限资财搜集珍藏，只为热爱，不为炫示。

笔者惭愧，多年来，常受自己的名字所困扰。起因则在于在当今取此名者过多，因此而不禁陷于俗滥，而且自然也常遇因重名而产生的功能性纠结，并由此而遭人诘问："你父亲当初为什么不给你取个更好的名字？"

殊不知，父亲向来的重实轻名，连累他从来就不注重给自己孩子取名！

当初我和妹妹入幼稚园之前，与人"交游"皆以乳名。我是直到入学前，才由母亲年长好友、幼儿教师张老太太的女儿带领前去报名。填表时，老师问起我姓名，这位我称之为"三姐"的医科女大学生灵机一动，就写上了这个与我终身形影不离的大名，也是学名。此后若干年，轮到舍妹上学报名，取学名的任务，就落在了我这个亲姐姐的头上。也是单字。那个时代，以单音为名，尚属稀有，此类给女孩取名用字，不用花草珠玉，已属洋时尚。小学时，一班学生多至四五十人，拥有此被视为"雅"的单名者，唯我独一。这还得感谢那位日后成为名医的三姐张敏华！比起父母，她还是更年轻一代的时新人物。她的长兄，就是日后的优秀翻译家张万里先生，也是父亲曾经最早教过的学生之一。他们的寡母，正是那位对我母亲多年不断输入成人教育的半师半友。当初，父亲所以将我取名报名之事委托她们，大约是自己忙于课程，不愿在此类事上操心；母亲又囿于自身文化程度，缺乏自信。不过这桩琐事，还是可以视为父亲重实轻名的例证之一二。

不过据我童稚之年亲眼所见，父亲某些场合也不得已而要注重虚浮外表，也要西装革履一番。

一是在学校每学年期终会考之时。在辅仁大学这所天主教会所办洋学堂，西语系还是一个重要科系，而且从副校长开始，到西语系主任，还有部分重点外语科目，任课教师多为洋人。尤其在西语系，高年级教师当中中国籍者更是为数寥寥。父亲所处这种地位，大约可说是虽非牛后，恰为鸡首了。因此，每逢年终的这场会考，中外考官高坐明堂，威仪肃整，严阵以待，所面对一个个应试学子，犹如即将步入祭坛羔羊。有时，考官中往往仅有父亲一个中国人，必须西装革履正襟危坐，和他者趋同。殊不知，就在此刻之前的当日清晨，父亲，连累着母亲，在家中卧房内，都曾经付出了多么艰辛的劳作！

首先，是空前地早起，像往常一样，父亲将母亲准备好的甩了蛋花的一碗牛奶一饮而尽。随后，才开始竭尽全力对付他那身礼服：又是长裤，又是衬衫，又是外套，真不知要比平日那一件爽直的中式长袍烦琐多少！再后还有打领带。好在，那是事先早有反复学练，连我都教会了的。最后，也是最难克服的重点，是那双传统的三接头皮鞋。父亲生来高大，四肢相应宽大，平时只穿中式圆口柔软布鞋，顺脚服帖，而这双坚硬胜于古人木屐的洋皮鞋，虽当初买来就是全店唯一一双最大尺码，本已在头天晚上擦得光可鉴人，而意欲套在父亲一双巨足之上，显然已不可仅靠举手之劳。那时我已长到懂事年纪，记忆更加细微：父亲已经开始中年发福，双脚也更是得天独厚，欲将其顺利挤塞进那双他唯一的体面皮鞋，又更是何等举足轻重！多亏我那位足智多谋的看妈小陈妈献上了一则妙方：先在脚上擦上痱子粉，再把变得滑顺的一双“赤脚”（照母亲的胶东方言说法），硬是塞进了皮鞋之中。就这样，母亲好歹总算把父亲打发上路；而那时我也还是有些暗暗为父亲发愁，希望他穿着一双夹脚的硬皮鞋，举步维艰地走到学校后，万万不要露出跛行的破绽——最好是走出家门口就能够遇上洋车（即人力车）。而如今，写到此处，我心中才骤加恍然：原来，那天父亲郑重其事地去给我的师兄师姐们会考，下面双脚却竟然没有穿袜子！是光着脚，母亲才能勉强帮父亲穿上小鞋……而且，父亲那套西装裤脚足够长，想必不会露出破绽……如今我好后悔，父亲会考归来，只听他高兴地夸赞好学生的答辩如何精彩，给他们中外考官准备西餐的厨师手艺如何地道，粗心的我却没有及时关注一下，他的光脚上是否磨出了泡，甚或见血感染！

再把时间由此向后拉过十年，父亲还有一次必须郑重穿西装的境遇。

那是1949年，在中华人民共和国成立大典上，父亲荣选为辅仁大学西语系代表，登上天安门前的小观礼台，为突出外语界教授的风度特色，要求浑身西装。

时代改天换地的当口，人们的衣着比起其他风习变化最为明显。父亲随他的大多数同事，早已脱下属于旧社会的长袍，穿起前胸四个衣兜的卡其布“干部服”。从那时以后，在一代代父亲教过的弟子印象之中，父亲站在讲台上，始终就是这副打扮。这也是我从和我年代更相近的师兄弟们的回忆文中读到的。而1949年10月之前的那个时候，父亲已年近五秩，身体发福到了他的极限，往年保留的几套旧西装，早已逐一无法上身。向来不在意衣着的父亲又不愿为一次固然重要的仪式而去另置新装。幸好，同系一位常穿西装的吴先生体态和父亲相类，立即拿出自己的一套，替父亲解了围，始完成了这一次同事们都认为是隆重的登台亮相。这大概也是父亲最后一次西装出行。至于此次父亲的双脚，已穿上了母亲早在他那次赤足潜行壮举之后立即为他买的新皮鞋，和原先的同款同质，只是大了一号。

孙硕人、艾祉源二位老学长在他们文情并茂的回忆文中都提到父亲唱昆曲，那确实也是父亲一大雅好。父亲早在南开学校求学，有幸赶上民国时代国民教育最为正规高效的几年，南开学校的音乐课上，昆曲就被设置为音乐教材的主要内容，也算从那时就被音乐教师领入其门。日后，又渐对这门源于江南，数百年流传于大江南北古老高雅艺术的无限魅力，痴迷如醉，远远胜于京城及南北方更为普及之京戏。京戏，父亲也常看（听），但从来不唱。他不仅尊重那时正当红的四大名旦，和母亲都对四小名旦中早夭的李世芳、毛世来、宋德珠念念不忘；对于旦角的跷工，这种应该似西方芭蕾一样尊重的古典艺术，他也关注、琢磨，但谈不上研究。我从小常跟随父母看著名跷工男旦于连泉（筱翠花）踩跷的《十三妹》、潘金莲（见京戏名折《挑帘裁衣》），至今暗自觉得那种技艺，像源自法国宫廷的芭蕾一样，甚为残酷。闲时播放欣赏这些戏折后，父亲也对著名演员、剧本加以评说。一次论起老生行当，他并不跟进一时之风，狂捧一位公认顶级王者级名角，坦言其“本钱（嗓子）”虽佳，但唱工带有油腔滑调，未免有失此行当某些特色及剧本内容深意。他三言两语，无意间已给我打开入戏之门。不过彼时，我还只是个初小学生，既蒙昧于国破山河在的处境，也未能继而领会父亲和唱者身为沦陷囚奴的境遇心情。诸如对京戏老生，父母最喜欢谭富英、言菊朋。山河破碎中，父亲曾翻出名戏《托兆碰碑》播放，开场言菊朋扮演随后为国捐躯的老将杨继业，仅开口一句“金沙滩，双龙会，一阵败了……”哀婉、沉郁、幽怨，在其时身处现实环境中尤为韵味无穷。

较之京戏，他身为受众，始终认为昆曲的做打念唱（包括文学语言、音乐舞蹈）要胜出一筹。在北平安家立业后，不仅常和母亲去戏院欣赏名家名票，而且收藏善本曲谱，在家习唱。父亲会唱曲目有限，如《长生殿·弹词》中《惊变》一段，冠生扮演宫廷乐师李龟年，安史之乱后流落街头，说唱天宝年间烽火狼烟中朝野上下惊恐仓皇种种景象，曲调为快板，悲壮苍凉。当时不懂，如今想来，那正是父亲在异族重轭之下，偶得放纵身心，既是苦中作乐，也是借机宣泄。

父亲欣赏昆曲主要是凭借个人艺术直观，尤其珍重它词曲中所蕴含文学音乐传统。那时，我们皆为北曲唱法，又未经过专业人士训教，不过是外行凑趣自娱而已。因此那时每逢父亲有暇，尝危坐书案前，摊开曲谱，目不旁顾，击节高唱。他主用曲谱为清代开始辑印的《遏云阁曲谱》，伴其终生。其时他正值盛年，底气足，嗓子宽，但不擅长自行调整运用，干涩而有欠圆润，母亲辄坦直戏称其为："像驴叫！"

父亲对如此负能量评语，则是置若罔闻，径直自吹自唱，不改其乐。母亲恰是在以此寓贬于褒方式，表达对父亲的鼓励。

我小时候，也早自然"听"会父亲最喜欢唱的一些曲牌，跟着父亲吟唱学舌，也哼会了《思凡》的首段《风吹荷叶煞》等段，由这一帧小品父亲或许是看我尚可与谋，又特意把工尺谱的符号写出来，略加指点如何认读，然后留给我自去琢磨。我又背后效法父亲，学得吹笛，虽未达到变调，已聊可和父亲互为伴奏。50年代初，在北大西语系师生联欢会上，父亲曾当众"现过丑"；无独有偶，于彼同步，我初入北大中文系一年级，在系师生联欢会上，有幸聆听浦江清先生演唱昆曲。浦先生是江苏松江人，大学时期入昆曲社，先生唱的是南昆，比父亲的北昆更地道，唯彼时久病，体貌明显衰老，现场发挥气韵颇受影响。可憾的是，就连在我们50年代中期那班中文系学子中，似乎也无几人能懂，又何言父亲在西语系那些多少沾点"洋"气的学生之中？日后等我渐会浅吟唱词弄管伴奏之时，也听得昆曲冠生行名家示范，听得一点昆曲大冠生唱唐明皇、建文帝唱腔，也欣赏到那种宽、高而略带干涩声腔，苍凉悲戚，其实别有一番风味；由此推及父亲那种未经调教原生态音色，也似更易领略。我辈幸逢世纪之交，重行青睐传统艺事，我退休后于本院、所联欢会上献丑，不意竟获热烈掌声，若惊之余，仰天祝祷：昆曲不死，先考妣于九泉定当含笑。

在父亲一生同辈亲友京昆曲同好者排行当中，以叶维之叔叔为先。他原本只是京戏迷，工旦角。和父亲过从，又立即迷上昆曲，学唱昆曲，而且比父亲唱得好。父亲尤欣赏其过人的模仿天赋，曾不止一次说他喜欢京戏程派那种吞吐温婉含蓄的唱法，模仿程砚秋可谓惟妙惟肖。父亲曾对母亲和我说："老叶这家伙，学什么像什么！当初本钱并不好，唱京戏学程派，就把程砚秋学得有腔有韵；随后学昆曲，也唱得有味儿。可是每次当着众人一开口，必得先'吭'呀，'咔'地一阵咳嗽吐痰……他这个人啊，就是上不得台盘儿！"

这位看我从小长大的"一本书翻译名家"叶维之叔叔，怪人一个！

再说彼时父亲刚刚立业成家，正值本来大可施展的盛年。头顶的天空却风雨如晦，内心的世界也阴霾昏沉。只有家人、好友相濡以沫。

本来，建立起自己二人世界的小家庭，关起门来过自己自由自在的小日子，这也曾是父亲和母亲奋斗数年才达到的一种粗具规模的生存模式。有了我以后，也不过是使这个两口之家又添了一口。这时候无论是初始的暂时租房，还是随之以自己的积蓄购房自用，虽屋宅简陋，却都是独门独院。但是从我记事开始，在我们的或大些或小些的四合院内，朝夕相处的永远有多于我一家三四口之外的人。相处时间最长久的，是前述曾受到父亲那位客居北平英国诗人朋友青睐的孀妇孤儿。他们一家原有的当家人是我们本家，本跟随开滦煤矿张姓本家经营实业，称我父母为"叔""婶"。在北京娶妻生子即和我父母相约同住一院，相互为伴，不料仅几年即患绝症而亡。我父母曾在我这位"老大哥"临终床前受其托孤，数十年始终与这一对寡母孤儿相依相携，共度时艰。

直到1970年母亲病逝，我从西北匆匆回京奔丧，诸事了结之后那一夜晚，孤儿平安，其时已年近四十，下班回来，放下碗筷就来到上房我们屋里，紧挨"爷爷"坐在长沙发上，默默陪坐。父亲对平安突然说了这样一句家常话："我这一辈子从来没有为别的事，像为你家那所房子那样焦心过。"

那所房子就是平安的父亲留给他们母子最主要的遗产，在北京南城根儿的一所偏僻小房儿。它的租金，就是他们初为孤儿寡母数年内全部经济来源。沦陷时期，被日本浪人霸占。光复之初，又被国民政府先误划为"敌产”没收。父亲本来生性散淡，厌倦俗事，但身为承受托孤之人，还是振奋奔走帮助他们母子把这份薄产一直保留在自己手中，直到60年代中期大骚乱。

母亲病逝那天晚上平安走后，父亲还对我说：“当初他爸爸咽气的时候，咱家三个都在跟前，你妈还抱着你。你嫂大约刚二十出头，平安才四岁。我看着他们母子各自一身的白孝服，心里难过极了！”

父亲毕竟只是一介文弱书生，在危难时刻还是挺身向前，为保护比自己更弱小者竭尽心力。

第七章

完卵犹存

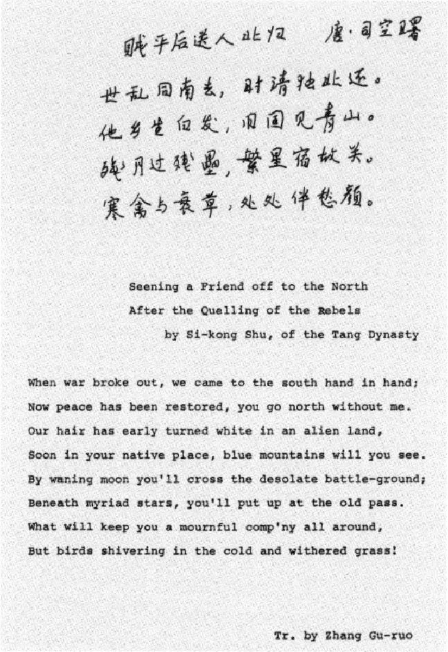

贼平后送人北归　　唐·司空曙

世乱同南去，时清独北还。
他乡生白发，旧国见青山。
残月过残垒，繁星宿故关。
寒禽与衰草，处处伴愁颜。

Seening a Friend off to the North
After the Quelling of the Rebels
by Si-kong Shu, of the Tang Dynasty

When war broke out, we came to the south hand in hand;
Now peace has been restored, you go north without me.
Our hair has early turned white in an alien land,
Soon in your native place, blue mountains will you see.
By waning moon you'll cross the desolate battle-ground;
Beneath myriad stars, you'll put up at the old pass.
What will keep you a mournful comp'ny all around,
But birds shivering in the cold and withered grass!

Tr. by Zhang Gu-ruo

父亲英译司空曙诗《贼平后送人北归》

The Peiping Chronicle

时事日报 | Peiping, Thursday, August 19, 1948 | 英文北平 | Registered with the Chinese Post Office as a Class II Newspaper | CNC$150,000

TAKE NO RISK
BUY
Jewelry, Embroidery
Chinese Objets d'Art
& Other Bric-a-brac
at
Industrial Arts

Sleeping Sickness In Japan Reduced

TOKYO, August 17 (Reuter).—Cases of Japanese encephalitis or sleeping sickness began showing a downward trend at the beginning of the week, with only 84 victims reported on Sunday, compared with the daily average of more than 100 during the past few days, according to Japanese press reports.

In Tokyo, the number of victims reached 1,000 by Sunday of which 213 were fatal.

U.S. FRENCH BILL FOR FREE DANUBE SPURNED BY EAST

BELGRADE, August 17 (USIS).—Efforts of the Western powers at the Danube river navigation conference here to guarantee freedom of navigation on that Waterway failed again today when the communist dominated majority rejected another amendment offered to the Soviet draft on an agreement to supplant the 1921 Danube Convention.

Today's vote was 7-3 against adoption of a U.S. French amendment to Soviet article 41, which would have made the new convention effective when ratified by all participating powers and when Austria deposited an instrument of adherence. Instead the majority voted to accept without change ...

ACCUSER AND ACCUSED AT HOUSE SPY HEARING

ON THE WITNESS STAND before the House Un-American Activities Committee in Washington, Elizabeth Bentley (arrow, right) accuses Duncan C. Lee (arrow, left) of being a wartime Soviet spy "contact." Stories told by Miss Bentley, a self-accused Russian spy, and Lee, former OSS official, conflicted completely except that the witnesses admitted knowing each other. Each hurled a charge of "liar" at the other. (International)

Communist Designs To Create Student, Labour Disturbances

Executive Yuan Orders Total War Policy Against Subversive Agents In Country

NANKING, August 18 (Reuter)—The security authorities throughout the nation have been instructed by the Executive Yuan to carry out a total war policy against the Communist subversive elements in the rear.

Following its meeting the Yuan last night authorised the local military authorities, among other things, to search private residences without warrant when there is definite evidence that the occupants were engaging in subversive activities against the Government and when time was lacking for ...

Peiping Lengthens Hours Of Curfew

Under order from Nanking the local authorities are tightening the curfew rules. Beginning from last night the curfew hours have been lengthened from 9 p.m. to 6 a.m. This is taken as a precaution against possible disturbances which the subversive Communist agents are trying to instigate according to information in the hands ...

IMPORTANT NOTE GIVEN 3 ENVOYS BY MOLOTOV

Another Talk May Be Held In Kremlin Thursday: Envoys May See Stalin

MOSCOW, August 18 (Reuter)—M. Vyacheslav Molotov was believed to have presented an extremely important communication regarding Germany at Monday night's Kremlin meeting with the three Western envoys, according to some informed Western quarters here last night.

The nature of the communication was not disclosed and presentation cannot yet be confirmed by quarters closest to envoys.

The fact that the envoys were even less communicative than ever following Monday night's meeting was held by observers here to substantiate the report.

KOSENKINA CASE REPORT AWAITED

NEW USSR VERSION ON LEAP GIVEN

WASHINGTON, August 17 (USIS).—The State Department is awaiting the complete report of the New York city police on the leap made last Thursday from the third floor of the Soviet consulate there by Mrs. Oksana S. Kosenkina, before it replies to the note on the incident presented here by Soviet Ambassador Alexander S. Panyushkin.

Another Meeting ...

LONDON, August 18 ...—The Soviet Foreign M... M. Vyacheslav Molotov ... expected to receive the Western Envoys for a conference within the ... days, possibly tomorrow ... learned in Moscow ... well-informed London ... expected that the ... would probably see Stalin very soon.

辅仁大学藏《北平时事日报》一帧

父亲生性厚朴，母亲重情好客，在校为人师长，在亲戚同乡中辈分又高，我父母这个小家因此在北平这沦陷之城也成为一个友谊亲情凝聚的孤岛。一些亲友、同学、同事遇到为难之处，来向父亲求助，我们这小门小户有限几间空房，就成为他们的临时客屋。那时期空气紧张压抑，每逢八月十五，母亲还是要携女佣和嫂在家操办两桌酒席。宾朋大多是山东老家送到北平求学的子弟。寒暑长假，他们可以还乡与家人团聚，唯此中秋佳节一日，往往最为思亲。其中有辅仁大学英语系学生，正是父亲亲炙"小友"，如孙硕人、李本题诸君。

他们都是胶东半岛北岸一带殷实人家子弟，及冠之年，体貌健俊，攻英国语文学，惯于西式服饰，更显潇洒翩然。他们虽比父亲少长一二十岁，依山东故乡旧习，离家进京入学前，多已娶妻生子，因此父母起初命我以"大叔"尊称，因为这几位学长家中的小儿女，已经和我的年纪相仿佛；但这些大师兄本人，却会以种种方式引导，和我同辈相待。

至今还清楚记得初次见到孙硕人叔叔的情景。周末下午，我正独自坐在客厅地毯上翻《看图识字》，随小陈妈报一声"孙先生来了！"人已走进屋里：一身淡灰西服，高挑俊朗，稳重又兼潇洒。当时以我这个学前幼女眼光心智，无疑是仅仅保留了粗略印象。

父亲照例命我叫"孙大叔"。大叔趁父亲向家人吩咐茶水之机，俯身向我的小书本，翻开有个男孩图像一页，手指下面注明的"哥"字问道："这个字念什么？"

我回答后，他没说话，用手把书上这个字的下半部分捂住，又问："这念什么？"

我抿着嘴无言以对。他立即含笑轻声说："念'可'。"接着，又加上一句："以后你就叫我孙大可吧！"

从此，孙大叔成为父亲教过的大学生中我的最早也最好的朋友。

他出身胶东蓬莱孙氏家族，父亲很早就对我私下评议：“为人者，难得既有品德，又有干才，我至今朋友当中仅有二人，其一即孙硕人。”

孙大叔以其优异品学才干，深得系主任英千里先生即名演员英若诚之父爱重，毕业后旋留校任系秘书。其时，英先生为国民政府地下抗日组织领导成员，孙叔叔追随恩师抗日，遂加入国民党，暗中效力于地下抗日活动。

孙大叔不久再次来我家时，就带来了李本题叔叔，他比孙大叔略小一两岁，中等身材，眉目端正，行止敏捷，喜于言笑，堪为烟台人杰。那时他已婚而尚未育子女，待我情同自家幼妹。在我七岁生日的时候，他送给我一顶海军蓝色草帽。戴在头上身后下垂一缕长及腰际丝飘带，走起路来翩然起舞，即就当时审美眼光，亦颇有“公主”范儿。

两位大叔此期间常以我家作自家来去。又和我们一家同去学校礼堂看话剧、歌剧、宗教剧演出。我第一次看歌剧《茶花女》就是在那种地方。每忆及西洋美声唱法女高音《饮酒歌》的冲天遏云之响，总会再次萦回不绝于耳。

一次李大叔单独带我看罢戏，到附近英国式老咖啡馆吃茶点。登上木梯小楼来到二层，选一张临街窗口下小桌，他特意叫来当时北平西式餐饮馆刚时兴的高脚椅，把我安置在他的对面，朗声笑道：“这会儿就暂时当你是我的小女朋友吧。”

李大叔，是烟台这座滨海城市长大的那种青年人：豪爽、率真，再加上一点腼腆的罗曼蒂克！

当时听他说这句话，我还似懂非懂。说实话，我至今都难以理会，这两位大叔为什么那样喜欢小孩子！

直到五十年后，大家都经过历次劫难，那是临近80年代末，李叔叔从美国返回故国省亲，和孙叔叔一起又到我家。一看到父亲，非要坚持按照比他离去时更古远的老传统，双手奉上一个薄薄的红纸包。然后又转过脸对着我，从轻简的提包里拿出一条最普通的那种美国平板巧克力说道："当初离开就正是给你吃巧克力的时候，现在还是给你吃巧克力！"

当年他们带我玩，起初我不过五六岁，眼前是五六十岁。他俩那时都是二十出头，眼前是七十开外。

就是从当初我吃巧克力那时起，一直延续到胜利光复以后，父母家中总是年轻宾客鱼贯，其中还有几位原籍胶东，从大连考进北京各大学的"大哥""大姐"，其中王化育和杨磊两位的大名，我记忆犹新；另一位安邦英，是我们芝罘的小同乡。

故乡那里，安姓是望族，其长辈中一位，还是父亲儿时同窗。据说在疃里小学时每期末考试成绩总是屈居第二。但其人之志不在于学，后在大连经商暴富，送亲子来北平就读于私立中国大学。因不放心儿子独自出门在外，特将其托付与我父母。为便于照应，在西单与西四之间的东斜街购置一处房产，特邀我父母全家，包括嫂及孤儿平安迁来同住。其在附近大学习考古的儿子，一日三餐由我们家供应，其日常生活则由我家女佣兼顾，由于其人待人苛刻，被女佣起外号为"财迷"，背地里从不提起其本名，更不像对其他来做客学子，以"先生"尊称。与此子同宗的安邦英，为其同族近支堂兄，就读辅仁大学历史系，身强体壮，富豪侠之气，是校学生会骨干，足球队主力，人称辅大校长陈垣先生得意高足。

那时候，我父母晚育，年龄和我相差较大，又都属于"古板老派"人物，他们也常恐这会不利于我成长。所以我有缘和这些活泼新派年轻乡里亲朋子弟结伴为友。如此在沦陷的数年间，父亲和这些都是属于民族精华的同事、同学、校友相携相助，相濡以沫，终归也算是巢虽倾覆而尚存完卵。在这个人口稀少家庭中当时还是独生女的我，无形中竟拥有了众多高素质的师友游伴。他们中的王化育大哥还鼓励我带领东斜街一带街坊四邻同龄小女孩去自家街门对面的陈璧家花园[①]探奇、采摘。还清楚记得那座几乎占据了东斜街半壁江山的大观园式老宅院，四季花木争艳，厅厦亭台错落，临街多座便门外人可自由出入，园中花草任人来撷，我们纯一色的小姑娘们，常在园中扮演着只有新娘、伴娘和花童而新郎缺席的结婚游戏；我也常常到王化育大哥屋内静坐，听他绘声绘色演说鬼故事，我最初听到关于斯芬克司之谜和那个撩人的答案，都是出自他之口。借此，我也在浸淫奴化教育的现实世界之外及早分享到生而为人理所应得的娱乐。

父母和孙、李二位大叔还多次偷得节假半日之闲，带我去逛北海或中央公园（今中山公园），更给了我终生不忘的享受。尤其是北海，那是当时京城市中心水域最宽阔的公园，来自大海之滨的父母本也与水具有天然的亲和，但到北京后却从未自己下水划船。有了这两位年轻保镖，才放心大胆地破例试水。

就这样我紧紧贴着同样动作趔趄的母亲，战战兢兢跨上起伏摇晃的小船，听凭两位叔叔俯仰弄桨，在水上随波荡漾。直到日落时分，才弃舟登岸，拾级来到白塔后半山腰的茶座，品茗休憩，傍晚在远岸深处仿膳餐馆选用御膳风味餐点，如此等等仅仅都是为人奴隶者的一晌贪欢，也是我父母在尽力让孩子体验些许非为异族人奴的自由人生之乐。

也就是在那同一个时期，孙、李等年轻大叔们开始玩起相机。至今，他们以北海为背景、我为中心人物的早年习作，在我手上还珍藏二三。其中更多相片中有我父母，尤其还包括和他们本人的合影，都在日后风云紧逼之际被我父母销毁灭迹。

大约也是在那几年当中，我们还一起在北海看了北平一场别开生面的

① 陈璧，字玉苍、佩苍、雨苍，晚号苏斋，福建闽县（今福州闽侯）人。光绪三年进士及第，光绪二十七年，升任太仆寺少卿兼顺天府尹。此期间，他重视教育和实业的发展。光绪三十三年，升任邮传部尚书兼参与政务大臣，创立交通银行。他兴利除弊的改革措施，触犯一些官僚贵族的利益，“办事操切，不恤人言”而被罢官。1913 年于北京市西城筑“苏园”寓居，日以“种花莳蔬”自娱。1928 年逝于天津。

冰上运动会。对于当时身心俱处于贫困、窘迫、压抑中的北平市民，那算是大开眼界。已上小学的我，第一次看到那神奇的冰上表演，尤其是一两个比我还小一两岁的女孩，身穿整套裙衣，足蹬雪白冰靴，脚底冰刀闪闪发光，在冰面上滑翔旋转，令我羡慕得无以复加。回家后又闹着要学滑冰。可怜我那渐近中年，开始发福，已多年放弃运动的古板老爸，只是沉默。

很久很久的日后，孙叔叔对我闲谈往事时候我才知道，看那场滑冰表演后，父亲还试问过他们，能不能教我学滑冰。可怜这两位来自比北京温和的胶东半岛与冰雪少缘的年轻人也是爱莫能助！

随着我日渐长大，公认为“不喜欢孩子”的父亲，一方面，放任我和这些清纯活泼的大哥大姐一起玩耍；一方面，他自己也在他这些年轻朋友感染下，涤却古板暮气，返老还童。有闲时，不仅给我讲故事和历史掌故，或是带母亲和我去琉璃厂、东安、西单商场、剧院、电影院。在家里，他有闲时也像顽童一样和我嬉戏玩耍。

稍早时，一天晚饭后闲坐，父亲把他的一只又厚又大的手和我的肉乎乎小手摊开平放在书桌上，看上去就是分毫不爽两个相似形，于是高兴地说：“看，你的手和我的一模一样！”

稍长，我在他伏案读写时偶尔会爬到他的脊背上，偷偷摸他厚厚绵软像地毯似的后脑瓜顶，再摸自己还有妈妈的和他比较。直到晚年，谈起人的记忆力，我还会抓起他的手，边让他自己摸头皮边说服他：“您记性好，就是因为您头皮厚，能供给这里边的脑子更充分的营养！”

不知是由于什么缘故，在当时社会大环境中，我似乎也很早就染上了“世纪的感伤病”。一个人好好地会突然委屈地放声痛哭起来，连母亲和嫂都给哭得失去耐性不再理我。父亲就一边用他专用的洁白细棉纱手绢给我擦眼泪，一边说，“别哭，别哭，脸都哭成小花猫了”；然后又一边说，“我来给你做猫洗脸”！于是，舔舌，瞪眼，头一探一探，举着半蜷成猫爪样的手在脸上来回比画，令我立刻破涕为笑。

父亲从来不是那种特有耐心烦儿之人，也极少有婆婆妈妈劝人哄人的时候，像这样的偶尔为之，效果奇佳。

年节寒暑假期清闲的时候，他还喜欢背上我，效骏马满院奋蹄奔腾，或是在屋里让我骑在背上四肢爬行。嫂和小陈妈看着哈哈大笑，后又窃窃私议："把孩子爱成这样，还说不要孩子！"

然而，父亲在做这些娱乐时，总还是拙重有余，灵巧不足！一次在院内背着我奔跳过欢，经过晾衣绳下往上一蹿，正巧勒住我的脖子，我立即头体倒悬，又哭又笑。

在屋内负我爬行时，为补足较短"前肢"，他双手各握一把我的玩具木剑。因为他本来身体沉重，动作又欠灵巧，木剑霍然折断，有幸的是，大约又应了"八字好"之说，未出任何肢体伤害事故。不过，那把仿京戏木制双剑还是我在那个春节逛厂甸（琉璃厂）时，用自己的压岁钱所买，折断后一再赖着父亲追索赔偿，父亲一再赖着缄口不应。

我成年以后，很久才明白，这大约是父亲看出我天性之中的任性、矫情。这"矫情"一词，在北京俚俗语汇中，我理解为无理搅三分。父亲遇到我如此状态，始终未肯逊让妥协；母亲也是，且更加严谨。似乎他俩早在这方面有所默契。我十二岁以前，一切吃穿用项，全由家中包干供给，自己极少提出要求，且也多能自然得到满足。直到上初中开始，每月才可享三元零用。50年代初，那大约不止于如今三十元，可以买到三十斤白面粉。我大多用来买闲书杂志，或悄悄小补班上家庭有困难的要好女同学。

记得入幼稚园前，口袋胡同口百货店橱窗里新摆出一个漂亮的大洋娃娃，在当时还普遍流行玩布娃娃的时候，这个新式"化学"的金发碧眼、头颈手脚能活动、一身洋装的玩意儿，让我一眼看见就爱得朝思暮想，非要求母亲给买。母亲不肯，又转求父亲。父亲也不答应，于是就等在每天他下课回来以后，时时刻刻不声不响跟在他身后。连上厕所时，也搬来自己的小椅子，守在门口。父亲被纠缠无奈，终于投降。这个娃娃很长时期都是我和小闺蜜过家家时一群洋娃娃的头牌。她陪伴我长大，还是我在她身上学会打各式各样小毛线衣的模特儿。我对她不离不弃，直到妹妹出生，才转变为她的拥有。

但是从孙叔叔谈滑冰这件事也可见，父亲对于孩子成长关注的尺度。长期受西洋文化教育的影响，加上时代的潮流和自幼的本能，个性解放、自由发展等等理念在他的头脑中虽久已生根，但他自己儿时所感受到的专制家长式的对待，似乎也像基因一样在他的身心潜移默化，挥之不去，甚至引发家暴。但那毕竟是偶发；对于自己的亲骨肉，以自己早年的遭遇为鉴，他还是力求使我们在这兽性异族统治的悲惨世界尽可能多享有一些人类本性所自然而然，而且也理所应当享有的欢快惬意。

然而沦陷八年，在北平这座覆巢之下，忧患灾祸总是难免与人如影随形！

那时正和父亲同在辅仁西语系任教的李霁野伯伯，因为其左翼文人身份，已不适于继续留在北平，遂匆匆南下，直抵大后方。

危机日益急迫，父亲回到家里往往满脸严肃愁闷，每逢学校发月薪时，他会悄悄在教师同人中带头募集少许，送到李伯伯家，小补其留守妻儿。光复后李伯伯又一一谢还。

父亲日日早出去学校教书，晚归后闭门家中，只求一夕苟安，但客观局势并不尽如人愿。到1940年秋，更遇到了一桩颇为惊险之事。

那时我们和嫂两家还住在西单商场对面的口袋胡同。入口是一条东西向胡同，然后北转弯。我们住的门牌4号紧邻西单北大街，马路对面就是西单商场，闹市虽近在咫尺，院落却是闹中取静。门外和道路之间是一片篮球场大小空场，西侧有一棵二人合抱老槐树。日人入寇以来，统治手段日日紧收，花样翻新。此时家家户户门楣上都添挂了户口牌，标出户主姓名、性别、年龄、职业、家庭其他成员情况，如此等等当今所谓个人隐私尽皆暴露无遗。我们院内只有东西两对面各数间房。屋院北侧另有一大块空地，种满花草、玉米，是为后园。我父母所住一侧四间屋两明两暗。外两间为书房兼客厅，里两间为卧室。室内靠墙边是母亲和我的大床，对面靠窗是父亲的单人小床。在父亲偶有较早就寝，赶上我还未入睡，我常跳过去撒娇挤在他的小床上“和爸爸睡”。恰巧我已上幼稚园的一天早上，我从父亲的小床上醒来，母亲破天荒没有像往常那样急忙催我穿衣梳洗，蒙昽之间，听她轻轻对我说：“今天不上学，昨夜家里进来抢东西的了！”

我匆匆起床，看到外间屋和院子站满了警察。对面嫂的屋门也大大敞开，天天陪我上学的小陈妈，躲在里屋，蹲在一个高脚痰盂上。我走过去，她悄声对我说：“我都吓得跑肚啦！”

原来，头天晚上，我已经沉沉入睡，父母蒙昽中突然听到敲门声，是嫂的语声，说道：“叔啊，快开门！有查户口的来了。”

我父母应声而起，打不开电灯，摸索着点起蜡烛。门一打开，忽地一个人就蹿进屋来，一把抓住父亲领口。父亲迅速用手从外向里死死反压住他的胳膊肘。就这样二人一进一退彼此试探、较量着，一步步退到里屋，到了床前，父亲咕咚一下跌坐下来。

母亲此时早已溜出屋子，急忙让待在门外边的嫂还有小陈妈帮她跳墙，欲找后院隔壁邻居求救。那时，我家后院和有名的药店西鹤年堂员工宿舍仅一墙之隔。

小陈妈说：“使不得，那家伙早交代了，街门外他还有一帮的，咱们都得悄不作声。再说隔壁西鹤年堂院里养了一大群洋狗，生人跳过去，先就得让狗给撕了！”

母亲无奈又赶紧转身回屋，在门口，几乎和正往外跑的强盗相撞。

原来，母亲刚出了屋子，父亲被一下猛推在床沿那时刻，他的左手仍一直死死压住歹徒的胳膊肘不放，右手则习惯性地急忙拉开床头桌抽屉取眼镜。他是高度近视，一直想看清楚那家伙藏在身背后手里握着的究竟是什么东西。大约那家伙也是琢磨出了眼前这个对手的膂力，再加上几分做贼心虚，还没等父亲把眼镜戴好，他就猛然问道："你有枪吗？"

父亲呀，坐在床上，把头高高地向后一仰，大声说道："你要是现在就走，我不追你！"

啊，父亲的话音刚落，此人竟猛一转身，鼠窜而逃。

一直到如今我还没弄明白，那时候，既无电话，更无手机，消息怎能传得如此之快！事发次日一大清早，街坊四邻和父亲的几位年轻朋友，纷纷前来探望。我也就在一旁反复听了几遍这段匪情本事。

那时候的这座古都北平，其实早已是天天都在遭遇日本这个更穷凶极恶盗匪的抢掠，只是过惯了安闲日子的北京人，对于社会秩序的安危，大都尚无十分警觉。父母和嫂这一大家人也总觉得，只在市中心热闹地段有院墙护卫，每晚大门紧闭，门闩上好，应该就可高枕无忧了。那天晚上，像往常一样，大家吃罢晚饭，父亲回书房继续用功，母亲带着我到嫂的屋里，她们这一对"婆媳"通常会边闲谈，边一起切磋衣服的裁剪制作，织毛线的时兴花样以及孩子的抚养教育，菜肴的制作烹调。嫂年轻寡居，习惯熬夜，母亲带我回房后，嫂和一直给她做伴、同为孤儿、尚未出嫁的胞妹妹，还有孤儿平安，还有我的看妈小陈妈，仍在一起做针线，织毛活，所以他们屋里的灯常常亮到午夜以后。就在那天准备就寝时刻，没等熄灯，她屋里的灯突然全都熄灭。紧接着，咔嗒一声，门外闪进一个黑影，压低嗓门对他们说："都到里屋去躺下，不准出声！"

随后，这家伙先在嫂的外屋翻箱倒柜折腾了一番，女人们战战兢兢和衣并排躺在已经熟睡的平安旁边，一声不响。只听见强人不知为什么又出入了一回屋门。事后才知，那一刻钟工夫，这家伙已经收拾出一箱子细软，放到了街门里面，放开门闩，然后回屋把嫂叫出来，随手还抄起桌子上一把水果刀藏在身背后，厉声胁迫她带路，敲门，谎称警察查户口，骗开我家屋门。强盗从我们屋出来逃跑时，又在街门口顺走了他预先从嫂家抢得的一箱东西。

出了这段公案之后的两三天，继续有人络绎前来探望，压惊。往常言语精简的父亲变得那样饶舌活跃，把这段有惊无险的经历说了一遍又一遍。说到被一屁股搡在床沿儿上，还低下头，对着正在仰头呆听的我笑着找补一句："要是再往里一点，就把你坐扁了！"

那一夜啊，说是惊险也绝不算夸张！那个年头啊，父亲不就是常常如临深渊、如履薄冰，冒着风险拼却全力保护着我们；而我恰就近在他身边，却浑然不觉——就像那夜那刻一样！

那几天，父亲给他的年轻朋友们表演讲解与贼人搏斗说得兴起，还会抓着我们的领口做示范，一再强调防身格斗，万勿只会用右手。此时，他俨然已从这几位师兄的英文教师，变身为拳术师父。

那时，日寇统治之下的警察机制，不得不说还是相当麻利，三四天后破案，是歹徒再次作案之时，被人赃俱获。

过堂后父亲回家说，这厮原是伪军逃兵，日本强拉的河北农村壮丁，东逃西窜走投无路才铤而走险，算是初犯。那几天，流窜到北平，在胡同游荡踩点，看到我家门牌上边的户口表，明明白白写着只有户主一人是男丁，又是文人，才选定为试手目标。父亲最后还加了一句："那小子在军队受过训，拳脚功夫很棒。初次作案，还是外行心虚，亏得他还是经过了周密策划！"

就在案发之后，北平唯一一家英文报纸《北平时事日报》（*The Peiping Chronicle*）上，还登载了一则消息，标题为"中国的大学教师勇斗歹徒"。这是叶维之叔叔告诉我的。父亲是文人，行事低调，并不在意这类浮名在社会传布，也未读过这篇报道。不过，这个可怜的伪军逃兵，连同报馆那位反应快捷的记者，他们哪里知道，他的这个书生对手，并非如其所揣测的文弱，他是胶东半岛自古就与倭寇短兵相接的中华帝国军官张千户的后代；少年时代，他又接受过中国千年传统国术和民国新式学校正规军体训育，他不是手无缚鸡之力的娘娘腔男人，更不是看风使舵、闻风而逃的受托孤人。

我小时候父亲在家闲暇时，也教过我武术。什么长拳、弹腿、八卦步等等，他向来无耐心，不过都是在屋子或小院里稍宽敞的地方叫我在他身旁立定，跟着他一招一式地比画。这件事过后，还特意把我拉到他对面，抓住我的衣领，然后教我如何用自己的左手使劲向内压他的右胳膊肘。

为了鼓励我使出力气练武术，母亲还告诉我："你爸年轻时候练习跑步，腿上都绑着沙袋子呢……"此次母亲论说父亲，方式更不再是寓褒于贬。

这一事件过程中，我父母这边家里，毫发无伤，差可谓有惊无险。嫂的一箱细软很快悉数追回，但还是从中暗暗取出少部分，递交当局做了酬劳（辛苦费）。签字具结画押，授受传递之间，"局子里"的头目最后还向父亲含含糊糊地递了这样一句话："要不是看在你的这种身份，还会有些盘问……"

父亲沉默不语，佯作没有听清。和"社会上"的这类人打交道，他毕竟还不是彻头彻尾的书呆子，他不是不懂！

父亲还侥幸地说："那时我和你妈一人一件的水獭领皮大衣就挂在外屋墙上，这个贼都没顾得拿。警察要是找碴儿，也不是毫无根据！"

当时父母拥有的这两件名贵毛皮领大衣，肯定是他们俩自立门户以来，省吃俭用所置办家当里最值钱的物件了！这一细节，也还透露了另方面的一点信息，就是在那个时期，厚颜无耻的异国入侵强盗耀武扬威一路招摇他们的武运久长，竟然还没有全盘抹煞斯文。也许，这只是他们在古都北平暂行的一点点偃武修文。又或者，这只不过是欲效我大中华的文武张弛之道。

是的，统计起来，20世纪70年代末以后，父亲的晚年，是我们父女朝夕相处时日最久的一个时间段。那时我的母亲已经故去，父亲日衰一日，步履蹒跚，早年一种另类的潇洒已踪迹难寻，唯一遗留的是他的低调、厚重，已是我们做儿女后代的被保护者。他命悬一线的时日，几乎复归于婴儿。但是在他的盛年，他像高大挺拔的佳木，在最艰险苦难的岁月，浓荫匝地，荫庇孺弱。

匪盗一劫甫过，父母又给两家人都置办了各种防盗装备：哨子警笛、手电筒、棍棒，还有一只土种大狗。又在院墙头上插满碎玻璃碴，门闩也重新加固。

自此以后，家里多年养狗，而且成为我的爱物（今称宠物）。我父母来自岛村，自幼熟知鸡鸭、猫狗、驴骡以至野生兔、狐、狼，还有海中带有神秘色彩的食人巨鲨的传说，对于人类有益的弱小动物，多有怜爱保护。住在口袋胡同的时候，虽然地近闹市，但其时城内人口远不似今日稠密。自家院内还有一窝刺猬与人和平相处。一日，小刺猬跑到厨房觅食，走迷了路，父亲就用双脚轻轻拨弄着，渐渐把它送回洞口。我上幼稚园的第一个学期，因生病在家休息，父亲从学校下课路过琉璃厂，特买回一对小白兔给我做伴。坐洋车一路回家，迎面遇到齐燕铭先生，这位日后曾任中华人民共和国早期文化部副部长、统战部副部长的先生在与父亲“错车”之际，目视这一对笼中白毛红眼的小宠物还对我父亲说：“这一对小兔儿挺可爱的啊！”

这也算那时学士文人朋友相遇寒暄的一种方式。

然而这次盗匪风波过后不久，却有风波再起。

母亲从我很小就常说，我是个天生没有“眼色”的傻孩子；母亲的三弟，和我最好的三舅，索性给我取了外号“傻丫头”。但是回想起来，我那时虽尚幼稚，往往也还是看得出来，父亲常常愁眉不展。一天回家后，神情严肃地低声和母亲说了些什么。一向乐天的母亲，也立即满面乌云。

接着，孙大叔悄然到来。破天荒，头一次在我们家住了下来，而且每天从早到晚神情肃穆，沉默寡言，完全变了个人，不再是那个谈笑风生，我最喜欢和他玩儿的“孙大可”了。

还是妈妈悄悄告诉我：“不要和别人说，你孙叔叔因为反对日本人，给抓进去了。你爸打铺保把他救了出来，先在咱家躲几天。”

那年我七岁，刚升入小学二年级。学校里也添了特派来的日本教官，常常无端用马蹄子般的硬皮靴踢男生。上下学的路上，学生们不小心会遇到无理拦截的日本小崽子，遭到殴打。我和同学们都听说过，中国人被日本人抓去，拷打，灌凉水，灌辣椒水，是家常便饭。没想到，这些事竟也落到近在眼前的、最喜欢的人头上了！为了保护孙大叔，父母叮嘱过的事，我当然守口如瓶！

可是，孙大叔在家里住了一个礼拜，竟对我不辞而别了。那时在我这小小心眼儿里，已经能够感到一种难以言传的怅惘。在随后漫长艰苦的来日，我则越来越清楚地懂得，无论何时，他虽一度是父亲的学生，但又是父亲胜似亲兄弟的执友。

覆巢之下有无完卵？

孙大叔去后没有多久，一天晚饭后，李大叔也是独自悄悄来了。他总是风尘仆仆，脚步匆匆。此前他毕业后先去外地教书，那天回到北平，身穿还是那件黑呢大衣，手提还是那只小旅行皮箱，稍坐片刻，就起身告辞。为避免引人注意，我们只在自家屋门口望断他迈出二门的匆匆背影。父亲低沉地说：“他跟孙硕人一样……”

无论何时，我都常常想起和他们以及父母亲人一起的那些快乐时光。但他们俩都不是酒肉宾朋，而是既能同甘也能共苦的真正朋友。国难临头，相濡以沫。这种情义历尽终生。李叔叔很早就从台湾地区远赴美国，我们读他的海外来鸿，幽默俏皮，文风犹如其人。李叔叔在海外桃李满门。我在70年代末，国门再启之初接待来访境外同行，无意间就发现了李叔叔的男女弟子。李本题、孙硕人这二位我以“叔”尊称的老师兄，都是历经风云，九死一生，但都富有顽强的生命力和文化能量，最终成就了社会民众的有用英才。

除去这些位比父亲年轻一辈的朋友，父亲也与他圈外的同龄人结为至交。留下印象最深的，是颇富神秘色彩的单大叔，名单采臣。

前文我已经介绍过小时候家里卧室的格局。主要是因为父亲晚间常读书备课，入睡晚。——如今看来，可能还和他们的节制生育有关。那是父母私事。总之，那时父亲大都是和我们分睡，特别是住屋日益宽敞，我也日益长大以后。在我们已搬到东斜街的时候，曾偶有这种情况：我和母亲睡在里屋的大床上，半夜醒来，发现父亲不知什么时候已挤在我的另一边睡着。母亲会立刻警醒，打着喳喳儿说："别作声，单大叔来了！"

听母亲这样一说，我立刻踏实起来，悄悄办完自己的事，继续躺下，心中却还有所期待。第二天早晨，定会发现"大叔"昨天半夜就睡在外间书房父亲的单人床上，而且屋内书桌、茶几、沙发上散乱放着装有巧克力、蛋糕和玩具的漂亮盒子。大叔说是我爷爷托他从哈尔滨带给我的。——这也就是我那天起夜后会有所期待的原因。

那一天，不是上学的日子，妈妈和小陈妈打点主客梳洗用餐完毕，给我换上最漂亮的那一套衣服、鞋帽，让大叔仅只一个人领我出门儿。这时候，大叔已经脱下赶夜路穿戴的青衣小帽，换上亮眼的西服套装，小陈妈还会不禁连声夸赞："单先生真是一表人才，好气派！一看就是大阔老爷。"

我从小粗心大意，不像女孩儿，在那种时候，也从来没有留神过大叔究竟是带我去哪儿，去干什么。只注意到我们很少步行，都是雇洋车，一路上他抱着我依在他的膝头。偶尔，他会吩咐停车，也像李本题叔叔那样，领我进一间路边咖啡馆，很认真交代我："把点心吃完，一定不要乱跑喔，我上厕所一会儿就回来！"

单大叔只比父亲小几个月，胶东掖县（今莱州）人，是父母的小同乡。他出自贫寒之家，早年学徒，在东北加入了抗日的共产党，长年奔走于哈尔滨—大连—天津—北平等地城乡，以商人身份为西边根据地收购紧缺医药和生活物资。九一八事变后，先在东北活动。那时我祖父正在哈尔滨他那家百货公司当掌柜（今谓经理）。一天清晨，他正给自己店铺下板（门窗上的护扇），外面一个人影紧贴着门闪了进来。一个年轻精壮汉子，带胶东口音，急急忙忙对我祖父说："听口音你是山东人，咱山东人要帮山东人。现在外边日本人正在抓我，你要帮我。"

我祖父立刻把他推到柜台里边，把手下伙计（店员）的一件大褂给他穿在身上，让他按规矩站好。一会儿工夫，日本兵来了，查问此人是谁。祖父不动声色、轻声慢语地说："他是俺柜上的伙计。"就这样掩护了他。

这位单大叔告诉了爷爷自己的底细，以及共产党和他自己抗日救国的决心，还提到打算到北平去。

爷爷马上说："俺儿子就在北京（我家老一辈人对北京的称呼，始终未改）教大学。你可以去找他！"此时爷爷早已越来越以自己的大儿子得意了。

就这么简单，我们家，以后就成了单大叔在北平秘密活动的落脚点之一。

大叔原本在胶东老家有妻无子女，长期分离。十余年在外的冒险生涯，单身生活行动终究难以隐蔽，不得已而最后在北平另外成家。女方是长辛店铁路工人家的孤女，年轻、了无姿色，婚后单大叔供其读了助产士学校，后成为优秀的全科大夫。

1942年，太平洋战争爆发第二年暑期，我们一家三口还乡省亲，这也是父亲最后一次回老家。那时我们仍是选择海路，必经天津。大叔以我们为掩护，安置我们和他一起吃住在海河大铁桥附近罗斯福路一带时髦的西式旅馆和餐馆，这大约也还真是给一向节俭的父母享受这些高层次消费开了窍。我那年六岁，已经懂得贪慕虚荣，最为快意的就是，母亲从那里的一家豪华百货店为我买了一双皮凉鞋。

但是有一天夜里，那已经是在抗战胜利以后内战时期，单大叔又是青衣小帽悄悄来到了家里。一眼看去，让人完全认不出了！本来较深的肤色变得黢黑，整个人消瘦得脱了形。听父母说原来是数月前，他筹谋在给根据地运送物资的途中住在乡下，传染上了斑疹伤寒，死里逃生。

在我的童年印象中，与此类似带有神秘色彩的实事，不止一两桩。大约也是在单大叔这次遭难之前，我家还没有从口袋胡同搬到东斜街，一天母亲晨起，照例率先打开街门，准备洒扫，一个人影紧贴着门扇跟了进来。是父亲的老同学，为抗日奔赴西北，身为一介年轻知识分子，无法适应当时当地的环境氛围，暗地不辞而别，回到北平，又无他处落脚。父母让他稍事休整，换上干净长袍，立即趁天色尚早，街巷寂静人稀，继续上路。经数年后，日本投降，家中收到一封南方来信，其中夹带一张结婚照，一对新人着西式正装礼服，面含微笑，虽都已并不年轻，但却清丽可人。父亲说，男方是老同学，姓楚。母亲说，这就是当年那位从西北逃离，路过咱家的楚先生。这张婚纱照，在当时尚属稀罕，一直在母亲的专辟小抽屉里，直到20世纪60年代了无战事的烽火中，才和其他家中诸多敝帚同时付诸一炬。

地下工作本来最是脱离不开弄虚作假，说谎欺骗，但是这些都是为其视为神圣的使命所驱使，是对敌毫不犹疑的作为。而单大叔为人为友，却是那样质朴真诚、古道热肠。这当中，唯一的要点，就是对敌对友泾渭分明。在把握此一要点上，单大叔最为理性明慧。而理性明慧，又是以他的真实无私为基石。回忆留在我童年和青少年的印象，单采臣大叔毫无疑问是始终保持了中华，尤其是山东的那一代人承袭传统而来的无私、热忱、侠义，以及激情。

我从对世事人情还似懂非懂的孩提时代开始，就已经非常喜欢那位单大叔。我父母、嫂，还有先后两个用人也是。我从来没有见过父母对其他同龄亲友像对他那样，每提起来，赞不绝口。父亲和他家境、道路、文化、兴趣，可谓截然不同。但是，作为真正中国人，他们在根本气质上灵犀相通，由此，在感情上才厮磨出惺惺相惜的热力。他们从没有过焚香盟誓，换帖结拜，但确是生死之交，彼此终身都以曾经有过这样一个挚友而感到庆幸和荣耀。

北平解放后，大叔终于昂首阔步地又来到我家。不大不小做了中央政府涉外经济机构一员司长。20世纪50年代前后，那是红日高照、万民欣然的时日。大叔来我家与紫禁城邻近的李阁老胡同内小堂胡同那处小四合院做客，不用再放轻脚步，压低嗓门，更不必等在半夜三更。但是有一个冬天，他还是在晚上8点以后才来。

我听见铃响跑出去应门，没想到是单大叔!

他冲过门洞，跨过二门，大步流星迈进客厅。我小跑着随在背后，发现他身披崭新黑呢大衣，下摆底下露出崭新同质西装裤，一双黑色三接头皮鞋，在夜灯下闪光发亮。全然当时国内红都①特制。

大叔站在客厅，匆匆说了明天乘机赴苏，旋即离去。日后我们才隐约悟出，那是为签订两国“友好同盟互助条约”打前站。

那时我已上初中二年级，懂得和父母议论，大叔此去事关两国种种切磋。——商业方面，恰是大叔本行。而且就在月余以前，我还由学校选派，前往北京前门火车站，欢迎为此事而来的“苏联友人”。由于学校的欢迎队伍是由每班抽选五人组成，回到学校以后还遭到同班同学的醋味白眼，几天都不和我们这五个“去过火车站的人”说话。

再回到沦陷时期，我家先是住口袋胡同，后在东斜街，也还有另外几位带神秘色彩的匆匆过客。大多是父母的亲友同窗和学生。其中的一个少年，其父是我父亲的南开学校同窗，毕业后回到东北。他是家中长子，快到日本抓兵抓劳工的年龄，不得不离家出逃。

这男孩儿不过比我大五六岁，穿一身褪色日式学生黑制服，细瘦文弱，还没有长成成年身型。我父母悄悄让他坐在床沿，读罢他带来他父亲手

① 20世纪50年代，为了填补北京高级定制服装市场的不足，北京市政府与上海市政府协商让上海一些名牌服装店陆续迁入北京。迁到北京，从中抽调部分优秀技工加入中央办公厅附属加工厂建成红都服装公司，专门为国家领导人、驻京使团和出国人员服务。

书，听他流着泪哭诉自己父母打发他上路，他一路担惊受怕、历尽风霜，辗转来到北平的经过。然后他出示藏在制服当胸铜纽扣里的一枚金戒指，说他父母千叮咛万嘱咐，非到万不得已，不能动用这唯一的救命财源。

当时风声已更加紧迫，家中无法再有生客逗留。父母当时帮他查看、加固藏金的纽扣，又给他一些零用钱，立即送他继续独自南下，奔大后方而去。

这时候是父亲心情脾气最为恶劣的时期。遇到我任性犯浑，恰恰撞到枪口上，会吃一顿皮肉之苦。——父母一向把我当作男孩放养，不像后来，比我小七岁的妹妹，在家中一直受到文明的温存呵护礼遇。但我父母从未在我头部施暴，一次也未伤及我的智力发育。时至今日此刻，想到此情此景，不禁暗中自问："怎么我从没恨过父亲？"但百思而始终未得其解。

再回头加一句关于那个含着悲戚惊恐的热泪一路南下的李姓少年，后来再没有听到过他的消息，不知他到底有没有到达他的目的地，他父母那点宝贵的珍藏在紧急关头是不是给他正经派上了用场……

北平沦陷八年，恰值父亲从始过而立，终达不惑的盛年。通常，无论古今中外，这都是人生盛年。任何一个体智健全的堂堂须眉丈夫，都会认准这是兴家立业、施展抱负的大好时段。但可憎的侵占者，拆毁了你脚下的道路，毒污了你四周的空气，使你艰于呼吸，难于进退，无法展翅冲天。短见者、投机者，不顾操守名节，跪拜在其脚下，其中也有父亲的几位旧交。父亲眼睁睁看到一切，无可奈何。八年来，他都只是躲在辅仁大学尚且坚牢的课堂围墙一隅，他以他温厚的翅膀，维护着我们的存在和成长。

在侵略者的铁蹄下，尤其是太平洋战争后期，也是最后两三年，连北平城里人也主要靠配给的"混合面儿"果腹，那是以枯草、败叶、土石、霉变米面及观音土研磨而成替代粳米白面的食材。以中国幅员之辽阔，即使是在往昔，通常也只有山高路遥荒僻破落一角，才会出现如此境况。

还记得一次早晨上学，走的是出门绕道自家院子后身一条路，快到小酱房（坊）胡同口时路过一家大宅门，记得是傅作义的家宅，遇到一位老邮差，穿一身泛白邮绿制服，两条打着裹腿的小腿肚子肿得紧绷绷，连迈过那家红漆大门的高门槛都很吃力。老人把信送过后，一路蹒跚向前，一路有气无力带着哭腔呻吟："饿哟……给口窝头吃啵……"

如今忆起，那凄楚声调仍历历在耳，且仍因当其时随身一无长物可为老人家添把气力而愧悔。

再回想父亲一生，自幼叛逆家庭，重文轻商；虽一向学而优，又从不经商；对经商之道，也并非全然懵懂无知。大约半世浏览杂书，也给了他一些经济学之类的常识。沦陷时期，他眼见并亲历战争给普通百姓带来的灾难，已经早早预测出饥荒的不可避免，于是在庭院旁小跨院的一间空闲屋里不声不响，陆续存满一袋袋进口优质面粉，不久果真据此维持了自己还有嫂两家人免遭饥饿和营养不良。那时候，逢年过节，像往常一样，父亲会提着那个小长方白点洋红包袱皮里的馒头，作为倍加稀罕的礼物分赠师友。平时，每逢我有小朋友到家里来玩，母亲仍要饷以亲手做的哪怕是仅半块山东馒头。她的这种习惯，伴随着我的成长，甚至在我远离故园蓬转北地不在北京，有故旧同窗到北京我家，母亲也会把一个刚出锅热气腾腾的大白面馒头递给我这位大、老朋友。

在仕途方面，父亲本来对之无心无趣，在强敌淫威之下，他倒是游刃有余，始终坚守了不给他们做事的底线；同时又以微薄之力，护卫着家人、朋友以及他所受托竭力保护之人，这也就算是他的勇气和雄心了吧。

覆巢之下，隐忍坚守，宁肯破碎，不做臭蛋。就是在这种极不正常的大环境中，我和妹妹，还有稍长于我们，但小一辈的孤儿平安，居然也羽翼渐丰了。

1944年的母亲、妹妹和我

第八章

无光之复

父亲甫入中年

1984年10月21日，父亲（前排左三）在辅仁大学校友会成立大会上

北平沦陷八年，北平人在苦争苦熬之下渐渐走出了头。但那还是有一番黎明前的黑暗。局势不稳，人心惶惶，多了一桩最普遍而又扰民的劳作是家家窗玻璃贴上米字形白纸条，挂上红黑两面夹窗帘，备下蜡烛、手电筒、沙土和清水。这是为了预防空袭。尤其是1945年春天以来清早上学穿过小胡同拐角常遇到横行霸道的日本鬼崽子，气焰也大大减杀。

一天，粪车在胡同经过，走到我家斜对面不远日本浪人院门前，经常作恶的几个日本鬼崽子蹿出来，趁埋头吃力拉车的粪夫看不见，扒在粪车后帮上吊起来。粪车突然变沉重得几乎拉不动了。粪夫立即觉察，放下车把，抄起粪勺跑到车后。还没等举起家伙，几个鬼崽子已经一哄逃跑，把自家大门紧紧关闭。这位粪夫大爷怒气未消，打开粪箱上盖，把新淘的大粪一勺一勺拽在了小日本儿大门的门板上。

当时，我恰巧和不少邻居站在胡同另一边亲眼看到中国最最底层淘粪劳工的豪举。路旁观者虽并无人鼓掌喝彩，却个个面有得色。也听到大人嘟囔着："狗急了还跳墙呢！""赤脚的不怕穿鞋的！"

那年北平春季，晴天居多。小朋友们在我家大院子里玩耍，仰望天空，会隐隐听到传来嗡嗡的飞机声，由远及近。但是头顶上一片蔚蓝，不见机身，只飘动着三两条浮云似的整齐的白带子。平安先是轻轻喊："喷气式！喷气式！"

平安继而兴奋得大喊。他比我大，又是男孩，比我懂得多！

5月中旬，到一墙之隔的同学君美家去玩。她父亲是我父亲辅仁同事，曾留学德国，化学系教授，谦恭和蔼的天主教徒。王伯伯一看见我，就满面春风地对我说悄悄话："回去告诉你爸爸，德国亡了！"

在日本人的铁蹄下，我从两岁长到九岁，根本没有任何人，包括父母和老师告诉过我日本、德国是怎么回事。

那时候我同龄的小朋友大多也和我一样。就在此前不过几周前后，我上的宏庙小学换了一位校长。记得好像姓孙，河北人，三十出头年纪，五短身材，谦恭斯文。那时候，全校同学每天早晨要上朝会。先行升旗仪式，由校长带领全校师生行注目礼，然后听校长训话。这位新校长刚到校第一天，训话时突然说："我们的国旗在西边，我们应该向着那个方向行敬礼。"

下一周的朝会上，这位和蔼可亲的新校长消失不见了……

王伯伯这个消息传来不过数月，"日本投降了"！

日本投降后已近两年，班上来了个东北籍插班男生。第一堂课上，老师点名到他时问道："你是哪里人？"

他腾地跳将起来，挺身立正高声答道："满洲国人！"

满室顷刻哄然大笑。

那时，我们本都是懵懂未开的孩子，未谙世事就落入侵略者的魔掌，多年伴随着和"日本人"这三个字相关的无名恐惧与压抑苟且偷生。那时候虽然还没有形成清晰系统的概念观点，但是随着家里大人们的言谈神情，心绪也会抑扬起伏。

这回可不是家人至亲密友芳邻之间交头接耳窃窃私议，像说不久前的"德国亡了"那样，而是在无线电里，在大街小巷，家家户户风驰电掣般地飞旋——那是他们的天皇，双膝下跪，面对东京的中央广播电台，在向自己子民诏告。骤然，多年在北平盘踞，饿虎毒蛇般的日本强盗，变成了羔羊，男女老少跪哭一片，号丧震天。横行霸道一时，专以殴打欺侮女孩为乐的日本鬼崽子走在街上，顿时一改往昔的耀武扬威，龟缩抱头，饱受北平市井平民报仇雪恨的拳脚和辱骂。大街上也不时传来某某日本人点心铺、杂货店被焚遭抢的讯息。

这回可高兴死了北平的孩子们！大大小小，争先恐后，结伴而出，到大街上去，先是欢迎盟军。大家有生以来，从未见识过这种阵势：一队队美式新型军用卡车，伴着路边此起彼伏的掌声，从通衢大道隆隆开过。那些美国大鼻子，满面红光，浑身米色卡其布军装，高坐在大卡车敞篷车厢内，一路频频伸出大拇指，向夹道欢迎的盟友声声叫喊：“OK！OK！”

随其后不过一周之内，国军入城。破敝的车辆，土灰的军装，长年浴血抗争的精疲力竭，尽写在和军装同一色调的脸上。在西四附近的大街旁，我看见从馒头铺蹿出来一位小伙计，肩上扛着一大笸箩热气腾腾的包子，跑到一辆缓缓行进的卡车下方，双手高高举起笸箩，递给一位有气无力地倚坐车厢栏板内侧的士兵。他们个个无精打采，长久被饥饿折磨得已经无力抢食。

此后不久，就有了那些美国大兵带着吉普女郎招摇过市，在露天舞场恣意妄为。我们这些半大女孩，在商场、胡同与其近距离相遇，则是避之而犹恐不及。

从我小学三四年级开始，父亲就利用寒暑期自行教我英语，入初中后，学校已正式开英语课，早已习惯于英式英语读音，听到满街上美国大兵带浓重美式儿化音之英语，甚为逆耳。

在我们的家庭、亲友、邻里圈内，不分大人小孩、男人女人，无问高低贫富，都不曾有过一人只是天真地希图一时之快而对已经匍匐在地的失败者野性报复，或对从天而降的救世主般的友盟之邦官兵过热狎昵。

但是家中近年日益僵冷的空气毕竟已豁然解冻，又回复了往日的和洽。父亲不再莫名其妙地无名火起，甚或趁酒兴拿我这“没眼色的”孩子挥拳撒气。

在西单东斜街我们家这一胶东子弟集会驿站，又有了热度和生气。父亲的师长，战前同事，大学、中学同窗好友，从海外，从南方，从西北纷纷回聚北平。呼朋引类的拜访、久别重逢的宴请，充满了更真诚的激情，冲淡了一般世俗功利应酬的虚矫做作。

那几年中，每逢年节假日期间，家中自然又恢复了每天必有一两桌宴请的常规，母亲的家乡菜厨艺也又得以施展。

20世纪40年代中父亲抱着妹妹在东斜街49号家院里

父亲南开学校同窗、辅大历史系教授余逊先生与齐思和先生，几乎每年驾临。此二位伯伯晚年都与父亲同在北大任教。余伯伯湖南籍，矮矮胖胖，沉稳忠厚。齐伯伯面白富态，气度不凡。从当时现状看，二位和父亲在南开时，大约都是循规蹈矩的少年。有一年饭后送他们离去，父亲却提起一个插曲：当年在课堂，因齐、张二生名思和、恩裕，当中各夹有思、恩二字，某年迈师长尝混淆而呼之为齐恩和、张思裕。

父亲在北大西语系求学时期，最为意气相投的同班同学，是袁家骅伯伯。袁伯伯和父亲同样来自寒门弱室，天赋优异而且刻苦勤奋，但二人言谈行止本属截然不同类型。他们二人相互为友，看似平淡如水，但确是困难相济，有始有终。又是英人所谓，A friend in need, a friend in deed，主要是由于他们品格意气相投。

光复之后他举家又回到北平，尚未安置妥住所前，他家两个和我年龄相仿的女儿珑珑、玲玲就和我一起挤在我家卧室大床上，暂栖一段时光。20世纪50年代后，袁伯伯被特派到云南无文字的少数民族地区从事调查研究，以其扎实的学问功底和刻苦坚韧毅力帮助创造出他们本民族的文字，一时被尊为西南少数民族语言文字的“仓颉”。早年父亲包罗万象的珍藏当中，有一组印制精美的英国明信片，从未使用过，是家喻户晓妇孺皆知的儿童画女画家玛格瑞特的作品，以英国的仙传童话为题材，女画家以清雅色彩细腻笔触勾抹的精灵动物云月花草美不胜收，令人百看不厌，成为我童年比其他多子女家庭更孤独生活中最令人心醉的玩伴。论其价值，自然不及珍宝古籍书画之万一，但是在彼时中国北平，却是稀缺难得，父亲每次拿出来欣赏，都命我先把手洗干净才可碰触。这就是袁伯伯感谢我父亲帮他照看留守家人的馈赠之一种。在我离开北京大学被分配到大西北开始工作临行前，曾要求带走这些画片，但没有得到父亲慨允。其实，我以戴罪毕业学生之身远赴荒凉，前途茫茫，父亲的拒绝确有其由。谁料十数年后，在举国人们相互损毁也自我损毁的浩劫中，它们都随父亲一些更有实际世俗价值的珍藏一起先声夺人地付诸火焰。后来我从西北回京探侍母病，寻找这些曾伴我成长的珍玩而不得，心痛不已。80年代末，初次访英，趁机在爱丁堡老书店搜寻，终于再获部分，携归展呈，聊慰老父于膝下。2010年后，我新结识一位爱尔兰裔英国女画家，闲谈中曾提起此事，不久即收到她惠赠同类画家、题材精美画册一部，至今珍藏。可憾父亲已无缘珍赏。如今，我始终保留着这些画作。在心中还有袁伯伯那副秀骨清相的形貌，还有他温文尔雅的微笑，谦和亲切的语声。

父亲原本并不乐于也不善于交游，光复之初除了依旧竭力当好家宴东道主，还变得来去匆匆。甚至还买了一本交际舞指南之类的小册子，在家里抱起小妹妹或是椅子，口中“蹦擦擦，蹦擦擦”地学跳交际舞。皆因学校里师生们频繁的晚会上，增加了这项内容。

可憾的是，跳舞毕竟不是打拳、武术，父亲又毫无这个行当的童子功，只凭膂力，缺乏灵巧，心固嗤嗤，终不得其门。不过父亲也还是真有他的自知之明，等我稍稍长大，偷偷看着他买的书学会了最基本的快慢狐步、圆舞等等，还把团小组内同学请到家里，放出留声机里的舞曲翩翩起舞，他自己则早已经悄然远离，彻底弃绝了这门功课。

而那些年头，在社会上，在知识界，跳舞都是一种时髦。走在繁华商业街头，就可听到留声机通过广播喇叭放送的一首流行歌曲《跳舞经》，当时是从上海那边新传过来。最后一句，女歌星提高嗓门大声疾呼：“大家来跳舞！”最后的那一个“舞”字，还拖长到四拍，发出成为阴平长调的一段“唔——”。

跳交际舞，这本是民国初年就已经在中国东南西北各大城市中蔓延开来的一种交际娱乐方式。更早年时的海归，应该说是其引入者。其时的大儒胡适等老前辈也都可谓善舞者。试想，父亲那时不过甫知天命，还是青壮年文人，自己连同家人同胞，摆脱了为异邦奴的身份，怎能不开怀狂放一番！于是不知不觉之间，家中收藏的唱片添了一些西方舞曲。再后，又有了西乐经典，从德奥的贝多芬、莫扎特到俄国的柴可夫斯基、夏里亚宾。即使周末我蜷在大盆前搓洗衣服，也会追随着肥皂水呲呲的泡沫声欣赏穆索尔斯基的《荒山之夜》。

在这段放纵轻松的时日，家里也添了不少骚扰无聊之事。留有印象之一的是芝罘故乡父母老家同宗紧邻的陈某。听同乡们私议，此人曾以投机经商及吞并东家一位寡妇的股份，成为他一跃独立创业的第一桶金。这位老板此时趁局势有变，拖带一家子女近十口也来到北平，无房无业，只得分散投亲靠友，暂得栖息。其中三四个女儿也都不请自来，和我挤在那一张大床上，未及一周，即赐给我满头虮虱。虱子和它们的幼虫在我的头上大约骚扰了半年才消去踪迹，其间还惹来班上平时嫉妒我的同学大为开怀；母亲则只是默默坚持不断给我一个个择去，似乎因为帮助他人解困而理所当然地无怨无悔。

那时，胶东子侄当中还有这样一类人：少小离家，已受父母之命在家完婚，北平沦陷，尤其是太平洋之战后，与家乡音书断绝，便在北平再结姻缘。胜利后，藩篱拆散，旧人跨海寻夫，往日良人身心早已付诸新欢，种种吵闹纷争起伏不停。我父母既为“尊长”，当仁不让要涉足此三角人环斡旋。其间，旧人无巢可栖，我们的家，又成为这些聚散冤家纷争、诉讼的免费招待站和临时法庭。

这个大千世界之上，确确有无数和我们本为同种属人类，却自私得离奇，令人难以忍受，而我的父母，向来在为人处世方面都难与此类为伍，却竟能容留他们在家朝夕相处！如今，在我已经老到可做当年他们父母的年龄，却陡然心生疑窦：我和我的父母那时是否也确实傻得可以？！

“谷若啊……”随着这一声洪亮的呼唤，从大门外阔步闯进来的，是又一拨常来常往的宾客，主要是辅仁历史系的牟润孙教授，肥硕光鲜。默默紧随的是国文系陆宗达教授，高瘦干黑。他们都是学界名流和社会达人。

胜利了，不必再屈居日本人躯下偷生，大家都像久禁密室的孩童突然放风，恣意玩耍作乐。这二位先生既都出自殷实富足门庭，时置诗酒年华，又是生来造就的美食达人，父亲的好胃口和雅量，恰恰堪与匹敌。起初是山东福山的牟润孙先生，也是出自商家，祖上曾以捐官而得食君禄。以辅大同人兼胶东同乡而与父亲结交，恰因此公也有山东人豪爽好客性情而相得。陆先生也是父亲辅大非同系同人，经牟先生引荐驾临。这一组战后“三友”，年齿相近，同在高校任教，虽专业不同，但在酒肉席上，雅量难分伯仲，且都嗜好京昆戏曲。

那时候，逢节假日午饭过后，母亲常会郑重吩咐我赶快去睡午觉，以备晚上去看戏。戏院也是儿童戏曲教育的最佳现实场所。坐在大人身旁，锣鼓震耳，声腔冲天，听着母亲在紧要关节之处的即时点拨，真是大有裨益。始而令我对当时梨园当红名角，诸多传统名剧，渐渐看出趣味，继而耳熟能详，遂至百看不厌，其乐无穷。每到临近午夜，戏终人散，坐在马车里母亲怀中，戏园内笙笛锣鼓琴弦余音萦绕，伴着车外马蹄得得山响，忽睡忽醒，终于入梦。这正是当时为父母者使自己的孩子早年接受本民族传统文化熏陶的重要一环，也是我们那一代偶有摆脱生而为异族之奴的幸运，在夹缝中享有的瞬间惬意与美好。

还有一段印象至今难忘，是看陆先生登台演唱昆曲《赴会》，或称《单刀赴会》。

出发前，父亲早已快活地特意叮嘱我：“今天是陆先生的票友戏，得鼓掌捧场啊！”

演出在长安大戏院，父母和我坐在紧靠戏台上手一侧的二楼包厢里。开场锣鼓响起，头出折子戏是《思凡》，昆曲《孽海记》第一出的起始正是小尼姑色空演唱《风吹荷叶煞》一段。父亲平时在家习唱，我已无意间听会。但是那天晚上，演员甫出场，就令人为之一振，也同时引起满堂彩。在长安大戏院当时所谓新式舞台的明亮灯光下，演员浑身上下从头饰到身上的披衣，脚上的绣鞋以及手执的拂尘，无不光彩照人。如今看来，那场演出的舞台设计还颇有创意。由两个扮演小尼姑色空的女演员左右同时出场，结对并肩歌舞。其动作并不复杂，主要是二人同样双手合十，同样边唱边前后左右对称画圈走台步。其中一位身量较低，扮相平常；一位形色端丽，明艳动人。母亲悄声附耳告知，漂亮的一位是陆家姐姐，陆先生的长女。

父亲虽痴长陆先生两岁，但于世事人情皆逊于陆先生，更因晚育，先生家这位大姐姐，比我年长十余岁，享其如此婀娜舞姿，甜美唱音，真是羡慕不已。

当晚《思凡》演过，是陆先生主戏《单刀赴会》，属于传统俗称三国戏或关公戏者。陆先生平时长身瘦削，虽嗓音也显干涩，经一番顶盔掼甲装裹打扮，挺胸叉腿端坐椅上，更是威风凛凛。每一亮相即获轰然堂彩。此整折戏以端坐念唱为主，无过于大幅动作，因此也更适于未经终日勤学苦练非专业票友演唱。那也是我第一次看到父亲在公开场合如此鼓呼雀跃，日后也从未再见。

先生出场端坐，母亲还对我附耳讲解，说戏中关云长出台后一路不得睁眼；每睁眼，就必要杀人了。因此那场戏从头至尾，我的注意力都集中在陆先生两只眼睛上，而且确实没看到他什么时候双目圆睁。看那场戏后，我曾长久留有疑惧：假使唱全本戏，关老爷果真始终紧闭双目，起身做打时会不会跌倒在地？

昆曲在戏曲行内，数百年来称为雅部。无论表演方面的做打念唱，或戏文方面的规范生动，确实都较其他戏曲雅致细腻，更富于张力，专业演员因此自当尽情发挥；业余票友，通常则以唱功为重，起舞动作，则不做苛求。笔者孤陋，生平有幸，曾陪父亲于20世纪80年代敬赏朱家溍、朱复、周铨庵等名票友表演，其中二朱先生音色咬字，明澈刚劲，各有千秋，均堪以留名史册。唯周铨庵女士于《牡丹亭》《惊梦》一出，以逾七十之年，竟将二八春梦少女杜丽娘演得如此婀娜多姿，确实令人叹为观止！

父亲年长于牟先生五六岁，所以他们和陆先生三人“光复”后均在不惑上下，既为成熟之年，却因久困国破沦陷之境，一旦解脱，竟似乎返老还童，像是要对自家本来应属年少轻狂的时代有所补偿，因此相约以酒肉戏曲为媒，结伴冶游。仅以我之孩童浅见，父亲与他们往来，似多处于被动。此二公视当时北平花柳风月之地，亦如戏园、饭庄，皆为文人雅士交游酬唱风雅场所，且与青楼（京城俗谓堂子）女子有所亲近，父亲附骥尾亦曾入其门户。

“只是白天去坐了一次，喝喝茶，说说话。不能过夜。”父亲不似曹禺那样的戏剧创作家，为体验生活而需要伪装出入勾栏；但是对于不同的社会生活，还是有所好奇：这是我成人自立后，我们父女二人之间闲谈往事时，父亲对我——这个他自始至终视为“假子”或朋友的女儿所作的“交代”。而在当时，父亲对自己的这番体验，也像他从美食家老师或戏迷同窗那里归来一样，对母亲还要说道说道。母亲也只是像听街头巷尾闲传趣闻一样微笑不语。

母亲的表姐妹中有商人妻子，她们也有白昼随其夫双双去此类场所游乐，即所谓“打茶围”者，也视之为一时时尚。母亲听她们闺中闲谈此类机遇，也是笑听而已。牟、陆二位先生皆曾于此类场所较有深涉，继而领出红颜携游，再而另置外家。朋友圈中往来之间一些门户之家的正室主妇多拒不接纳，母亲则无禁忌，待之如常客。她早对我们解说：“这大多是穷苦人家无奈女子，同样为人，不应另眼相看！”

谁料此二公都是始而救佳人于水火，不久则终弃之如敝屣，或再结新欢。父亲作为忠厚朋友，曾与母亲一起，参与其间徒做斡旋，这也是我至今记忆犹新者。当时那位颇温婉谦和的年轻牟大婶，突然寄住我家数周，而后含泪告别。随后牟伯伯曾至我家持赠厚礼。谁料不久牟伯伯又携新人来访。与此同时，且有那另位伯伯也携一时髦女子同道，我父母待之礼遇如常。

父亲身为外国语文学者兼译家比之中国传统文史学家，习性理念更具中西兼容，处理两性亲密关系，既与二位夫子大有不同，又与父亲西语专业内师友习性风度有别。今就笔者抛却为人子女情感作用力求客观地分析，父亲是以中国传统文人之怜香惜玉与西版文化之lady first嫁接，恪守个人感情家庭生活之一夫一妻建制；对现实社会中女性生而不幸居于自然劣势者，是发乎于同情，止乎于礼法；对非己妻者女性之美，则只取远观而近却。

我对牟伯伯其人自幼的总体印象是，豪放爽直，可见山东文人风习，就此恰与父亲投契；而且，当时父亲与此二位夫子，确有食、酒、戏曲同好。中国自古有云“食色，性也”，食色也好，声色也罢，由种种迹象可见父亲也难尽离窠臼。但究其本性中之内向、理性、严谨，又令其底里本意与表层言行皆较恪守尺度。看来我老爸，充其量应属好色而不淫。

世事沧桑，在知识的江湖流域，虽日后也随之而波澜继续，惊风回转，父亲的这段与非专业内文士间冶游，也随时局变化而自然终止。如今我个人，已久逾当年他们交游岁月之年齿，不过是将早年耳濡目染相关牟、陆、张三人行之诸种碎片冒昧拼接补构，从而得出此类认知；窃以为，他们其时所作所为，其实也是出诸人之天然本性。

不过上述一段涉闲往事，确只为父亲生活中点滴而已；父亲于此也确无天赋以及据此而生之亲和。解除了身上为奴的枷锁的父亲，无时不记得自己是以教书为业，面对自己的学生，此时期这位讲台上的张谷若先生，精神面貌真是焕然一新。

八年沦陷，父亲在辅仁大学西语系从讲师到副教授到教授，结合教学在英国文学与翻译研究上都有扎实积累。半世纪后在我也到了一次次经过申请考评晋升专业技术级别时，每次都有同事中的好心人背地里提醒我："你要找每一个评委都谈谈，不然人家会以为你看不起他……"以己推人，我也曾对父亲说过："您要是搁在现今评职称，恐怕只得个讲师就已经不错了！"

父亲也是一脸无奈。只说："那时候没有这么多程序。我任教期间，辅仁西语主任大部分时间是桑神父担任。每年他根据我们每个人教学成绩和为人品行，决定聘解和职称等级，在下聘书的时候，就写在上边。"

父亲在师德师业上都赢得了学校同人学生的敬重。出众的学生，不满足于课堂所得，经常三两结伴，到家中来继续分享父亲惯常设置的"小灶"。我从初中开始，有了自己的一间小小书房兼卧室，就在客厅隔壁，常常边做课外作业，边听父亲给学生讲什么Romanticism浪漫主义，Realism现实主义……有时讲得兴起，慷慨激昂，也能滔滔汹汹，口若悬河，无从发觉其年少腼腆口吃遗痕。这些男女大学生，比当初孙大叔、李大叔他们年轻，大都时髦灵秀，记得其中一位大师姐卢继祖，长期任北京商务印书馆资深编辑，80年代初尚健在，和我偶然谈起当年在辅大做学生时曾到东斜街我家中种种情景，曾言："老师告诉我们你那时候九岁。"又云："毕业后最喜欢听老师在家里给我们所讲的东西，这时大家才懂得，我们以前还没有真正领会老师的教诲。"

还记得正是我十岁那年，我们已搬到李阁老胡同，有个混血儿女生，其父是德国人，和她的一帮同学来到我家里，其中还有她表兄兼未婚夫。——幸亏我也是个女孩：那女生真是漂亮，让我简直是目不转睛地追着她看。假如当时身边也有个林妹妹，定会甩起手中的汗巾对我大喊一声："你是看呆雁呢！"

当时啊，岂止是我，母亲、嫂和看妈都在背地里啧啧赞叹。

那时候的私立大学学生，尤其西语系，家境更好的，大多时髦、洋气、漂亮。父亲教过很多这样的年轻新派美女。前述从离开家乡上中学起，虽家道已进入小康，他却从南开学校时期，已靠给人补习功课贴补日用，尽量减少对家庭的经济依赖。因为他的补习效果明显，文理兼通，而且他本人在校成绩优异，且乐于助人，因此颇得同窗，无论贵贱富贫者敬重，并竞相结交。

那时代的大学中，有些富而愚的公子小姐，穿着体面而资质很差，尝于课下自聘教师补课。这种教师，是名副其实的补习老师，而非今日所谓家教。又因为学生（尤其女性）需负担一定名誉安全风险，只能私密而为，甚至隐姓埋名，潜行到对方家中受教。我家就光临这样一位富家小姐。

那是父母亲还住在口袋胡同的时候，我尚未出生。白天空闲时间母亲常到对面房和嫂做伴。自己家只留父亲在书房客厅里工作待客。这位女学生来上课，也是照例如此。因为她实在是漂亮得耀眼，老于世故的孤儿平安一度的看妈大陈妈就会带点旁敲侧击地提醒母亲："您还不过去照应着点儿……"

母亲微笑不语，心中自有其数。半年过后，这位匿名小姐每周下午的一两次课外附加学业完结，父亲终于助其内在素质有所增进，顺利通过核考，对家人、学校都有所交代；父亲也物有所值地得到他应得的酬报：这一段临时的师生去来遂自然告终。

事后，又是叶叔叔得到的信息：此神秘女郎是北平与北大齐名某校西语系在读生，四川籍；其时正为某年轻诗人所追求。此诗人兼日后译家曾赋诗有"女郎，女郎，/你有什么法宝？"云云。

不过，父亲虽亲口对我说过他早年为人课外补习的"优胜记略"，我作为他在家亲炙的受补习者，却实在不敢随声附和，妄加恭维。原来，彼时中国英语教学界，尚无听说领先的理念，他是把自己教大学生的那一套方法用来对待我这个小学生。教会我记住二十六个字母之后，一开始就写出一大长串字母组成的生词，让我一遍遍抄写。结果一个词也没记住。于是，就对这一串串长句望而生畏。于是，父亲就不耐烦地责备。于是，我就会更加乱作一团，继而吃一些皮肉之苦。“没出息！”“受罪的货！”这是他最厉害的咒骂。我的小陈妈对此的评说是：“你爸这是对你恨铁不成钢呀！”

如今想来，我自然完全懂得，父亲教我的时候那样毫无耐性，其实是因为在他内心有一个难以化解的死结。那是他的童年，他的家庭中父母、弟、妹留给他的。

父亲的父亲也疼爱我父亲，但他们相互并不理解。他老人家本是成功的商人，但是他早年所受的教育，他在艰苦生活中所积累的阅历、经验，他的识文断字、文笔书法、拨珠运算，无一不是他终生像驼背朝天、埋头看地的老农一样的个人视野范围之内的事物。晚年，他衣锦还乡，因承前辈人的旧习，不是前行，而是后退至乡曲一隅，满足于一个乡绅所应尽的义务和所受到的敬羡。财富与接踵而至的光耀加上家族遗传基因当中的顽固偏执，更令他一意孤行，沉醉于安坐井底乐享至尊至上。他两个晚年所得的儿女，都是在父母铺就的绵软红毡上走过早年，也在其余的岁月随着父母的陨落而陨落。父亲身为长子、长兄曾经给他们郑重留下预言，不仅立时成为耳旁风，而且被视为离经叛道以至大逆不道。

“明明前边有坑，他偏偏要往里边跳。”

父亲酒后对于老家几个至亲骨肉的这个无可奈何而又痛心疾首的表达，其实是满裹着切肤之痛。在父亲的预见与预言裹挟于中国历史的急流恶浪中滚滚而下时，这些曾经如此固执、骄顽的人却又理所当然地扑面而来，不断地索取；而且在索取中间，继续愚顽地一意孤行。

以我那位小叔为例，比父亲迟生二十二岁，伶俐俊秀，被其已成富人的父母自幼娇惯，浪荡成性，老大一事无成，不得不把妻儿推给祖父母。我祖父逝后，眼前旋聚成群子女又不得不向我父亲伸手。俗云“长兄为父”，早年即以节制生育自持的父亲于是下书故里，劝其厉行此道，竟被满室老少讥讽为“大伯竟然干涉起此等弟、媳之事……”云云。

父亲心中的愤然，即使母亲也无法开解。如今可以想见，那时他在亲族中的孤独无奈；然而，来自故乡求索钱财的家书，并未因此终止。父亲远在北平，仍需忍受无尽骚扰，就像刚胜利赶走了日本人那年，闯到我头上来的虮虱。

在我年幼无知的时候，确实会偶遭父亲体罚——其时也还是为学英语，有时下手很重，一次连前来劝架的嫂的妹妹为保护我而挡住父亲的一记老拳，一只胳膊都被打得红肿多日。在彼时我的心身都在痛哭的当口，甚至想到我不是他亲生的，长大后我要离开他远远的，自己学好英文，不用他教；回来后，再让他刮目相看……但是当我真正历尽沧桑，懂得了父亲的内心，我一点也不再恨父亲，而且只是为他流泪。

总体看来，父亲对我的成长教育，应该说既不放任自流，不闻不问，又未管束严苛，形同虐囚。他也可算是知女莫如父，看出我从小天生粗率任性，与母亲早有默契，索性视为假子。

那时已搬到府右街旁自家的小四合院，一天父亲指着那些果树花草对我们说：“看那两盆卧松，尽心养了好长时间，还是没长成样子，两棵冬青却不知不觉分出了一大片。”

大概，对于人称为假小子的这个女儿，他也知在品德学业方面，不需他过于操心犯难。偶有惹他启动老拳，多在他酒后血气刚猛，在我任性犯拧，如此双方处于星火突见而引爆成势，则是每当他偶或给我补习功课，或我惹妹妹哭时。

读者岂知，小我七岁的妹妹，本生在父母节制生育计划之外，只因先是父母经过数番周折而得我，却并未尽趁人之所愿，不是众人所期盼的男性，遂遭阖门失望。唯父亲独显开明，劝说母亲以“女孩也可像男孩一样读书、做事”云云，慈母始破涕为笑，始蒙希望，衷心接纳。舍妹生来粉妆玉琢，眉清目秀，性情温驯，出语中听。随其甫出世，我即次第失宠，我又却始终浑然不觉。如今回忆起来，主要原因却是我们一代儿童少年，成长在日寇占领缺衣少食年月，大多发育不良体力孱弱，而唯独我等极少数家境较宽裕、子女较少者，苟且尚能得以温饱，发育正常，精神体力充沛，也恰正因此而“贪玩”好动。我因有此不幸中之万幸，小学阶段常活跃于运动场上斩获佳绩。但学校正课教师及训育主任担心，高年级毕业生会因此影响学校升学率；家中父亲则更忌嬉戏丧志，发现我在这方面过于热衷而对正科有所荒疏，就有可能偶施体罚。

父亲对我们主要的教育还是托付给了学校的老师。从幼稚园开始，那时候的幼稚园虽然每天只有半天上课，但确确实实是真实的课程，会学到唱歌、跳舞、画画、猜谜、礼仪、讲故事、做手工，并有机会至校内外各种场合与他人交流、互动等等，这些都给两年之后的上小学做好了准备。尤其是对我这类在家缺少兄弟姊妹之间互动共启的独生子女，这确实大有裨益。两年之后上小学、中学，老师都是国家最好的师范学校培养出来的专业师资，不仅精于学科专业，而且拥有训练有素的师资技能。父亲自己给我补充的小灶，则始于很早，是由简渐丰，循序渐进。起初在看小人儿书的时期，他最早给我买来的是《木兰从军》和《鲁滨孙漂流记》。花木兰身为女儿改扮男装代父征战，在那本小书里单线平涂的画面中英姿飒爽，至今历历在目。此书读后的漫漫岁月，不论是在早年，还是中、晚年，每当危难当头，需要独自面对之际，我会自然下意识地穿起男装，挺身阔步前去迎对。当年鲁滨孙那本，开头几乎近十页都是他航海遇难，在惊涛骇浪中载浮载沉，挣扎搏斗，奋勇前进，其中种种惊恐痛苦表情和身姿的画面，在我从童年过渡到少年的四五年之间，始终是夜来噩梦的影像情节。直到青年时代，在贺兰山下，两次与盛夏山洪余波无间距亲近的刹那，也算是亲历了那种体验。

再说父亲，光复后的几年，正是他对我的家教较费心力的几年。也许仅是巧合，也许是他意识到，我和不久前出生的妹妹都是女孩，此时就给我搬出了花木兰。

原本是父母生我后，并无二胎之计，且已将我充为假子养育。但他们从自身现实经历感受已经懂得，尽管时代变迁，生男生女毕竟有别。而且恰在彼时祖父已告老还乡。家业益丰，固执的老人自然愈加期盼孙辈男性继承人。于是再以母亲为突破口，干预家族后嗣。

我早说过，自己自幼粗疏大意，那时已是小学生，而与母亲朝夕相处，对她体貌神情的变化，竟浑然不觉。只记得一天晚上她突然匆匆把我托付给嫂及看妈，自己一夜未归。次日清晨我张开眼睛，父亲就告诉我："你妈给你生了一个小妹妹。"

此后，妹妹既然天生惹人怜爱，虽因非子而令母亲大失所望，性情温婉的母亲却也认定，自己命中无子，从此随遇而安。

与此同时，拥有了一对女儿的父母亲，更无须放弃对我以假子式养育。但也应稍加说明的是，他们充其量不过是使我性格行为上比当时通常女孩更多一些雄豪之气，并非成为真正心理有变的假小子。记得其时曾被前述母亲师友张家二姐三姐一位朋友相邀，去做伴婚花童（此处借用上海话，北平其实只通称为"拖纱的"），那位和我组合成对的男花童董弟弟，在婚礼主持看来比我更显女儿气态，遂于装扮后将我二人调换职位，由他拖纱，而我专司手提花篮，一路撒着篮中花瓣，为新人打道。等婚礼结束时，主持把刚才新娘手中的那把大花束送给了我，而把伴娘的小花束送给了那个男孩。我接过花的时候，突然打破那天始终保持的沉默，开口轻轻说："董弟弟是伴娘。"

身边照看我们的那位聪明的敏华姐姐善解人意，立即应声说："是啊，你是新娘！"

这当然都是小孩子小心眼里一些虚荣的小活动。但是那首《木兰辞》却是我接触的第一首古诗，对于一个上小学三年级九岁的孩子，其中生僻词语不少。父亲教得一点也不马虎。他先把诗中的词句默写在纸上，领我逐句诵读一遍，然后让我自己去重温练习，直到背熟。在这期间，我表现出了从来没有过的勤奋，父亲计划每天四句，背会四句后我就主动急着催他写出并教下面四句。全诗四五十句，在几周之内完全学会，但觉得意犹未尽，于是迫不及待地追着父亲再教一首。但是他大约是为避免放纵我的任性，这时却戛然而止。直到两三年后，我开始羡慕《红楼梦》里大观园儿女们的结社、赛诗，再加上在初中一年级的国文课本里读了点唐诗绝句，就开始自行胡乱写诗——当然是连香菱的水平都达不到的！好不容易才鼓起勇气拿给父亲看。他只瞄了一眼，就边说一句“什么呀！”边扔了回来。这让我愧然斩断与诗结交的愚念，直到一年多后，机缘领我重整旗鼓，再次上阵。随后的两年，已是初中二三年级，山河已经剧变，新诗民歌已渐成为我少女时代最挚爱的闺蜜和初恋的情侣，父亲偶然在我的笔记本里发现了大量长短句，都是我在学校为自己的共青团举办演出会时写的词曲。他破天荒地微笑着问了一句：“从哪儿学的写这些东西？”

再后来父亲和我谈起他在南开学校时的创作活动，我才知道，他也是很早就写诗的：“乡下孩子进到城里，不再是自己原来的小天地，眼前的立足，未来的前途，都得认真考虑，写诗，不能解决吃饭穿衣的事。”甚至我高中毕业准备投考北大中文系的时候，他也郑重警告过：“中文系不是培养作家的！”

随着我年事越来越长，阅历也渐有加，才越加自责！当初听父亲所言，只飘到耳根，并未进入内心深处。我不仅是没听从他的意旨，也没关注他说时的心绪。

父亲那时都是以自身为例，为我提供参照。他实践的，是平和自然的人生，并不鼓励野心。为人父母，重要的是让自己的儿女将来“不受罪”。如果维持不了如此局面，最好就是根本不要他们下世为人。他从我们出生前，就在要还是不要的阵前几经痛苦纠结，以后直到我长大成人，宠我、打我、护我，都是为了不让我“受罪”。但他又哪里曾经预见过，其实我终究还是不可避免地罹受了出乎他所能想象的罪祸，仅是从来对他只字不提。

回头再说1945年的这段“光复”，北平人不再做异族人的奴隶，人与人之间得以尽兴公开表达情谊，共享快乐的时日，对我们一家人来说，几位叔伯的归来，就是日常生活之中难得的少数亮点。但这也是瞬间即逝。光复之光，不过是电光石火。其实，那时的北平光复，是无光之复！

光复后第一年的春节特别丰盛，孩子们的压岁钱也多，可到琉璃厂和书店里用以换来更惬意的满足。印象最深的，则是孙大叔节日好几天前就集中在一天里挨家挨户给恩师们送礼。他那时已在市政府教育局任职，仍然私人雇了两辆洋车，前边一辆坐着他太太引路，后边一辆装满大大小小礼包。举止干练、言谈文雅的孙大婶代表孙大叔每到一家师长家大门口，便轻捷地亲自走下车来，恭恭敬敬把礼物奉送到“老师”屋内。

孙大婶也是出生山东蓬莱，有胶东沿海女子傲人身段、端庄容貌，应属于当时一类半新不旧知识家庭主妇。十冬腊月，天寒地冻，她只穿了薄薄的棉袍，上身套了一件也是薄薄的毛线外套，强忍严寒对我父母面带微笑恭敬告辞。

父亲带领我们送到门外，远望客人渐渐离去，回到温暖的屋里仍感慨地说：“天这么冷，他们都没舍得先给自己置办皮大衣啊……”

自奉简而待人宽也是胶东这一代人难以改弃的风习，孙大叔和单大叔据此皆堪为表率。但这也不能一概而论，比如前述父亲那位安姓小学同学。

安姓，亦为芝罘大姓。父亲告诉我，故乡芝罘岛虽僻处海疆，但也曾出过慷慨激昂之士。早年疃里第一个共产党员，高呼着“我不下地狱，谁下地狱”慷慨就义者，据说就出自他们安氏门中。当初父亲考试连年名列第一，这位烈士族兄弟则紧列其次。其人头脑灵活，能说会道，善于谋略，后赴大连从商暴发。沦陷期间将其子派赴北平入某私立大学求学，托付我父母照应。随后他本人也常携一妻一妾往来于两地，在北平，则自然与我们家同院为邻。父亲与他是总角之交，于物资短缺艰难岁月，偶以佳肴美酒与旧雨共享，也算难得。

如我前述，父亲向来酒量过人，同院人每亲眼目睹，常啧啧称赞，说从未见他醉过，也从未见猜拳行令中有人胜过他。和这位安氏老乡共饮，则总是此公先醉。山倒后，即于卧榻上痛哭流涕；父亲则是侧坐其榻边，半酣半醒嘻嘻痴笑。此情此景，常引得我老看妈胡妈窃窃议论："没做过亏心事的人，喝醉了才会笑！"

旧友重聚，言笑畅谈，开怀痛饮，酒后失态，这都还可以视为紧张生活工作和压抑主客环境之中一点难得的放松和宣泄。家中人看来，虽略显一反常态，但也并非不可理喻。但是这位父亲往昔寒窗与共，今日面如烟土色的富商学友，不仅狎妓纳妾，而且每天大部分时间都消耗在卧榻之上，叼起鸦片烟枪，喷云吐雾；还屡次诱邀父亲就榻小试。父亲一次趁酒兴果真与这位老同学对面而卧，把烟枪嘴含在口里。多亏父亲终日和笔墨书册为伍，一向手脚有欠灵活，而且对烟毒的致命危害早有畏惧警觉，因此鼻孔刚刚凑近烟灯，努起嘴唇噙住烟嘴，就被烟雾的恶臭之气呛得咳喘连连。看到我和母亲都在一旁讪笑他那种狼狈怪相，即刻一跃而起。从此父亲远离这桩危险嬉戏，拒与这位已经子孙成行的乡党旧友同流。

这位论辈分与我平辈，几近做祖父的中年人，也不像我父母大多数亲友那样让我喜欢。这起初是从一件小事开始。

那时候家里不断往来客人，父母虽也不抽纸烟，但是茶几上总备有烟盒，内装烟卷。这种纸烟包外有一层衬纸，通常叫作锡纸，是小孩用来做手工的好废料，大家都喜欢收集。一天，这个终日赖床的"大烟鬼"（这是胡妈给他取的雅号）对我说："你以后把烟卷盒里的锡纸都攒着，一张张抟起来，等到攒成两个大球，我把它炼成小银狗给你玩儿。"

在我的想象中，小银狗既是非常特别的玩具，能用银光闪闪的锡纸去"炼"出来，又是我还从来没有听说过的奇妙无比之事，于是我就像往常听了大人之言那样，认认真真一张张攒起锡纸来。过了很长时间，抟了自己拳头大小的一个大银球送给他，他说不够。又过了很长时间，再送给他一个，又过了很长时间，还催问过，再往后，我是一个糊里糊涂、贪玩健忘的皮孩子，注意力早已转向其他地方，那个小银狗却终究还是没拿到手。偶尔想起来，终是疑惑不解。那是我还不到十岁的时候，家里人，包括父母、嫂、胡妈，还有常来常往的亲友，父亲的学生，都是言必信，行必果。凡是他们答应过我的事，必定说到做到。唯独这个“大烟鬼”为什么没给我炼出小银狗来，是我无论如何也弄不清楚的事。

一天，我又到他屋，见他依常规又凑在大烟灯前自享其乐。恰巧看到在一锅烟快抽完的时候，他把一小片包烟卷的锡纸平展开来，紧紧贴在烟袋锅透气的背面，闭上眼睛，很享受地深深大吸了三口。原来，就是为了在他吸毒时派上这么个用场，他居然花那样大的心思、口舌，给我编了那样一大套谎言！

据我的回忆，父亲固然生来率性随和，不拘小节，而且交友被动，但诚实可靠，仗义慷慨，通常是一旦互成莫逆，大多持之终生。“大烟鬼”的这段往事，是我长到那个年龄，还从未听闻之事。不知为什么，我也从未对父母和其他大人们提起。父亲和这位故旧的交往，不久即告自然了结。像当年和同校二位风雅伯伯一起，“雅”会民国坐台小姐一样，父亲把此类逢场作戏，只当作另类生活体验，与此类人的一度交往，也成过眼云烟。按通例，这也是人以群分吧。

在沦陷时期最艰苦的末年，战争掠夺耗尽一切资财，市面凋敝，民生维艰。按月配给的混合面给大人孩子吃得面孔虚肿，浑身无力。一年当中才每户配发一张布票，可以买到十二尺市黑斜纹布，泡在清水里，马上就落下一盆血红色。捞出来轻轻一扯，立即又会撕成两半，这也就是所谓卡其或斜纹布。母亲眼见我飞快长大，只得翻箱倒柜找出大人的旧衣服给我改做，妹妹则要穿我的“剩儿”——这是胡妈说的老北京土话。父母一些圈子里的芳邻好友有时互相关照，就在私下窃窃传递着一些食用小商品的信息。

辅仁经济系教授王仲宜伯伯，夫妻都是江苏人，比我父母更会生活，送来一些他家邻居家制自售的饼干，比往常洋点心铺里的还香脆。后墙隔壁我的同学君美的父亲、辅仁化学教授王伯伯在街上偶遇我父亲，会郑重其事地悄悄告诉一句：“天福的烧饼夹酱肘子最香。”牛奶长期断供，大家就找到一处私人养羊户，以羊奶代替。有一位天天骑着自行车挨家挨户送羊奶的瘦俏中年男子，还有些不良于行，我直到十年后才得知，他就是鼎鼎大名的翁独健先生！父亲喝上羊奶以后，我也尝过，并不太习惯那种风味，当时更不知其不同于牛奶的营养价值。而在此期间，母亲靠家中暗存的陈白面做的山东馒头，也穿插其间，成为邻友们，包括我父亲的恩师罗昌先生，互相宽慰鼓气的媒介。这样一些患难与共的同胞亲人，在期盼复国的日子，也就是这样试图共享自由的酣畅，尊严的淋漓。

然而山河恢复，欢庆兴尽，黔首庶众却又重行陷入泥淖。北平人也并未得惠受同种同族人治下的仁政德施。其中最切身的感受就是，先是法币、关金，后是金圆券变得越来越失去公信力，在人们手中渐至轻飘无形。人类社会的物质必需的交换形式，又从钱物互换退回到物物交换，一时间发薪水、交学费、买自行车，都以一袋袋面粉代替钱票，民国初造的“袁大头”也在交易市场哗哗山响，形成当时一种独具特色的民间银本位制度。到了1948年的旧历年关，父亲从学校取回的薪俸，已不足以供给在菜市场筹办年货所需，多亏得母亲长年在那里分门别类的小货摊“交买卖”赢得的信誉，勉强可靠部分赊账购物，待下月学校发薪，再偿还月前所欠。就此还应该客观地说，父亲任职的辅仁大学，还是薪给较高；我家又幸好孩子少、负担轻，日子尚能对付。为了让我懂得更多疾苦，父亲常鼓励我到家境差的同学家去玩，借此我也确是亲眼看到一些“举家常粥”的惨状。

我的父母，向来都是量入为出，从不寅吃卯粮。那年我春节的压岁钱又是最少。然而即便如此，我记得，春节过后父亲还是破天荒把我的压岁钱暂时借去应付了一时之急。

其实，早在此前满城欢庆胜利，迎接国军入城声中，光复之光就被疲弱饥饿士兵的灰军装以及军章上的尘土遮挡了。早在1946年4月4日度我们“胜利”后的也是生平第一个儿童节那天，北平市的小学老师因生活拮据，全体罢课。当时市府当局以要求每个学生每月交付一元“维持费”给予解围。父亲第一个月把钱交给我的时候，就苦笑着说了一句：“将来又有谁来维持我呢！”真没想到，我用那一点点蝇头小压岁钱儿也维持了父亲一次！

不过，无论如何，这几年沿袭已往，旧历年初一到十五，总有几天家里照例还摆桌酒席请同辈或晚辈相聚，又总得有一个大男人抽身离家，身穿一件水獭领大氅，手提一个洋红带小白长方点的小包袱，往来于北平东西北城为主的一些大街小巷。此人就是我父亲，包袱里盛的又是母亲用当年的新面粉做的还小有名气的山东馒头。父亲要去的地方，最主要的还是他的几位恩师府上。新年过后，在仅有一家人的日常餐桌上，享用着母亲亲烹的葱烧海参——芝罘岛西岛的丰富的土产海参，那时对我们也确实并不是稀罕之物——父亲又会啧啧赞起胡适家的清蒸火腿如何入口即化，“老罗”家的粤式烤鸭怎样咸甜相济。

第九章

阴晴寒暖

50年代的父母合照一帧

大脑中的生物钟已经走到临近20世纪后一半。关于我的父母物质生活的窘况倒在其次，他们身为那个多灾多难世纪的同龄人，自幼就习惯了苦中作乐。传统中国戏剧艺术仍然是他们生活中最重要的一种调剂。比起挣扎于茫茫苦海的普罗大众，我们一家算是稍有幸运，除了维持起码温饱，偶尔尚可享有自己觉得自在的生活。

一天午夜看罢戏回到自己家胡同口，从洋车上下来，父亲给过车夫附加小费的车钱，眼看他们一边连声道谢，一边疲惫转身抄起车把缓步离去，然后和母亲还有我们两个孩子走向家门。就在这中间又给我们说了近日街巷流行的一个“段子”：由于时下有的大学开不出薪水，有的大学教授也兼职下海拉洋车了。一个家境好的学生，夜里看完戏走出戏园子叫车，有车夫应声抄起车把埋头跑了过来。阔学生远远定睛一看，恰是自己的教授恩师，直吓得合拢不住张开的大口，悄悄溜之大吉……

父亲本把这当作笑谈，但是兔死狐悲，语调苦涩。大家听了，低头不语。往常走出戏园的余兴，尽皆消散。

比起苦中作乐的文娱消遣，以及课上课下的舌耕劳作，父亲还在忙于其他：这些是我和母亲都似懂非懂之事。其中主要一桩是竟然和单大叔合伙做起了生意。

试想，在历史的一些紧要关头，我们周围的人曾数次表现出自己属于好跟风的族群。就在我正写到的彼时彼刻，起码就我提及自己那尚未成熟的身心亲处其境的所见所闻，也是触目惊心。通货膨胀物价暴涨伊始，最抢眼的是：法币、关金和接踵而来的金圆券贬值到不及手纸；“一袋白面”就是物物交换间的可信实物货币；三四十年前已成文物、别号“袁大头”的银圆，也不知是从什么地方又冒出来，成为“一袋白面”这种最大众化硬通货的辅币。随之，倒卖银圆把北平城池变成了全民皆商的一片汪洋。就连我这样通常自己极少接触钱的孩子，也向妈妈要了两个“袁大头”揣在兜里，骑自行车经过上学的路口停下来，学着大人们的样子，碰到头一个倒换银圆的家伙，比肩站在他的侧面，学他的样子眼光涣散地投向远方，双方谁也不看谁地低声交谈：“买？卖？”“多少？”然后，我一言不发，把一枚银圆从自己兜里掏出，紧紧握在手心，再臂靠臂地“顺”到那个人半掩在衣袖里的手心，那人立即“顺”回来按当天比价应得的纸币。

这是我背着父母私下里试探的唯一一次做买卖体验。按常理，这不是一个十二岁初中小女生所该干的玩意儿。

为了避免手中现钞飞速贬值的损失，父亲也不得不染指他自幼不感兴趣，且因此而与祖父龃龉的做生意。他是一个负责的家长，不会坐等举家常粥；他又平生最厌恶轻浮跟风，自然不会贸然独闯商海。幸运的是，我们有科班出身的商业高手——姓单名采臣的大叔！

早年艰苦学徒生活的磨炼，长年奔走北中国大地，为红色政权的生死存亡，征战于隐蔽战线，单大叔天赋的商业智慧和长年的实践经历，都已臻极致。因此，应对当时面临的经济危机，单大叔恰巧有了用武之地。依据当时供需所求，审视有利行情涨落，找出正确抉择，本是他所驾轻就熟；而对他来说，这首要的又是他的主义和理想之所需，只不过是顺便也帮带了我父亲，这个他多年视为手足的执友；反转过来，他也又利用这种合伙关系，使自己再得到稳妥掩护。从父亲来说，把自己有限的余财托付给既有胜任能力，又绝对稳妥可靠之手，以免其瞬间灰飞，也是千万地求之不得。

当然，这些商业行为都并非经过鸣锣开道，花篮帐联，美女盈门，大张旗鼓地进行，但我也可以看出过程间的蛛丝马迹。

起初，家中本来井然有序的客厅里突然多出了两大纸箱西药，不久又突然消失。过一段时间，又先后放过两卷白报纸，又大又重，说也是单大叔买来的囤积货物，只为保值。十多年后，我已走出校门，当了“媒体人”，不时往来于编辑部到印刷厂之间，也见到厂房里轮转机开印报纸。到那时，早先家中客厅临时存放的这两卷庞然白报纸卷，才变得熟悉。由此，又联想到，报刊史上所记，抗日和解放两个战争阶段，红色政权根据地办报当中缺乏印报纸张的艰难。而早先那个时候，那两大卷白报纸，直径几乎和我当时身量不相上下，一个人都搬挪不动，和其他家具摆设一起安置在客厅里，确实有些不伦不类；后来又是那样不声不响就给搬走，这究竟是不是大叔和父亲当真为了保值或赢利而倒腾来的“货”？我至今不得其要；当初父母也从未提起。如今想来，我父母出于对单大叔的绝对信任，和他们自己一向待人之道，对大叔那些操持过程，很可能也会是不闻不问。假如大叔那时是为了更有价值的目的把“货”再经过其他途径转手，则也可能是更为危险、刺激之事。不过，如今细想起来，人间事物哪里有件件桩桩都是轰轰烈烈动人心魄？又有多少都是平凡细琐难入耳目，而却恰恰就暗暗隐藏于街衢市井狭径僻巷陋室日常的凡俗当中！

另有一件至今猛然想起之事，也是如此境况：那是恰在三年内战正酣的当口，父母竟然在北平南城相当于贫民窟地带买下一所小房儿；而且还是和单大叔共同出资合伙。母亲还特别带我摇摇摆摆坐洋车（因那一带地方小胡同土路凹凸不平）去收过两次房租。房子破旧，不成格局；租金微薄，租客都是社会底层贫民。表面看来，这不过是当时情势下，他们这些为把辛苦积攒的几个闲钱落到实处的“主儿”不得已而为之。而不久，随着转瞬即将到来的解放，这处“合资”房产又被大叔倒卖出去，收回的本钱，又如数分还给了父亲。还是照当时习惯以一点点黄金结算交手。父亲交给母亲收存好之前，还教我认识了一番哪个是一两的小“金锭”，哪个是五两的所谓“金条”。这大约是他在我已初谙世事之际，有意让我尽快尽多长些见识。

父亲还对我提到，大叔交代完他和父亲这几笔生意的后续账目，又拿出另一块小金锭，说是托付父亲转交给我祖父，而且这是组织上对于往年祖父掩护其在东北活动的一点酬谢。至于大叔自己，也是在那个时期之后不久，把他自己的财产全部交公。包括他几十年以经商为生，同时也是以经商手段支持革命的经营所得，包括曾与父亲“合资”那处不像样小房产的另一半。

北平解放初期，单大叔还遇到过一桩比处理私有财产更为难解的私事，父亲也曾天真地参与其间。那就是他的双重婚姻和家庭。

这种不正常的状态本来是不正常的大大小小客观环境造成，也是很多出生入死已经取得成功老战士遇到的同样困境。但是大叔解放后处理此事，却采取了异样取向：两次婚姻都没有子女，家乡“老妻”没有独立生活能力；北京的妻子年轻有文化，有职业，也可以重新建立自己的新生活。因此，他认为，他应该和后者离婚，回头去和山东老妻共同生活。但是他无法说服较年轻的妻子接受这个抉择；于是，来到父亲这里搬救兵。于是，善良温婉质朴的北京单大婶，这时变得那样不给面子！

我小时候，她多么喜欢带我到她家里去玩！从西单北大街一直向西，到新街口附近胡同里一座小院，在那里有一座为配合大叔的工作，新婚后建立起的爱巢。在那里，大部分时间，都是她独守空房。那只是个总共不过二十余平方米两开间的小屋子，里间一张大床里手的墙上，挂着全幅西洋风味毛织壁毯，画面里有大象、印度人……起初，大婶每次带我从她家出来，还会顺路到她就读的首善助产学校去玩。事前，母亲早就对我千叮咛万嘱咐：“到了大婶的学校，千万不要叫‘大婶’，而要叫‘大姐’。”这是为了隐瞒她的婚姻状况。那时候的学校很严格，拒收已婚女士。那时，我父母是那样关注和珍惜他俩的婚姻，为此，还居然破天荒教给我撒谎。而到了刚刚解放那时，父亲却竟然会那样冒失地在大叔授意之下，试图拆散这段姻缘！

革命的暴力有时也无法一蹴而就地对陈旧事物彻底摧枯拉朽，大叔只能于法外继续维持和北京大婶的生活，同时持续供养山东老妻。父亲的此番失败游说，也成了我家小院里婆婆妈妈的一时谈资：“人家都是劝和不劝离呀……真够可以的！”

但是大婶并没有嗔怪父亲。她理解自己的丈夫，也了解她丈夫的这个至交。大叔能以此事相托，父亲为不负重托而自甘碰壁，常人看来，确实都像堂吉诃德一样可笑。然而由此可见他们身上的那股孩童般的诚实、单纯与执着，俩人真是旗鼓相当！然而，大叔身上那种分寸适度的政治家灵活性，又是父亲所欠缺而由衷敬佩的。最早，他们就是因此种种而走在了一起，随后，渐渐结出了胜似兄弟的情谊。

大叔没有亲生子女，后来从大婶儿娘家甥侄儿中抱养了一个。大叔长逝二十多年后，20世纪80年代末，社会上再次掀起更加体面的下（商）海潮之时，这个早已长大成人的孩子为解脱自己的“三角”债务，竟来请求我父亲出示证明，索回养父早已交给组织上的房产。我父亲没有“成人之美”，他不想滥为君子。他知道，大叔的在天之灵也会站在他这一边。

此前大叔从未把他处理自己个人这点财产之事对我们一家说过，我们这才第一次听说上述这些来龙去脉，也才知道单大叔是真正以一名无产者的人身跨进了新中国；也正是在那一次，我们才惋惜地得知，他是在“文革”的前一年病逝于帕金森病。那年，他不过六十岁；从外貌看来，他又是天生体魄健全之人。不言而喻，长年隐蔽战线艰苦紧张的工作，早已严重摧残了他的身心健康。我记住了：1965年，迅雷不及掩耳的狂飙浩劫袭来之前，地球上失去了一个父母和我都为之无法忘情的好人！

人生，顾名思义，无疑就是指人之从出生到死去的这一生。苏东坡《题西林壁》诗中家喻户晓的名句“不识庐山真面目，只缘身在此山中”，实际上也是人生的隐喻。当人切身在兹，其实视觉最为模糊；一旦身离其境，反而看得清楚明白。只有少数智者贤者，才能身置当事耳聪目明；苟有能先知先觉者，则更是凤毛麟角。那当然就是身在庐山而知其真颜了！有谁能知？连东坡学士都认输过……

我们都是凡人！

20世纪的50年代前后，是跨北平解放的前后，又是父亲渐渐接近知天命的年纪。遵循传统旧习，古典学家对于天命自有他的解释和领会。彼时父亲对于自己的天命是否已有明晰领会？也许，他首先是个无神论者，根本不相信或天或命。也就是在1946年的旧历年前，他还闭门家中自编自演了一出破除旧习迷信的小品，而且还是即兴表演。十余年后，我已走出北大校门，赴西北工作，偶读郭沫若新作《不怕鬼的故事》，霍然忆及旧事，立笔涂写成小段文字，奉寄老父，以博一笑。如今残稿已遗失无踪，仅能从脑海深处搜集重新拼接，今谨抄录于下，希图再博读者一笑。

谷若骂灶

谷若先生，祖产胶东，性旷达，不拘礼，远鬼神而不敬之。嗜美食佳酿，皆有雅量。妻陈氏夫人，贤惠明达，持家尚简拒奢，无涉庵庙香火祝祷。夫唱妇随，琴瑟悠然；唯少小离家，乡习难却，逢旧年廿三，祭灶不辍，盖尝言家有幼女，以乞平安福祉耳。是岁时，女初长，渐悟鬼神阴阳稗谬，领母命至灶前龛下，竟悍然拒拜。母女力劝力却，往复再三。先生见，乘酒兴，跳突而起，径面灶龛，顿足地动，扬声雷震，指天画地对灶王公母申申其詈：“灶爷灶娘且听，今日此时此间，吾以不堪秽语污尔，且及汝父母子孙，苟明朝吾腹疼痛，则迄今迫后，岁岁敬祷，年年厚祭。”斥罢，转身对母亲重述此咒誓。旋入寝，一夜酣然。次晨，抖擞雄健，无异往常。老妻见之，亦欣然释怀，遂罢祭终生。二幼女亦深释怀。

落笔此处，正是父亲接近五十周岁时候，由此又想起了他年近四十岁时的那场“勇斗歹徒”。这次，他是挑战岁岁定时往来于天庭与地上普罗罪民间的神祇，罪莫大焉！但是此次父亲慨然发出他的挑战，坦然实践而成就为身体力行无神论的胜者。

然而，不几年后，当我羽翼渐丰，舒伸初试，即折翅沉沙！再遭风雪暴虐之时，不禁诘问：父亲当年趁酒兴对灶王叫板，是否终究报应到了我的头上？

再说那段时日，就是1948年到1949年前后，北平解放又给了父亲一个了解新思想、接受新事物、选择新道路的契机。而这一思想、事物的契机，关乎天地世事人心，是统而言之的大是大非，对于父亲这类半世力避俗事、穷追超然的士子书生的小我，也是大是大非，无可回避。

这一时段之初，仍然和上小学时一样，我的书桌安放之地仍和家中客厅之间只有一排传统雕花棂格隔扇，但是此时我已是中学生，能清楚听懂来客，主要是年轻亲友及学长和父亲之间的谈话，有些还是父亲课堂授课未尽内容的补充，除无形中夹带的romanticism, realism等等很多英文文学词语之外，又有些话关乎实际事务：营救，送军；还有些是主义、理想的清谈。初时也像沦陷期那样尽是窃窃私语，随着局势世情渐变，私语渐变为高谈阔论，以至指斥抨击。主客意向大多直指当局的腐败无能，逆天悖理。父亲面对他们可以抨击时政，痛骂老蒋等无能、腐败、贪婪的当政者，似乎比沦陷时期少有顾忌。而我也开始关注家里书房增添的一类新书，多半是这些年轻客人随身带来。诸如《共产党宣言》《社会发展史》《马恩列斯论文艺》等等。这些印刷品，大多纸张粗糙，装订简陋，甚至译文有失规范，但都被大家视为珍稀。后来渐渐知道，有些是解放区出版，有些是苏联外文出版社直接编译中文出版物。

这个时期的同乡子侄和父亲教的部分学生，也和沦陷时期一样，时常遇到麻烦和危险。只不过被捕入狱的原因不再是反日，而是反对国民党当局。但是，父母告诉我，在我们的圈子里，那些父母叫我称之为大哥大姐的年轻人，还没有真正出现过自首、悔过、出卖他人以自保的变节分子。虽然其中不少在日后起伏接连的动荡中，曾经横遭诬陷，再次身陷囹圄。另有三五，由于理想与信念不同，离开大陆。小时候和我玩得最好的李本题叔叔，就是在那个年头，又一次，提着旅行小皮箱，风尘仆仆，来我家，匆匆告别去了台湾地区后又赴美，终老于斯。孙硕人叔叔，追随恩师英千里，原辅仁大学西语系主任在南京政府任职。由于他杰出的英语能力，其时曾被联合国选中，受邀于该组织驻加拿大机构，但是为与家中父母妻儿长聚，他选择了一个劳心力、乏筋骨、脱胎换骨、洗心革面的过程，为新生政权奉献了后半生。

父亲此时，有一点还是像沦陷时期一样，偶尔要为他的年轻朋友奔走，参与解救他们出狱。按照他的说法，这并不十分困难：如果事主身在囹圄没有招认或背叛，也就是暴露身份，外边找有资质商家出面以“铺保”形式，多可保其重获自由。在此一链接之中，父亲那些乡音浓重的胶东同乡商行东家掌柜，确实起到过扎实有效的作用。正因有过如此经历，父亲直到20世纪70年代后，还接待过几起政审干部前来“外调”，帮助他们，如刘澜波伯伯诸位，于日寇或民国时代曾经被敌人迫害的老同志厘清洗白罪愆，重获解放。

印象最深的一桩，是前述安民（安邦蓬）大哥的出狱。他是那一些离开故乡芝罘外出子弟当中年龄较长一位，人品学问也是其中佼佼者，又是芝罘较早的共产党员（曾口呼“我不下地狱，谁下地狱”而慷慨就义的安氏先烈，是其族叔）。安民大哥在日寇及国民党时期长期入狱，抗战胜利后趁国共短暂和平谈判之机，才有幸重获自由。

其时安民大哥在北平同宗堂弟前述邦英大哥，毕业于辅仁大学历史系后留校，早已加入国民党。喜获族兄获释消息，邦英大哥立即呼朋引友届时赶至狱门迎接。唯其按亲疏而论关系最为密切之堂弟，前述绰号“财迷”者，拒绝前往。众人到达，等安民大哥走出狱门，邦英大哥立即健步相迎，朗声说道：“你我政见不同，但我们是兄弟亲族！”他们日后出入我家，听其朋辈重述此事，深深有感于心，至今未敢遗忘。

安邦英大哥因其憨厚热切性格而常为弟兄朋友们喜爱，被以故乡方言形容为“虎蚩蚩的”，似意为少年气盛，失之冲动莽撞。唯50年代以来，为

“历史问题”所累，60年代以降，任教山东曲阜师大，终老于兹，学问抱负终未得尽行施展。

此时期与父亲过从最密的新至交，首推父亲本校本系亲炙的小友孙静生学长，河北沧州人，其父是北平（男子）第三中学校长。他不像当时大城市中高等知识人家通常青年子弟所易于流露的伶俐活跃，自矜优裕，以致虚华轻狂；而是谦恭和蔼，朴实腼腆，扎实刻苦。抗战胜利到解放战争（内战）期间，恰值中共地下工作配合地面公开政治军事斗争炽烈之际，犹如待发火山，岩浆汹涌，北平大中学校左翼师生，更是促成北平和平解放的一支举足轻重的别动队。辅仁大学也非例外。孙静生师兄是该校西语系中最活跃的一员。父亲正属于他“争取”的重点对象。

那时候，身为积极投入反蒋的激进学生，个人的大好春光多用于政治活动，临近期考，特别是毕业应对考试和呈递论文大多不可避免遇到尴尬，请求老师推助，本是理所当然，其中静生学长来家里求教父亲最为频繁。结果是父亲帮助他较顺利完成了最终的学业，而他也帮助父亲解决了笔墨文章之外的很多困惑。本来，综合各方面情况，父亲是当时在西语系师生中，最为重点的“争取对象”，到我家来，于公于私，都是顺理成章。而由于这位孙师兄的诚恳、质朴、执着，父亲在学业上帮他排疑解惑完成论述之余，也在他的帮助下，排除了自己对相关大国小我前景的种种困惑，启动了头脑中一些根本性的改弦更张。

从父亲完整人生途程看，他算是历经清末、民国、共和国三代，兼涉中西、融贯古今的学者。他为人处世情理并重，讲求实际，不尚空谈，内在气质厚朴稳健，沉郁多思。但他从来不是穷尽碧落黄泉开创立新的智者哲人。——也正因如此，选择做翻译家，而不是创作者，也恰是对自己个体的知人善任，或谓自知之明。从青春焕发到晚景沉郁，他自始虽胸无大志，修身并非意图治国，以平天下，但毕生恪守旷达的中庸，先求安家，后继利他。而在他年届知天命上下，欣逢祖国那次经历天地巨变的紧要关节之点，他的内心深处，也与外在世界同步翻覆。从青年时代开始，他所亲历目睹的那个走出帝制、踉跄建立的民国，曾经赋予年少气盛的他喷薄的希望与晦暗的失望。尤其是在抗战胜利后，这种失望已落得无可奈何。一次次的绝望向他证实，无后主义本来仍然是一条更可行的道路。心怀如是绝望，作为一个有执爱之心而又有责任心的父亲，他更多的担忧与绝望，是为了自己两个女儿的未来。心情常是沉重的痛苦与悲哀，也正是他酒后慨然长啸的原因。而且自身环境与性格使然，在当时的中国，他是孤独无助的。只有叶维之叔叔，差可相与为伴。——由于一些个人身体原因，叶叔叔无后。

唯一给了父亲希望和轻松的，就是单大叔、孙静生师兄。他们在客厅里单独面对，促膝密谈，帮助父亲渐渐接受新理念，获得新思路。其实，真正对父亲做共产主义思想启蒙的人，最早还是北大求学时期的挚友刘澜波伯伯，他把自己的绝大部分年华都献给了革命。

父亲只比他年长数月。20世纪的20年代之初，他俩相识于天津南开中学。那时他俩都是初次负笈远行，相仿的年齿及家庭背景令他们有缘相聚，成为同食同宿的伙伴。共有的道德观念、言谈举止使他们互尊互重，不同的性格气质又使他们互敬互补。在北大，刘伯伯读政治系，早年即显现出从政的抱负及才干。直至晚年，父亲对我们谈起，刘伯伯当年已显示出办事、交际能力，以及帮助他处理生活问题的明哲妥善，仍然赞不绝口。刘伯伯从参与北大的共产党组织活动被捕入狱，就终身和这个主义及理想结下了不解之缘，但是他又从未意欲父亲介入其中。凭借对人对事的早熟洞悉能力，他起初就看出，父亲是书生型人，理应遵循自己特点尽情发展，选择不同道路、方式，这同样可以为国为民有所作为。及至“文革”过后，伯伯最后一次走出十年炼狱，在医院治病康复，我陪老父前去阜外医院探望，他们仍是重逢如故旧。即使在北平解放之初，伯伯由他的秘书陪同前来家中和父亲叙旧，一走进我们中南海西侧李阁老胡同内小堂胡同父亲40年代购置的小四合院，一边环顾一边还笑嘻嘻地说：“谷若，你还弄了这么一处小房儿啊……”语气间略带惊叹。

可以想象，伯伯这一句话当中包含了多少往事！

1982年刘伯伯走完了他革命的一生。他曾执掌的电力工业部派车前来接父亲去参加他的葬礼。他是第一个使父亲头脑里有了共产主义概念的人。刘伯伯解放后的来访，自然加深了此一印象。然而，父亲也不是那种轻易经一点开化，立即大彻大悟，随即事事盲从之人。在竭力从思想和行动上进行准备，迎接已在剥啄敲门的新时代、新生活之际，他还是心怀种种疑虑与犹豫。其中最首要困惑之事，就是英语教学这个行当今后是否还会存在，他本人连带家人会不会面临失业之困。于是，开始筹划失业后的作为。起初他暗暗设想，一个知识分子，抛开书本离开学校，最好成为一个自食其力的劳动者……

那天，他背着手在屋内的花瓷砖地上踱步。反反复复，满脸严肃，绞尽脑汁，就像他在翻译中遇到了找不到最恰当对应词的时候那样。

“做什么好？做什么好？”内心正在念念于此，他猛然抬头，隔着窗户看到，母亲正在从储物屋里往外搬一台石头小水磨，是家里偶尔兴之所至，自己做豆腐用的，父亲的大脑于是灵光一闪，口中说出：“做豆腐！好，卖豆腐！”

豆腐有利于国计民生……共产主义也要吃，豆腐应和供需规律……家里积累有经验，连孩子都会做……自己做的豆腐更新鲜可口，以前送人常得到啧啧称赞……小生意，不赔本……也不是过重的体力活儿……

于是立即活泼起来，又拿出他做学问的派头，把此一计划前前后后里里外外都想得周周全全。那天晚饭没有喝酒，边吃饭边滔滔不绝地和我们仨说起将来以卖豆腐为生的缘由和人事安排：母亲主管制作，全家人都搭把手；最后父亲骑上自行车挨家挨户去送售。

几天前刚好花费六袋面粉买了一辆自行车，他立刻开始练习骑车。不幸的是，他人到中年，开始发福，再加上平时缺少运动，腿脚开始变得笨重，突然学起车来也大不易。这辆“新”自行车也显得极不配合！这其中还颇有一番故事。

父亲当时主要在辅仁大学任课，“胜利”以来又像战前，还常在北大、师大等校兼课，家务中像买自行车之类需要小小有所花费之事，总是托付晚辈亲友或学生中的内行能人代理。买这辆车，就是辅仁毕业的一位老学生一手操办。这位郝姓大师兄本也是孙、李二位的同班，来自河北一没落地主家庭，有办事能力及兴趣。他又是孙、李等几位常来共享母亲家常便饭中的一员。父亲也偶以俗事相托。同窗背后为其取美号为“郝大褂子”，大约是嫌他穿着不起西装革履，如今看来似乎不大厚道；其实也暗含着对其自身言行举止的褒贬。我们仅以替父亲买自行车为例看看：

当时，北方市面唯一可买到的正牌自行车是天津产中字牌，即解放后数十年独霸北方市场飞鸽牌的前身。父亲托郝师兄买车时，一辆中字牌女车的市价是六袋面粉。我同龄亲友女孩，如有辆崭新结实的中字牌，还真会赢得无限风光。根据郝师兄建议，父亲也买女车，因为上下车时更方便安全，这也是当时较年长或骑术略逊男性所选的上策。父亲以一己自知之明，欣然采纳。但是，郝大师兄却似乎并未如此“好”地不负此托，最后骑送到家里来的是一辆杂牌，是人家用外国产破旧零件攒起来的，据说比国产车结实快捷。那时确实有不少能人会用这种材料自己攒车，骑起来快感绝不在飞利浦、凤头之下；郝叔叔捣鼓来的这辆，则与之风马牛：骨架钢圈都轻薄似铁皮，父亲甫跨上车座，即颤巍巍似欲散架。双脚甫蹬上脚踏，胯下水平车座立即呈垂直而立，父亲只好也立即四肢竭力支撑，从后倒退而下车摆脱。如此，母亲只说是父亲肢体笨拙，不适宜骑车。父亲则以自我哂笑而罢学。如此，这辆原本欲以其作为投入父母合营豆腐作坊生产资料的杂牌女自行车，就无形中变成了我上学的代步工具。因为我比父亲身体自然轻巧多多，它那脆弱的构架尚堪承受。只不过，每当我从家到校途中过马路时稍有疏忽，此车车轮就落入当时电车铁轨凹槽，它那软似薄铁片的瓦圈就立即变形，需要手推到近便修车摊铺“拿龙”；每当我和同学骑行远游，彼此间呼啸着大撒把比赛，兴致高昂之间，唯我这辆特殊攒凑铁骑会在紧要关头戛然掉链罢奔，累及一行同学。悻悻回到家中，不禁会对好师兄、坏师兄给我出行带来的尴尬略放微词，父亲则会以“他家孩子多，生活有困难”这类为之袒护。

购车事件仅为郝师兄助父亲办事一例，其余处父亲也并非无所觉察，但每听我在耳边絮聒，他总会喃喃以对：“他有困难。人与人应互相体谅帮助。”

这位郝师兄解放后加入党组织，升任中学校长，经济生活大大改善，再来就食时，对我们还常大言其面对全校师生做“大报告”忆苦思甜或宣讲国际形势盛况，面对我重做演讲之间，眉飞色舞，捋袖揎拳。这辆我第一次拥有的自行车，则伴我至高中二年级，才被母亲亲自带领我购于前门劝业场的一辆飞鸽牌漂亮女车所代替。而父亲当年学车不成，把车传给我之时还说：“咱们要是非做豆腐的话，就由你骑车去送货，我管理账目。”

那时他说得甚为认真，因为大家都前途未卜。未雨绸缪，设想出多种可能性，才能处乱不惊。

也就是在他倒剪双臂在客厅往来踱步冥思苦想之际，还有件凶险之事，令他忧心忡忡，就是一旦战事打起，围城突破，怎样谨防溃败逃兵蹿入院内烧杀淫掠。乡间老人所谓善相面者说，父亲是福相，祖母对我说是“你爹八字好”。信然！他老人家，相比于绝大多数国人同胞，甚至母亲，甚至我们两个孩子，一生不曾身临其境地遭遇水火刀枪、惊涛骇浪之险。但就是在其粗中有细的思维方式中，也可见其出于对满院妇孺家人安危的担当。大概是参照了早年看历代笔记杂文对危城困顿的描述，他于是郑重提醒全院男女老少，如何大量准备开水，如有越垣伤兵溃军逃卒来犯，立即上房（北京的小四合院多以房屋后墙兼为院墙）浇开水驱赶。

真不知应该到底托何人何物之福，北平终于奇迹般地以和平解放而一夜脱险！父亲在书斋中编导的惊悚惨烈小品也才因此而未得实地上演机会！

如果是在天津，又谁知后果将是如何?

1949年1月31日（大年初三）连阴雨后倏忽放晴。

此前，1948年的冬天，北平奇冷，天寒地冻，清早上学，浑身上下衣帽手套口罩都裹得严严实实。路面上盖着一层又光又硬的冰壳。骑车上学，自然排成长长的竖队，一个人滑倒，跟着就是哗啦啦一长串多米诺效应。我也加入了一些另类男孩子的别动队，把书包往后背上一捆（那时候还不兴如今这种方便的背包），蹬上冰鞋，一路滑着冰泥去上学。但是与往年不同一般的主要不在大自然的气候，而是人文的气候。入冬以来，河北平原上的解放战争真是势如破竹般地取得节节胜利。1949年刚刚过去两周半个月，经过激战的天津喜获解放。北平的各色人等，动向各不相同，唯独没有把这个“年”放在心上。

第十章

试从上游

50年代父亲和同事、学生们在未名湖留影，后排左二为李赋宁伯伯

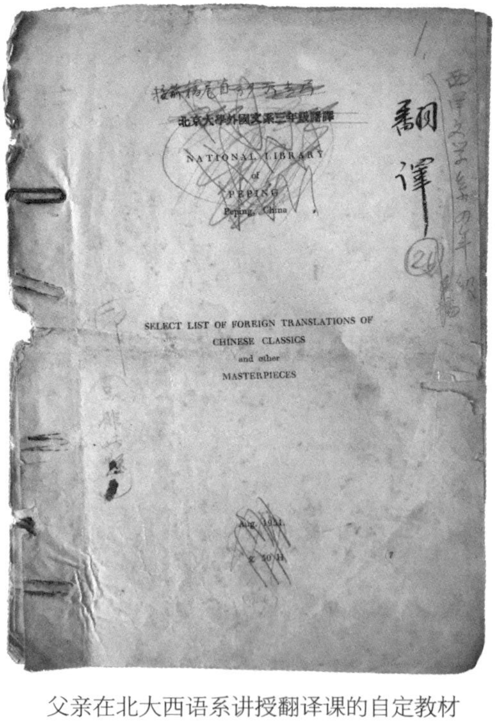

父亲在北大西语系讲授翻译课的自定教材

如果稍稍开启一点想象力，可以把那时的北平当成一片面迎风暴的大海。在“白蒙蒙的海面的上头”[①]旧有的达官权贵抢得机票，立变为展翅的大鸟，乘风逃遁；也许还来得及携带亲眷和细软。我们小学原来插班入学的那些鼻孔朝天、功课糟糕的“空军的女儿”也一夜间无影无踪。匍匐于低地滩涂岩洞的黔首苍生则在静静观望。他们本来就拥有甚少，甚或一无所有，也无须惴惴于所失。只有那曾被作家誉为“勇者”的小灰鸟，闪电般矫捷地在浪与云间隆隆雷声中翻飞弄潮。父亲不是海燕，也不是那些哼哼唧唧魂不附体的潜水鸟（在芝罘，渔民给它们的俗名是鱼贼，因为它一飞冲天，倏忽坠落，迅速下潜，纯粹是为了偷掠它高高在上时已经看准了的浅水之鱼）。

父亲不过是像一只静静灰白的海鸥：他早已接受了他那寥寥几位勇敢的海燕老友发给他的信号，而且已经读懂。他没有过于受到闪电雷鸣的惊吓，也没有产生恐惧。是啊，他此时即将届知天命。此前的数年当中，经过回顾与反思，又在几位同龄和晚辈挚友的启发引导之下，他对于自己后半生的步履指向，已有定数。平常人说：“人过四十天过午。”文化科学日益昌明的时代，人的平均寿命日益延伸，父亲又生在一个遗传基因中包含长寿密码的家族，他上方的那一轮“日头”（胶东方言的说法），恰也方中，丝毫没有偏西。

因为对于时局突变事前多少已有心理准备，此次年节、寒假刚刚过去，新学期伊始，他依旧每天晨昏夹着磨得光光的二手货老牛皮讲义夹，往来于家门和校门间，脚步快速而又沉重，从中可以听出，他对已降临的新纪元充满期待；即使步入晚年，他走起路来仍能把地面踏得咚咚山响，还在胡

---

① 引自高尔基的《海燕之歌》，据瞿秋白译文。

同口很远，家里人就听出他回来了。

大学里英文专业的课程没有停止，自然幸免了时局变化可能带来的失业之虞。家中那台迷你手推水磨仍偶尔亮相，只不过是母亲为使大家尝到刚出锅的鲜豆腐，而总算保留了其一方用武之地。但父亲除去教课，各种大小会议频繁。生活节奏加快，心情更显得轻松。

由于他的年龄和教龄，再由于他平时在学校给人留下的印象，以及他积极投入一系列空前的运动，在辅仁西语系外国人系主任桑神父离开后——用当时流行的话语方式，是“外国人给赶跑了”——于是有了父亲代理系主任这段经历。此事我是在其后二十余年，读研究者为父亲编的年表才初次发现，父亲自己从未对家里人提起；更未听他说过那两年有何等行政业绩方面的出色表现。不过正当其时，也才有了为参加共和国第一个国庆观礼，而借穿同事西装之事。——还应交代清楚的是，那时他只是登上天安门城楼下两侧临时搭建的那两方小观礼台。从那时开始多少年，每逢盛大庆典，都会临时搭建。

那时大学学校外语教师当中又刮起一阵学俄语之风。父亲也在“向苏联老大哥学习”声中，跟风购买了附带黑胶硬唱盘的俄语课本。周末在家从А、Б、В、Г、Д、Е、Ё、Ж学起。大概是太老了，已找不回他早年的气盛强记。那一大摞唱片及匹配的纸质课本，随着他自学课程的不断调整，不断变换着收藏的适宜角落，终未发挥功效。

在一个难得休息的周末晚饭后，父亲又开始在屋内踱步沉思。这本是父亲做学问遇到难题时的一种常态，我自幼见怪不怪；但是近来已好久没有这样，而且此次时间超长。再细看他脸上表情，着了疯魔似的忽嗔忽愧忽喜忽悲，变化多端之际，又都离不开一种认真，这更是从未见过。我禁不住大喊起来：“爸，你怎么啦！”

父亲猛然被我唤醒，停下脚步，对我轻轻颤声说道：“学生们对我太好了。”

以己推人，据我当时在自己中学里和同学们一起对自己老师所言所行，父亲的如此动情，兼及动容，已是不言而喻。这是在解放初期，抗美援朝、“三反”“五反”、思想改造系列链接之中，也是我生平第一次所看到，父亲眼中流出的泪。

如此表现，他也许另外还有一次，应该就在当日白天的会上。学生们和风细雨，苦口婆心帮助老师分析、认识、挖掘、批判，令人感激涕零……那都可以想见，虽然我并未身在现场。

此前半年，我小学毕业，考取师大女附中。这曾大出自己的小学校师生和家人意料之外，因为平时出奇地顽劣贪玩。其实秘诀只在临考前停课温习的一周，在西单商场买了一本较厚的《升学指南》，恶补了一阵。

父亲在我侥幸被录取后，才对我说出将来送我上美国学校和留学的意向。不到一年之间，新中国红日初升，新生活带来无限希望，出洋留学对于父亲本人，已失去其魅力；看到其时已步入青春躁动的我，正在无忧无虑全身心投入新时代洪流，如鱼得水地奔腾跳跃，他那久郁的心结，渐渐附体在我身上得到化解。

到了初中三年级，我正在学校狂热参加各种抗美援朝支援及宣传活动。一天，听完归国志愿军英雄演说自己辗转于朝鲜崇山峻岭舍生忘死英勇激战的报告，兴奋不已，和全校沸腾的师生一起，报名参加了志愿军。中午，兴冲冲跑回家，在饭桌上，劈头就是一句：“我已经参军啦！”

父亲微微一愣。我则一心想着，过两天就可以穿上军装，扛起枪，“雄赳赳，气昂昂，跨过鸭绿江”了，根本没注意整个一顿午饭，大家始终沉默不语。

随后我又一任自己兴冲冲跑回学校，下学后又兴冲冲回到家里。晚饭前，母亲就悄悄跟我说了：“你爸吃过午饭后，来回看挂在床头墙面的他和你小时候那些相片，哭了……”

我的心立刻沉静下来，茫然无底。

晚饭时，我才意识到大家又都沉默不语。最后才听到父亲对我低声说了一句："你就参加文工团好了，不要到前线打仗！"

我心中还是一片茫然。但是，少年气盛的我，心性却又是那样浮躁不堪，转瞬之间就把父亲的话和泪抛到九霄云外。

没过两天，我们学校师生的满腔热情即得到了冷静的答案：初中部每班只选中三四个年龄大、勉强够上十六岁（实指虚岁）的同学，大多加入了军事干部学校。这是训练班性质的学校，专为补充当时军队缺少有文化的初级干部而设立。

那时的我，可憾地只有十四！

欢送大会后，我紧贴在胸前挂着大红花的几位荣膺学友身旁合影留念，心中羡慕不已。不久之后，志愿军文工团归国，为补充新员又到学校招选。我嗓子尚未"倒仓"，正在童声清亮，一曲冲天之际，本已承蒙学校选拔推荐上报，还是由于年龄过小，愿望落空。父母虽未说任何话，应该是总算放下心来。

大学的英语课还在继续，父亲在自我转变—改造—否定当中，思想不再固执胶着，脾气也变得温和柔顺。不过，父亲毕竟是一个成熟的中年知识分子，比我这幼稚发热的孩子冷静得多。那时正是大中学校里普及共产主义理想教育之际，我天天梦想着不久的将来，大家就要迈进共产主义社会，到处一片光辉灿烂。一天家里开晚饭时，面对餐桌上方不大明亮的电灯泡，我想起了列宁的教导"共产主义就是苏维埃政权加全国电气化"，而信心满满。

面对母亲摆好的可口鱼、肉、菜蔬和小站稻白米饭，大家举起筷子，父亲下箸前说了一句："假如全国都吃得像咱们家这样了，也就是共产主义了。"

我一听，立刻把嘴角撇得靠近耳朵，大喊起来："呦……您怎么这么保守啊！"

父亲苦笑不语。他向来是一语道出自己见解，几乎从不和人反唇相讥论争辩驳。

新中国诞生不久，百废待兴，半个世纪以来开启的中国近代高等教育也迎来了它的第一次大手笔改革，也就是所谓院系调整。在此次大调整、大变动中，辅仁大学西语系大部分师生划归天津南开大学，高年级学生及少数教职人员，并入北京大学西语系。父亲这个代理主任则顺其流而“首领”此小队，归宁他的母家。

此处笔者不畏用词不当之嫌，称父亲此举为归宁，盖其距此时二十余年前即为北大西语系学生；毕业后，除沦陷期间，又断续于母校兼课。至于谓父亲顺其流云云，则因笔者顾后瞻前，父亲生平在辅仁大学西语系的末期受命代理主任，还是他生平第一次当“官儿”，而其志并不在此，与其心性也并不协调。

说起1952年这一次中国近现代高等教育机构大改革，也是史无前例。是年夏秋迅速完成。父亲原在辅仁结束了春季学期教学、会考，本准备照例暑期在家好好放松休息，不料接到通知，随同教育部邀请各校教授到青岛参观、开会。如今看来，这也是当时所谓院系调整工作的一举热身动作。父亲此时已真正的年近半百，又长年缺乏体育锻炼，发福已成定格；再加上近十年蛰居北京城里，绝大多数时间只往来于家门、校门等短距离之间，居家又几乎从不染指体力家务，在青岛夏日这半与会半休闲之旅，对于他，简直成了一劫。回到家中，没听他谈到更多异地风光、集体生活、聚会旨要；而多有低声自叹：“上厕所都得排队，于己于人多少是个麻烦！”

他长期伏案而坐，奇缺运动，早早即患痔疮，老来日甚。当时，我和母亲还都没有意识到，父亲定居京华二十余年来，已经被家人“娇惯”坏，渐渐失去生活自理能力。

短暂的青岛之行结束回到北京，父亲和他辅仁西语系同事的归属就已揭晓。

“嚯！各路诸侯都到齐了！”

1952年秋季学期伊始，四面八方会集而来北京大学西语系的教师全班人马首次聚齐，原北京大学杨周翰教授一踏进会场就语出赞叹。

杨周翰先生，原北大西语系主任。祖籍苏州，生于北京，北大、牛津出身，中英文口音纯正，举手投足之间，潇洒倜傥，至晚岁仍不失其翩翩然饱学之士风度。先生与李赋宁先生都是30年代民国时期鹊起英才，比父亲晚生十余岁，以其学识才华而颇为父亲敬慕。至今，家中书橱珍藏二位持赠签钤著、译数种。50年代之初，“诸侯”群集燕园的北大，先生尚在青壮年，夫人王还亦为业内女中翘楚。夫妇属晚婚晚育，喜得爱女尚在襁褓。杨先生身为“洋派”年轻教授，守护婴儿重任，不能恪守中华旧习全盘推给职业为妻者，于是夫妻商定，二人分时段轮流担当。一日，系主任吴达元先生，杨先生曾经随其学法语之师，前来议事，恰逢王还先生轮值时满，遂径将幼女抱送客厅杨先生怀中接力。杨先生则坦然怀抱嗷嗷幼儿，继续待客议事。当其时，西语系一些较年轻“洋派”名师之不拘礼俗，特立独行，于此等细节可见一斑。

70年代末拨乱反正以来，先生每由西郊燕园进城探望族人，常顺访父亲。一次，我陪父亲恭送至门外，先生一路问我：“听说你最近在写《狄更斯传》吧？”

当时，以京津两地部分高等院校外国文学教师为主体，和北京出版社合作，策划出版的一套小型外国经典作家传记（“外国文学知识丛书”），《狄更斯传》是其中之一，在组稿期间，迟迟未得落实。因我正于此前助理父亲翻译狄更斯的《大卫·考坡菲》，并为此译本撰写序言，有业内朋友辗转相约，我即以初生牛犊态势，斗胆承担。但也明知，此书（《英国伟大的小说家——狄更斯》）虽为低端普及型图书，却是拨乱反正之后，甚至新中国建始至彼时唯独一部国人自撰狄氏研究类作品。自身既为业余作者，了无定力，忐忑行文，实在不敢为外人道；而恰当此时，此丛书相关操持人，曾请杨先生任顾问，先生于是偶然得知信息，此时问及我，我不禁羞愧，只得嗫嚅对曰：“那是在瞎胡闹……”

杨先生竟率然附和：“哈，都是在瞎胡闹呢！”

一句话，不是通常的鼓励套语，恰指明面临当时百废待兴局面，人们遇事往往不得已而又奋勇为之的必然。这既令我顷刻释怀，也鼓励我勇气倍增。从此于上班之余夜夜奋笔，两月后，初稿完成，不久如期付梓，问世，获得业内及社会认可。究其事前动力，这当然也包含了杨先生的一份鼓励。

“文革”之期，因一些无端“历史问题”，先生子女受累，夫妻心情郁郁，幸得80年代后期，短短数年，献出足以显现其功底实力累累成果，不料过早辞世！苟得上苍假以天年，我等后辈定当多得享其厚惠。

再说当时那场“诸侯”盟会，各大学领军者，都是当之无愧顶尖精英，除出身自国内名校，身为外文师资，又绝大多数拥有海外留学经历。辅仁本是一小规模大学，西语系起初又多为外国天主教和外籍人管理、任课。这些教授先生一去，像父亲这样非外、非教、非党非派年长且被师生认可的教授，就暂时充当了廖化。但他的生性懒散又兼不擅行政庶务，虽被迫上架，也难避免有负众望。他“带过去”的一队辅仁班底，暗示他为自己人如何如何，他反应不敏；相较原来各校头目主动积极相聚，共议大事，他明显被动迟钝。一向热情积极的原清华系主任吴达元先生就亲口对父亲说过：“看来你也是个不大管闲事的人！”

过了这段从早到晚座谈共议时日，系内行政、教学大计尘埃落定，教职员工已各自调整分配住房。父亲和非燕大原生员工也在校区内分有住房。当时学校是以出租方式给员工分配，租金及水电费都极低廉。父亲从原在老北大求学，到在京成家立业，早已习惯并满足于老北京城中心圈内居家，同时考虑到母亲日渐衰弱，就医方便，便维持原住所不动，放弃了学校所分配燕园校区内一所小桥流水中式小院。和他同时，在城内同样也有自己住房的法语专业曾觉之老教授，也没有向西郊迁移。

当时，学校为照顾父亲时有晚间开会，往返不便，又给他另配一间单人宿舍，在紧邻未名湖北岸健斋110号。老燕京时期，和此斋连绵错落的一带七栋斋楼，原皆为老燕京男生宿舍。父亲的一间，窗口正对湖面岸边草地，从春到秋花草不断。这间充其量不过二十平方米的一品宿舍，也成为父亲和同事们开小型会议的场所。

与健斋相隔的连绵六栋斋楼群中，还特配备有一座教授食堂，中西餐兼供，一段时期还专设有西餐厅。传闻那时学校食堂管理员袁先生是袁世凯众公子之一。赫赫家世，身手口味毕竟不凡，把师生的伙食办得有声有色、有香有味！但这只是传闻，未经确证。除此之外，附近燕园东、西门街巷等处，还有历年开设各有特色私家饭庄、小馆，师生们平时一日三餐堂食之外，还去校外“改善生活”，聚餐独享，均甚方便；自然也为父亲随时答谢住在校区常以家宴款待他的系内同事提供了方便。

1955年父亲在健斋和年轻同事讨论备课

世间往往也有诸多巧合，其实也是奇缘！

父亲从辅仁跨入北大不过两年，我也从师大女附中毕业，考中北大中文系。我和父亲遂又成为隔代同学校友！

原来从高中起，我们班每个学生都在盘算高考。假如哪位不在此列，倒还真得算是另类。而那时代为父母者，于自己即将高中毕业子女，大多视之为准成年。对其生活、学习、前途之处理与思考，似乎大多已交付其本人独立思考，父母权柄尚多不如毕业班老师，特别是班主任。据此，学生高考之确定志向、选择学校专业，家长发言分量，甚至不如同学彼此。这本非有任何既定之规，而只是在无形之中。

如今回忆起来，我的高考之事，确实丝毫没有坐下来和父母正经商量，只是随便一说。——惭愧地说，那时我狂妄无度，一心想要当诗人，自然必考中文系，且非北大不入。一言出口，父亲干脆几个字表达异议："写诗挣不得饭吃，大学中文系也不培养诗人。"

母亲则轻柔地说："我是想让你学医，将来对人人都有用处。"

恕我妄言：中小学以来，文科、写作很早就显现出是我的强项。最早发现的，还是初二时的班主任、优秀史地老师高凤鸾先生。就在按当时学校规定每天阅读我的日记时，她在我的日记本上留下过如此批语："你文笔不错，将来可朝这方面发展。"入共青团（起初称社会主义青年团）后，做团的宣传委员、少先队的辅导员，在校内外大小集会演出时，常要编歌词、朗诵诗，不知觉地在同辈男女中、学生中，弄出点小名气。回到家里，父亲忙他的教学，母亲忙她的家务，我忙自己的功课和写稿，我的那些课外社会活动，他们一无所知。一次偶然，父亲在我书桌上信手翻阅一个笔记本。上中学开始，父母每月给我三元钱零用，我大多用于购买书刊，其中有当时流行民歌类诗集，如陕北《信天游》、蒙古民歌《爬山调》，还有诗人李季的长诗《王贵与李香香》、田间的抗日诗抄、马凡陀（袁水拍）的讽刺诗等。我读后，开始写格调曲式类民歌体长短句。一次奉老师之命，为学校举办纪念太平天国起义一百周年诗歌联唱演出写出长篇《太平天国颂歌》。演出次日，《光明日报》有图文报道。此类本人“优胜记略”，我未对父母说过。是父亲在我书桌上偶然发现那个薄薄的笔记本，才暴露了秘密。

想起前一年多未解放那时候，我刚上初一，冬日雪后读语文课本上柳宗元的五言绝句《江雪》，效颦大观园内起社赛诗，写了一首犯格的咏雪五言绝句，鼓起勇气出示于父亲，立遭鄙弃，而此时父亲态度，则可谓有别天壤！也就是这个时期社会环境的变化，加上我中学、大学入学考试均差可如愿以偿，以及写作上的这些初步表象，都渐渐消解了父亲对我未来“饿肚子”的忧惧。其实他对己、对儿女向来都并不抱有野心，只不过是心怀那一点点从我出生伊始就回荡胸臆的卑微愿望，用他自己的话说出来，就是：“将来不受罪！”

我也曾问起他在南开中学作文比赛的“优胜记略”。最后，他特意加上几句：“那时候我也作诗，投稿，但是很快就明白了，诗不能填饱肚子。一个乡下孩子出来求学，首先得想好怎样给自己谋一条实际生路。”

也许，这只是他一贯甘于平顺、安适，也是惬意，也是平庸，不求冒险突进的原因……无论如何，我还是渐渐明白了，这个简单的父亲个体，又是那样的多元：粗糙—细腻，钟情—尚理，现实—浪漫，超逸—世俗……不成体系，不入哲流……世上本没有单一的人，即使智障……

考进北大的起初两年，正是我自我感觉不可一世，不知天高地厚达到登峰造极之时，天天做着九重天上之梦。中秋节夜晚回家，和父母、妹妹一起照惯例在院中饮酒、吃蟹、赏月。

父亲微醺，专门面对我说了一句：“你将来要是达到我这样，也就不错了。”

我立刻又是把嘴角撇到耳根说：“当个教授算什么？我要当大作家！”

父亲还是沉默不语，没有辩驳，也没有讥讽。倒是我自己，如今忆起，不禁赧颜。

回到20世纪50年代：此时期之初的院系调整北京和全国各大专院校、各个科系师资，都是以二三十年代开始崭露头角的专业学人为教学骨干力量。他们是那个世纪之初，推翻帝制之后，中国推行现代教育结来不易的第一批硕果。北京大学西语系无疑也是人才荟萃。基于他们本身的天赋资质勤奋修炼，加之他们有幸承接的中国久远文化渊源，以及亲历故国种种苦难实际生活的熔冶，无论在人格品行、治学立说，或传递后继方面，都是国家难以估量的宝贵财富。父亲在这样一种自然与人文环境中就职，也像他在辅仁西语系一样安逸畅快。初始陌生的同事，立即能和睦交往。闲时他也在家里说起，大学文科的人事关系，以西语系较之文史系，通常更加宽松单纯。那时我还懵懂未开，根本不懂“人事关系”为何物，如今也经历了将近一生的世事苍茫，回想当年父亲此言确是无差！直至不久之前，我供职单位内一位学部委员级学长兼同事为介子工作琐事来电商谈，最后，我还曾不禁以直言奉告“我等学涉西方文化学人，似应多设些许人文色彩，擅以平等待人”云云。

事实上，我这不逊之言，又是多么逆耳！

当时与父亲同语种或合作或谓教授平行班的教师，较年长者如潘家洵，较年轻者如杨周翰、李赋宁等，还有德语专业、父亲北大求学期间同龄学友冯至诸位先生，都与父亲有如水之交。这些先生，除冯、李二位，大多为南人。虽言谈行止与父亲大有细节出入，但彼此都甚爱慕、钦敬。因为父亲住城里，赶上雨雪天气，常有不便；再赶上在潘家洵、朱光潜等长者家中开会，中午会有他们留饭。雨天鞋打湿，他们会立即找出自家干爽拖鞋，坚持要客人换上（那时候，寻常天气各家从不准备拖鞋要求来客进门换鞋）。父亲对南方籍老先生此类待客体贴周到，念念不忘。但说到他们的饭食，则有难言：“各式各样小菜盛在小盘小碗里，摆满一桌子，那条鱼也是很小。”说着，还双手拇指、食指对接，在桌子上比画一下。

不久我上大学后，班上也有南方同学，一位女生的母亲招待我便饭时，所遇和父亲早先所述一模一样。这也是中国南北文化不同之一斑。在我所留记忆中，潘家洵、朱光潜二位先生都已是又瘦又小的南方老人，彬彬有礼、和蔼可亲。与父亲这样已发福的半百山东大汉相比，他们食量自然大有别矣。料想当时，父亲在这些精雅细致南方同事家中，很可能食不尽饱；不过事后论起，也不过是觉得，南人北人体貌习性竟有如此差异，十分有趣，如此而已。

前文也曾提到我家待客之道，尤其是逢年过节邀请亲友、同乡在京求学子侄盛况，数十年来一贯是全依故乡旧习；在辅仁十年有余，师生北方人居多，父亲又生性好客，身为年较长、级略高教师，间或邀请学生、同事便饭，本是区区名副其实的家常便饭，不过每餐必设海量尽饱。

初到北大，环境、人事起初都很陌生，在教师群中，论年资、论学历、论声望，父亲均属平平；尤其是从未出国深造，在北大西语系名师中，却还真是有独无偶。

犹如前文所述，鉴于早年与其父母家庭关系中的龃龉不谐，父亲中学时代即已开始略涉工读，完成大学学业，步步登上高等级学府讲堂后，又渐有家室之累，去国遂渐成为一个心结。甚至在抗战胜利后，他已年过四十，第一次收到正副校长陈垣、雷冕签发的教授聘书，他读罢全文，轻轻长叹着说："还是要出去留一次学！"

而当其时，留学于他，就其本身学识修养以及经济条件，都非障碍；最主要之点，是他一时不能妥善安置母亲和我们这两个幼女。平时，父亲在家看似一向至尊至上。实际上，他并未仅以自我维系此一中心地位。我们这个四口之家，每个人都是互依互持，缺一不可。现在父亲虽又单独考虑一已关乎未来发展升迁问题，最后还是为我们大家做出牺牲。而且，也就恰在那个时期，每逢我偶有贪玩，在学业上不肯主动刻苦上进，多少要吃其老拳。——这绝不仅仅是他酒后无行，或借机发泄胸中块垒。他早年因真爱子女而厉行无后，无奈之下先后得我姐妹二人，不求其日后闻达，昭显门庭，只以求得笼而统之的“幸福”二字为要。在多灾难国度多事之季，他更是只求自己的亲生骨肉一生平安，也就是他的口头用语“不受罪”。归根结底，也还是出于爱和责任。至于父亲对于自己想望出国留学，也还另有个人理念，且留下文补述。

50年代的风向，总是流转不定。院系调整初过后，“向科学进军”的号令最为嘹亮。之后，父亲本人，其内心深处，对于本身的长短是非，驾驭能量，始终未失定力。——这自然也有他的教学成果为证。初到北大西语系，父亲这只兀立天鹅之群当中的丑老鸭，既了解客观现实，也富有主观自信。不是虚张声势，夸夸其谈，刻意表现；只在具体实践中，默默坚持，证实自己。

父亲带领辅仁小队人马融入北大，原初辅仁他所教的高年级生，仍由他教授；同级并行班教授是朱光潜老先生。以当时集体备课的要求，父亲与老先生常有工作交往。朱先生年长，斯文周到，其美学专长之名如雷贯耳。他们在一次备课中，就英语语法理解，遇到分歧，父亲竟至翻出例句辩证。

父亲50年代中期和他的同事、学生们

老先生认为，如此似过于较真儿，不以为然。父亲则坚持以《牛津大字典》中词条确凿解释出示其眼前。朱先生读罢，难置可否，口上连连说：“奇怪呀，奇怪……”

不久，又一次共同备课后，朱先生以长者口气对父亲说：“你不懂事。”

几十年过后，我从西北经考试晋京，加入一份研讨翻译刊物编辑工作，曾向这位劫后余生的老先生约稿。去前，父亲帮我寻找他的联系地址、打电话时，想起此事，说到最后还问我：“不知他为什么说我不懂事……”

我当时笑了，乘公交车一路出城向燕园走去，心中自言自语：“是的，父亲，您为学问、为对自己学生而较真儿，没错，但不懂怎样给年长名高者留情面——这不就是不懂事！其实，我也像您一样不懂事。可是，您怎么一直不懂，毕竟，俺们是山东人！不过，话又说回来了，如果您懂得留情面，那么，把错误的东西教给了学生，不是就会让学生又多了一个没弄懂的问题吗？”

然而这些微观点的歧义并不影响这些老先生们的风谊。那天我在燕园这位已更加年老的伯伯家约稿前自报家门，曾受到亲切欢迎。尔后，他的赐稿顺利刊出。此为拨乱反正时期，朱老先生复出后突破“禁忌”，在国内媒体上首次发表文字。

在北大起初几年，父亲每年把包括从原辅仁带过来的高年级同学，送出校门，分散到新生共和国最需要的岗位。世事浮沉，他们有些一帆风顺，更多的则历经坎坷。无论否泰，无论留京或者外放，不少人还是没有忘记那座美丽校园中，家居首都中心陋巷的那个张恩裕（谷若）先生。他们除去节假偶有结伴来访，做普通叙旧，大多是自己也在教书、翻译，编辑当中遇到难题，独自来向老师求救。父亲几乎无一例外帮助他们排疑解惑。同时也会在稍后小坐闲谈中，使他们听到一些当年课堂上没有机会和时间涉及的知识学问。除商务印书馆的资深翻译卢继祖大姐外，还有北京航空航天大学教授江载芬等几位师兄师姐都和我讲过，听父亲在家里客厅沙发上侃侃而谈，总有更多收益和享受。

父亲也喜欢这种与自己年轻朋友平起平坐面面相对的交流互动，甚于自己高踞名堂滔滔倾注。对于悟性较差同学，父亲由于思维简捷，缺乏耐性而难于循循善诱，这在给我幼年做家庭辅导时，尤为显见。父亲面对此类个别学生，自然多所克制；但对天分高者，他还是喜爱由衷，犹如遇到平辈知音。有几位成绩最优秀的学生，像日后成为美国华人有名学者的刘若愚学兄，父亲对当年自己怎样指导他完成毕业论文《弗吉尼亚·伍尔夫研究》，他怎样告辞离京赴美，都念念不忘。80年代中期，刘学长重返北京，其实尚未受到国内学界充分重视，由其长姐刘若端大姐（也是我外文所同事）陪伴，来我们家北京海淀双榆树新居，种种情景，我也至今历历在目。

父亲一生以教书为业，养家糊口，但却终生对于教学本身，从无任何理论方法方面的研究论述。较为明显的则是，对于兴趣资质不同学生，他力行因材施教。在欣赏鼓励优秀学生同时，对于根本不适应本专业同学则从不强逼硬迫，仅劝令转系，以避其所短，就其所长。

直至父亲晚年退休居家，一些四五十年代先后毕业于辅大、北大甚至仅为旁听的师姐、师兄直到八九十年代，在教书、翻译中每逢遇到难解之题，仍然独自来找父亲。李赋宁先生任职系主任后，外地学子慕其名接踵求见解惑，实在应接不暇，常常转介至城中父亲家里，有时还连带他们随身携带的礼品，诸如一抔时令水果、一小盒奶油蛋糕等。据我所见，无论父亲那些往昔“小友”，还是后日陌生年轻来客，每次提问多能立即解决。父亲和这些新知，有些继续保持联系，他们出国后，有些仍千里迢迢投书问候，报告海外求学境况。

大约正是在那个时期，我在西北自行大改行，放弃了新闻工作，开始在省级大学教英语，如此则有机会趁暑期回京照顾父亲，同时在家备课。此时常见他的学生或已留校成为他的青年同事来我家，父亲仍蚩蚩为他们答疑解惑。父亲知道以我当时政治身份，改行是明智之举，但也同时对我人已届中年，而贸然改任新职，甚为质疑；不过并未明确坚持此见并言之于表。此种情形之下，那些学友走后，他会把刚才的问题拿来问我，如果我能圆满解答，他才会面有得色。而且，只有我能暗暗体会到他那种大放宽心的状态。如此两三次之后，他已渐渐转而乐于正面鼓励和具体帮助我解决难题，甚至和我讨论他翻译中遇到的问题。待我回返学校授课，一时也要求父亲与我以英文通信，我称之为对我的函授。

父亲终生以英语专业教书育人，以我个人所见所察，并没有什么奇方妙术，也不注重理论研究，而是凭借他早年奠定的扎实专业基本功，加之长年积累、融会贯通且具有相当深度与广度的学识。许多学长的问学难题，在父亲手中，基本迎刃而解。因此一些已离校很久的学生终生和父亲都既为朋友，又为师生。

他又是一介名副其实的书生，也就是书籍的学生。他一生大部分时间、精力、财力都用于读书、购书、藏书、教书，因此继而以书为师、为友。由于种种主客观原因，身为外国语言文化学者，他始终未得亲赴自己专业语言国深造，看来这本是一大憾事，他本人虽并未深怀留学心结，但也是以加倍勤奋，处处观察，时时留心，在本乡本土尽可能扩大拓宽专业内外的知识。一位北大西语系毕业留校的青年教师曾对我说起：那些年组织师生一起义务劳动，给校园花木除草，教授们边干活边半带竞赛似的（我想当如大观园中之“斗草”者也），用英文或拉丁文辨认那些植物的名字，最终不得不说：“张先生知道得最多。”

我深信此言，而且可举实物补证：翻开父亲早年翻译，商务印书馆版哈代小说《还乡》及《德伯家的苔丝》，各部正文之后，都有大量译者亲撰注释，其中对于作者所设小说地理背景、人物原型以及英格兰多塞特郡土生土长各种花草树木，多有详注。条条都是经中英（拉丁）文字典查对，参照植物图谱书册及在家院、公园、山野实际观察，对比或请教相关学科专家后，才最终定名；随后此类专有名词也自然而深深刻印于其脑海。可见父亲从辅仁始原享有“活字典”“活图书馆”等雅号，并非虚夸浮名。

还有一些受过父亲个别指导的学生和父亲译作的读者，曾窃窃私议：张先生虽然没出去留过学，但他对外国文化、历史、地理、艺术以至民俗、口语所知道的东西，比某一些去过的还多。

英国一位哈代学者托尼·丹尼尔斯，也是哈代作品各国译本收藏家，80年代中期，在英国通过阅读、收藏父亲翻译的《德伯家的苔丝》中译本，和父亲建立起长达十余年通信联系，并多次在英国杂志上著文介绍父亲这位中国的英国文学学者。1988年末，我出访英国，他们夫妇热情接待，特约我在哈代故乡我下榻的旅馆相会，驱车同游。我刚在车内坐定，他开头就对我说：“你父亲信中的那种英文，我们英国这一代人已经写不出来了！”

时光荏苒，世情万变。“文革”前，燕园健斋父亲那间不过十余平方米的书房、卧室兼客厅的单间一品宿舍，也几经变迁。他个人单独使用此屋，大约不过三四年。此期间我进入北大，学生大多是四人一室，每二人一架上下床铺，二人合用一个双屉书桌，课后不可能全室人同时一起自习，需到图书馆或大小阅览室抢占座位，我有时就去到父亲健斋的那间屋里学习。第一次走进这间屋子的前后情景，至今未忘。

那是1954年初秋，我身为一年级新生，开学第一天第一堂两节俄语课结束后，匆匆离开教室，一路直奔未名湖北岸的草地斜坡，坐在柳荫下开始复习刚学过的俄文单词。近午时分，背后突然传来一阵咚咚咚的脚步声。即使是在未名湖畔，我也已经像是身在自己城里家中，从小胡同传来那熟悉的重度和节奏，快速沉重，由远及近。抬头一看，果然是父亲，微笑着站在我背后。他是大近视眼，但却想必也能在未名湖畔从背后远远认出我来；或许，他是不是也想到，我这个生性执拗愚痴的女儿，定会挑选这样的地方看书自习……

随后，父亲领我到了他的那间宿舍。放下讲义夹，又领我去中关园门外一处私家小馆吃了简单的午饭，一客小小的砂锅鸡。如前述，家中母亲无疑是烹饪高手，但是这一餐那只鲜嫩的笋鸡，配以大白菜叶及清汤，还真是我生平初次享用，至今忆及，不禁齿颊微涎。而这个小小饭馆的字号“义和居”所以至今留有印象，则是由于就在这第一学期之初随后几天，我系林焘先生教授现代汉语课上，给我们列举一个例句：“中关园门外有个小饭馆名叫义和居。”曾包含了这个饭馆的名字。想来林先生及北大当年师生，对此饭馆风味，也早留有深刻印象！

父亲居住并独自使用健斋110号的几年，这里也成为我的“别业”。他每离开时，总把钥匙留在门框上，我来随时伸手可得。冬天湖面结冰，我可以在这里自习的间歇，换上冰鞋，打开宽大低矮的窗扇跳出去，蹬冰刀齿尖跑跳到湖上速滑几圈。一年冬季稍迟，好不容易等到上冻，湖上及四周悄无人迹，我就迫不及待地上场。刚起跑溜到中心，就听见脚下冰面嘎嘎作响，随之冰刀划痕也立即绽开裂纹。我快快立挺刀尖打住，身在嘎嘎声中落荒逃窜到近岸，双膝已没在冰面之下。此事稍微有惊无险，对父母他人始终守口如瓶。

图书馆和我自己宿舍过分拥挤的时候，即使父亲在家，我也会到那里

结冰的未名湖上，健斋在背后咫尺

去凑热闹。通常是他静坐批改学生作业，我坐在那张大桌子另一边他的对面。偶尔，可听到他面对作业本笔伐当中，还会带些口诛。

所谓笔伐，是指父亲用笔批错时，常是恶狠狠下笔很重。80年代初一次我在自己编辑部办公室接待湖南某大学一位英语教授，北大西语系毕业，我的同龄人。她谈起父亲批改她的作业时说："张先生在我的笔记本上改错画的那个大叉子，一直透过三四张纸都能看到留下的印痕！"彼时面对父亲批改作业，仍不时会听到他在本子上落笔的嚓嚓声；至于所谓口诛，则有诗为证：

爸爸和儿子

凑在一盏灯光下，
两个人都低着头。
　　白发苍苍是爸爸的头，
　　圆圆漆黑是儿子的头。

爸爸用红笔
　　一篇一篇判试卷，
儿子用蓝笔
　　一页一页做练习。

爸爸假借咳嗽
　　透过眼镜看儿子，
儿子翻起眼珠
　　隔着眉毛看爸爸。

儿子学习时歌不唱，

爸爸工作时烟不抽：
　　爸爸面前的儿子是学生，
　　儿子面前的爸爸是教授。

爸爸忽然叹了口气：
“这孩子怎么不用功呢？”
儿子马上抬起头，
“我这次做得非常仔细……”

“胡乱插什么嘴，
　说的又不是你！”
　儿子松了一口气，
　嘴上还得顶两句：

“把别人叫孩子，
　把我放到哪里？”
　爸爸把笑声咽回去，
　轻轻放下红笔：

“傻瓜儿子，
　还会妒忌！
　我要是有更多孩子，
　你不就有更多兄弟！”

1955.1.2

都怪鄙人不具早慧资质，年已达弱冠，还写如此蹩脚诗，且如今竟恬然抄录于此！其实这无非是窃念其或许尚有丝毫史料意味——不言价值。不过，对个中一个虚构还需稍作厘清即我父亲从不抽烟！至于当时为何另虚设“父子”而非实录“父女”，虽如今我似乎也无须诠释，其实彼时仍有一丝性别情结作怪。

而这里真正需要再添笔墨说明的是，父亲自从登堂任教，无论解放前还是解放后，人际交往大多还是以淡水为度。对同事师生一视同仁，平等、诚恳、真情，无分尊卑、长幼、亲疏。即使平素居家邻里亲友交往，我父母也是如此；尤其视认干亲为世俗、功利。对于自己亲授，甚至登堂入室求解疑惑的学生，也敬待如宾，并因此袭传而统称之为“小友”。而在新社会伊始，师生身心交往过从更密，父亲才无意间改以通俗，且更富人情色彩的“孩子”称呼他们。而我作为其亲生子女，初听之下，却颇不顺耳，仿佛自己的父亲已被他人分享。不过由此也大略可见，父亲其时心境之畅快；且由此又可推及，不久前那番思想改造运动，在重塑父亲性情、态度方面，还是颇见成效！然而，从此歪诗至今仍可确见，父亲经过1952年思想改造运动，对学生的情感，已因改造而更见亲近。

时序继续向后稍移，到了50年代中期，没有了异族压迫、兵燹战乱、衣食之虞，个人又尚恰值精力充沛盛年，这使父亲身为国家有用之材，得以畅快之心，专注于教学。其时也正值国家急需培养派遣出国特殊人才，遂成立了专门学校（党中央调查部干部学校，即今北京国际关系学院前身），父亲遂从北大被借调为特聘教授。父亲大约应是身为名教授而又无海外关系，恰正适于该校任用。那时期，父亲为助其初建，除殷勤授课，也尽己之所能，对学校外（英）语设施、授课制度及具体安排，做出建议——虽然在这些方面并非父亲之所长。学校方面，为保证国家特需专家能人尽其所用，也给予工作生活上诸多方便。诸如在这所学校工作期间，每逢授课日，都由学校派专车接送。平时到北大上课，父亲和其他住城里各级教师及员工，交通问题都是自行解决。父亲是从家中先步行至胡同口外乘电车，到西直门再换乘郊外公共汽车。在此路公共汽车的西直门站，常要排长队候车，直达燕园行程最顺利也需一小时以上。而每逢“干部学校”的小车停在我家小胡同口外，父亲则可立即登车，瞬间轻松到达。车上都有织花窗纱遮挡，内外均不得透视。连续三四年间，父亲乘坐不计其次，但被问及，从不知该学校在何方、何址。

按传统，我族知识分子素有“不言钱”积习，父亲本是被暂时借调“干部学校”，北大依旧照发薪给。但从去该校伊始，包括上级领导李克农同志亲自接待宴请，双方亦从未言钱。而校方却每月另付给父亲与北大等同工资。且此数年逢几次春节，“干校”还要格外付双薪。仅凭我模糊记忆，此等旧年双薪待遇，父亲此前只在教会私立辅仁大学时期一度享有。

父亲为该校紧急特需培养干部任务完成后，一些学生根据特需被分配到各自岗位后；与往常毕业学生不同，师生分手，只能各自东西，从此不相往来。而这座学校最为令父亲念念不忘的，是他在职期间，助该校从无到有建立起了图书资料部门。回到北大之后很久，父亲对我们深情感慨道：“每次有国外寄来新书目的时候，圈选起来真过瘾，人家给图书馆购书拨款多呀！”

说时，那种口气，真不亚于盛宴归来啧啧称赞某道仍然齿颊留香的佳肴。

回到北大不久，冯至先生担任西语系主任。一天开罢会，大家从外文楼走出，路过未名湖边，冯先生赶到父亲身旁说了一句：“你来担任资料室主任吧？”

父亲微微抬头答曰：“好！”

为自己私人或本系资料室按海外发来图书目录圈定购买图书，这本是早负有“活图书馆”雅号的父亲另一特长，其时也是很多读书人的癖好。学校图书馆采购图书、编目，审定选购图书计划，审批购书经费，如此等等，倒也是他的兴趣所在。从自幼以书为伴，到少年脱离家庭自立谋生，到抗日战前立业成家……以至此后，书始终是他不离不弃的伙伴，也是他学识最为渊博的恩师，图书之于他虽无涉血肉生命，却胜似有血肉生命，尤其对于他这样一个习外语而从未留洋的教授，虽然在中国近代各个时期都不乏这样的有用之材，但毕竟还是因为少了一枚重而又重的筹码而遭低估。然而，真正和父亲业务上有所交结的人，无论老少，尤其是非重名轻实者，无不了解个中底里。不止一位与父亲过往交结同事、朋友、小友亲口对我说："张先生的博学强记，真令我们吃惊！"

然而正当其时的那些岁月，以我虽尚年齿幼稚，对于读洋文而从未留过洋的老爸的腹中才学，却从未有丝毫惊诧，因为自幼和他同居一室，早已见惯他以自己日夜不离身的书画典籍为师友，以坐卧之游方式求学上进的种种常态。

但是北大西语系，尤其是下属科室，外汇条件毕竟有限，面对海外纷纷发来新书好书，父亲只能望洋兴叹。而身为主任又不仅只限于和默默的书籍打交道，父亲几年下来，对图书资料室全面工作似乎并无明显建树，而且他终究还是不擅人事行政。一天会后，又是从外文楼出来，行走在未名湖边，又是冯至先生赶过来，走在父亲身旁，轻声说："资料室的工作，你就不做了吧？"

父亲又是微微抬头立即答曰："好！"

对这职务的一任一免，父亲的回答都是一个简单的"好！"。其时心境，想来也极平静。在家里当时母亲和我们姐妹俩，都从不知道还有对他的这些麻烦事，而是系德语专业一位毕业留校青年教师杜文棠学长，原为我在校时诗社社友，日后闲话时笑谈。

而此期间，也就是父亲在愉快顺利完成帮助"干部学校"初创任务之后，冯先生又曾为系、校派给父亲另一要务，即赴开罗大学以英语讲授中国文学。

这本应是引人艳羡的信息。原因之一是，当时世界处于两大阵营冷战时期，除苏联东欧少数国家、地区，国际交流范围与机会也就是常言出国甚为有限。唯埃及、中东、拉美一些国家所属“第三世界”，尚在例外。当时总统纳赛尔治下埃及亦属此范围。应邀赴该国讲学，正是国内学人出国良机；而依当时所谓“政治条件”，以及中英两种语文学养所需，对于派遣师资人选，即使在当时北大人才济济的中西语文学系，也并非俯拾可得。从校、系方看来，父亲恰可充任；而从父亲方面而言，本恰可借此弥补其从未留学出洋之欠。至于出国物质待遇，与国内平素之明显差异，在当时知识界虽然大多表面“不言阿堵物”风习之下，则更是另一种不在话下。当时甚至连我这一幼稚俗物，也心中暗存贪羡杂念：“父亲苟得前往，我或可趁寒暑假前去探亲，一见斯芬克司……”

还记得1988年我初次去国，也是初访英国，他在家收到我第一封平安家书后，立即回复，开头就是：“你在外边要处处留意，时时用心，把一人、一物、一事都牢记在心。”其情词之热切急迫，至今历历。

然而此次父亲却面对当时顶头上司兼昔日同窗冯至先生，断然回答了一个：“不！”

这一言，首先打破了我那宵小不伦的白日梦！

父亲从年轻时开始，就是有恩必报之人，那时的如是言行，即使主任冯先生，也并非不感困惑。

冯至伯伯较父亲年轻两岁，在北大习德语期间，不同语种专业，亦无过从，但彼此有识。冯伯伯于抗战胜利后重返北大，至新中国成立后长期任系主任。其为人，良善正派，才气过人，于职十分热切积极，知人善任。和父亲重逢于北大西语系，互为敬慕。唯父亲之中庸守拙，与世无争，于彼时世风之下，则明显属于消极靡废。不过冯伯伯据自己对父亲业务深浅短长之精切了解，遇有国家学校特需要务，派付父亲双肩，也确是放心。而此次父亲的不驯，也非有意辜负冯先生的知遇，而是又自有他与众不同的个人缘由。

如前所述，父亲在成家立业为人之父后，虽历经战乱变革，其个人家庭生活还是渐趋稳定、舒适，年逾半百，更加乐于享有快意逍遥。埃及那样一种自然人文环境的国家，于他显然并不全入其青眼；而他生来又不是那种体力上勇于刻苦耐劳、自理生活能力极强之人，断然放弃独赴埃及之旅也是颇有自知之明。冯至先生虽也就此事而引以为憾，但始终是与父亲相知相敬，父亲坚持其有所为——为这个新生的国家努力报效；但他也仍然有所不为——适当之机，也要考虑自我适应及心性。

此事过后，父亲在平素教学上还是尽其所能支持系主任冯先生的工作。尤其在北大西语系接受校外重要英国文学翻译任务之时，冯先生总是首先想到父亲，他这位北大老同学；父亲这方面，则从未含糊，总是倾竭全力，而且，照社会评价说，是“出色”完成。父亲认为此间才是他所得心应手，足以用武之地。

20世纪60年代以后，冯伯伯调任中国社会科学院外文所所长，及至我80年代入外文所，伯伯已退休。但曾经于此前北京一两次外国文学聚会上与伯伯相遇。1982年元旦假日甫过，我第一天到新岗位上班，恰遇担任顾问的伯伯也在新年之初来所内看顾各位在职同事。走到我所在办公室桌椅前时，我起身问候，伯伯和蔼地问我：“你是来约稿的吧？”

我立即笑答：“我已经到这里工作了，这是第一天上班。”

冯伯伯微笑着匆匆离开，没有什么寒暄套话，继续去各办公室看望其他“年轻同事”。

那段时期看来，冯伯伯虽已年近八旬，仍然身体健硕，精力充沛，有时还支持我们所创办丛书工作。一次正值我和张扬合译狄更斯《双城记》在上海译文出版社出版，去他家谈工作时带去一本精装版。伯伯双手捧着书，翻覆轻抚片刻，才放在桌上。随后，又不声不响到书房取出他的一本晚年的散文集《立斜阳集》，立即题赠给我，它至今珍藏在我的书橱里。他50年代初出版的《杜甫传》轰动一时，曾当即题赠给父亲，那时我上高二，一看到这本书，立刻抢到手一口气读完。可惜经过流离动乱，此签赠本已荡然无所寻。后来冯伯伯出版《海涅诗选》，则是我悄悄从书店寻得。其中精彩译段，常作反复背诵。父亲和我谈论，伯伯写诗人传记及翻译诗作所以动人，首要在于他本身即为优秀诗人。

80年代末在一次外文所邀集的德国文学研讨会后，我有幸和冯伯伯同餐桌午宴。席间又巧遇有我那位德语翻译家杜文棠学长，他曾是冯先生研究生和父亲北大西语系年轻同事。杜学长谈及父亲，冯伯伯又是以他那温文款洽的声调对我说道："你父亲是个忠厚人儿！"

我听出这句话语尾略带他的河北乡音。

忠厚，这个词语在当时已经少有人用，但用于父亲，却还真是无可替代。

忠厚，冯至伯伯其实也是这样的"人儿"！

90年代之初去看冯伯伯，无意间提到自己眼见点滴乏善可陈俗事。冯伯伯听了，貌似无动于衷地说了一句："别着急，到底邪不压正！"

第十一章

三鼓未竭

父亲的译著

父亲在小院书房埋头于《游美札记》

未名湖畔的最初十来年半客居式生活，比起完全蜗居在京城深巷，父亲结识了更多文化精英派同行朋友，他的个人生活，还算是像那泓湖水一样悠然自在。然而，即使未名湖水结冰的时候，平静的冰层之下，也有暗流涌动；更何况一年四季的大部分时间，即使微风吹过，也是涟漪不断。

大自然既是如此，人类社会也不无相应。一个阶级推翻另一个阶级的天翻地覆过后，清扫修整之中仍需阵阵呼风唤雨，有时也同样暴烈。对于镇反、“三反”、“五反”一系列气候，知识界尚可以旁观者视之；而知识界中人本身，虽已经过思想改造，看来那似乎还只是轻描淡写的一笔。世代传承的人类大脑褶皱沟纹盘根错节、深浅难辨，也不只在几次会上，经几位先进年轻同学几句苦口婆心的劝导，所能即刻平滑光鲜。在这数年的历史竞赛途中，人们奔突跳跃于接连不断的高低栏，难得不被拦绊翻倒中途败阵而径直抵达终点冲破红线。

父亲“八字好”。

“八字”究竟是什么？我们的祖先世世代代信奉八字。婚丧嫁娶等等人生重大事件，都要靠八字定心定行。我父母的婚姻就是一例：口头上说是父母之命，媒妁之言；父母的指令再凌厉，最后还是媒妁拿出的一纸八字，才是含有万钧之力的圣旨。我们来到人世间，归根结底都离不开八字。前文已述我的小闺蜜君美的父亲，又是我父亲辅仁的同事兼我家隔壁芳邻的王晨伯伯，本是留德海归，化学系大教授，但也像那些中国传统子曰诗云老夫子一样，会批八字。他给我批的八字中竟有官居六品字样，他自己女儿的则是又富又贵。我父母当时即视之为戏批，只是未向王伯伯当面显示异见。可惜王伯伯那样谦和可亲的长者，岁寿不永，不几年就去世了。家庭顶梁柱断塌，留下的妻子儿女境况与前自是天壤有别。

然而从表象来看我父亲确似八字上上！20世纪50年代一次次文化思想界

波及深远的诡谲风云，父亲似乎都只算是隔岸或河边上人。也许曾烤焦了额顶几丝华发，或许沾湿了一双脚下黑帮白布鞋底，有幸始终未见他遇到自己和亲人好友所担心的溺水，也不见其有人们更期待的长足进步。院系调整后已去南开大学就要职的孙静生师兄，每次来京顺访，也频频关注、催促。先是争取入党；入党不成，又转向民主党派。每次父亲都是恬然相告："思想认识上还有距离……"

原来，他俩院系调整后分手以前，在这位老"小友"的意念之中，"发展"这位老师的成功，只亏半篑之功；但是每次来京满打满算问及老师，这位孙大师兄却总是带着"怎么还有距离？"的疑问和惋惜，悻悻而返。只有到了70年代，有幸者再次逃过那场空前剧烈的近十年乾坤混沌，孙师兄已安抵彼岸，才和同样幸运渡劫的父亲在京重逢，师生得以感恩惜福地叙旧。但此次，直到孙师兄依依告辞，也没有再关切地过问父亲，"距离"是否已经缩短或消失。

父亲的这段境遇，是从50年代之初开始的十余年，断续延伸到70年代，由于本人心性意趣向来不热衷于政治人事，天性与积习均顽健得难以修改，加之其无可更改的出身家庭背景，已成为他后半生时轻时重的包袱，再加上年复一年体力精力日衰，再加之少了当年那种背后孙大师兄等故旧挚友鼓气加油，本人力争上溯的精气神儿也大为减杀。

孙师兄虽对父亲前途无望，但这并未干扰与父亲的师生之谊。即使到了80年代中期，他本人也在申请晋升最后最高一级专业职称，需选聘校外评审人时，还是星夜赶来北京我们的双榆树新居，请父亲连夜浏览相关个人申请材料，写出评审意见，即时寄呈其校评委机构。他们师生之间，师对生的了解，生对师的信任，都是毋庸置疑，也不会任意松动或紧收尺度标准。

50年代中后期，是父亲人生战鼓的三起之时，即使有上述种种情景，无论如何他还是三鼓而不竭。

回顾他一生，自幼以读书为乐，长成以教书为业，耽于书香琴韵，无意政治人事，偶遇时机，也任凭放达天性自由逍遥。在他人生的几个明显分期，虽期期发生历史性重大事件，他也都曾为之觳觫心动，但却又都未曾耽于旋涡中心。——既未奋勇搏击于浪头，也未顺其流而溺水没顶。

初小一年级，他一举抄起祖母针线笸箩里的大剪子，咔嚓一声剪掉自己脑后的那一绺封建残孽；但是三尺学童，心胆都未长成，还是怕挨严母体罚，立刻吓得大哭，那时他刚满七周岁。——小时候祖母说给我听之时，还特别惋惜地加上一句："他那条辫子又黑又粗又硬！"

初中一年级，就在五四当天，他在自己师大男附中学校队伍中，从宣武门走到天安门，大家被安置一起静坐示威。父亲他们只是在那里策应助阵，而那些一路直奔铁狮子胡同年纪稍长的大师兄们，才是先锋猛将。父亲讲不出他曾亲历的那场轰轰烈烈运动的细节，只说过那时坐得久了，觉得无趣。静坐区为防闲杂人等混杂，四周都拦着绳子，不得随意出入。于是原来面对圈内席地而坐的他，就地转了个一百八十度，把头脚都伸到了绳界之外，相对而言以自我为中心的内外方位遂立即颠倒，他则得便起身离开。那年他未满十六岁，刚从老家考取那所名校，犹如他自己所说，还是个事事懵懂的"乡下孩子"。启蒙已跃然于其眼前，他却尚睡眼惺忪。

这里还有插叙一段：1954年我初入北京大学中文系，同学中盛传我们的系主任兼主讲文学理论的教授杨晦先生是参与火烧赵家楼壮举干将之一，我当着几个同学曾特意面询问他，但他直捷回答："不是！"

笔者不是史家，今日在此操觚弄笔，只是记录一些个人见闻鸡毛琐事，无力也无权对历史重大事件穷究细考，说三道四；只不过偶遇相关事件，趁机缘之幸，得以真切面对当事者，亲获其亲口实言，随手笔录而已。

再回顾1926年，父亲作为大学新生，曾与学校内共产党小组的活动失之交臂。如果他和刘澜波伯伯一样，活跃好动，对校园内政治活动更为热衷，多半也可假想，他会和刘伯伯一样，正当那次关键的一刻被捕，从而走上另一条人生之途；而据父亲晚年自己设想，则是更可能当时难以承受监禁刑罚之苦，命丧囹圄。

追根溯源，父亲不过是根据自己的人生认知，做出选择，使自己个体之人从起初的摆脱被动、贫困、狭隘、蒙昧，走向独立、自强，适应环境，成为于国、于民、于家、于己些微有用之人——仅此而已。

长久以来，明哲保身是作为负面词语流行于世，仔细想来，它还是一种妥善处理个人与社会关系，决定人生命运之道。父亲的生活实践证明，他对之并未断然否定。50年代从头到尾的前前后后，他在快乐潇洒度日当中，并未放浪形骸，或是像备课时字字较真儿，令人难堪。在批胡、肃胡，特别是“五七”风暴当中，或者是，像前二者，由于他从来不是闻风而动，加之专业领域不同，他本无过多发言机会；或是，如后者，“鸣放”开始不久，《人民日报》即以《工人说话了》为题发表社论，父亲小心翼翼捧读后，立即轻呼从命：“那么知识分子就不要说了……”

他先以保持沉默保护了自己，却没有料到一张捕网已将我牢牢套裹。只因我像一些同年的同窗学子一样（那年我刚满二十一岁，思想情感都天真得像小学生），曾经毫不犹疑地向比我更冲动更有才华也稍年长的先锋分子伸出了支援之手。

父亲本早已渐渐不过问我的事情，也不指手画脚；此次，回到家里说了一句：“你不要再说一句话！不要再答应别人做任何一件事！”

此前，父亲难得以这样的语气对我说此类严肃的话题。但是，覆水难收！在谈父亲的这部书里，我本来不愿妄自添私货装垃圾，在此只因事出相关，才不得已而偶然提及有关自己私事。

那是残酷的时日，至亲好友瞬间反目为敌，一夜过后妻离子散。我在个人此生命运的转折点，唯一的幸运是未遭至亲之人的火上浇油。在最后留校的一年里，父亲将每月给我的零用钱从二十增加到了三十元，半带苦笑地说：“给你按调干助学金涨吧。”

回到家里，母亲依旧给我做最爱吃的牛肉狮子头，还给我买了一件当时算是高档的新外衣……

一年后，毕业分配方案公布，我已有了具体工作去向，在家默默准备行李之时，父亲嘱咐了一句："抽空多读读历史，先看'四史'，还有《资治通鉴》……"

运动高潮阶段，在我班里批斗会上，主持人——班级党小组组长，来自人民大学附属工农速成中学，平时为学习"困难户"，需重点帮助。课堂讨论中从未发言。其妻每从故乡来京，即客居城内我家。彼时会上，其见解最为高昂，壮怀最为激烈。其中两个经典论断，我记忆犹新：

其一，你从一个七八年的共青团员七八天之中就堕落成××分子，因你是恶霸地主的孙女；

其二，你让同学在你家住、吃，那都是资产阶级小姐的怜悯。

两三天后，班上此小组长一位女副手，亦为其原速中同学，却又经手转递给我一纸他的便条，上书："我爱人到北京来探亲，你给你父母写个条子，我好带她去你家住……"

如此，比我年长十二岁的"老大哥"及其家属又一次不避其受"怜悯"之嫌，在我家屈居一周。

始初，母亲对于如此由于复杂的政治而界定的人际关系，大惑不解，还天真地自言自语："你对他们那样，他们为什么要对你这样……"

母亲一向是我们的家庭招待所主任，从我初中开始，凡有我同学来访，需在家中过夜，她也无一例外地竭力安排周全。大学一年级开学不久，就是十一国庆，同学们白天参加庆祝游行后，夜晚还会到天安门广场狂欢，同班同学中有四分之三家在外地，都是首次参加这种活动。夜半活动结束之后，不便返校。我就夜间把无家可归，亦无亲友可以投靠的同学尽行领到自己距天安门不远的家中。母亲事先早已安排好，父亲白天就已默默被"赶"到学校健斋单人宿舍，腾出自己家中房间、床位，就像当年给单大叔留宿一样；只不过母亲和妹妹也得临时睡到南屋表姨客居的屋里。于是我班上这帮男女同学就占领了家中卧室和客厅的所有可利用空间，在大小床铺、沙发和临时搭凑的卧榻上将就过了国庆节的后半夜。

大学三年级时，这二位正副小组长传递纸条后，又由我遵命写纸条，由正小组长牛氏携妇去城内家中暂住。母亲当然已略知我在学校境遇，不管心境如何，招待规格如仪——这也许仍是老山东人的家风。

三十年后北大校庆，我班同为庆祝毕业三十周年重聚燕园。此公毕业后仍回山东原单位，当日远道赶来北京，特趁我已离家去校，不速而先至我家。留守父亲依然奉陪如仪。闲话中，言及故乡之省泰山摩崖石刻，兴致盎然。此学友随后于告辞赶赴学校前，留下便笺一纸，托父亲转交与我。上书：“××小妹，大哥我错了，原谅我吧……”

不久，父亲收到一封新制泰山摩崖石刻拓片，是这位“大哥”，特意托请当地熟人于文物部门购得。彼时，为保护珍稀文物，已禁止任意制拓，此物实为稀缺！

当然，我也没有忘记，这位老大哥已经在那场风雨初期，亲身主持将我收拾得丢盔卸甲、体无完肤之际，又曾直接给我递过另一字条，上书：“××：刚才我在校医室看见你父亲，他现在身体不大好，你过去照看一下……”

唯此两点琐事，两纸便条，如今看来，浸润着些许善意——愚至今以为：怜悯，也是善意，不一定涵盖任何阶级属性。

还是同在三十年后北大校庆，我积习难改，盛意接待了同级同系诗社好友，也是难友的张元勋（时为曲阜师大教授、楚辞研究专家）及其夫人。杯盏之间，他还忆述了三十多年前身为大学新生，和西语系德语专业杜文棠进城参加会议后在我家过夜情景。尤其对次日清晨，母亲如何给他们准备早餐，桌上的八宝粥和新鲜蒸芋头如何热气腾腾，经这位记忆力和才气过人的学兄娓娓道来，三十余年后仍栩栩如动画。

回过头来再继续说那场风云已过的次年，举国发起以除“四害”为前导的爱国卫生运动。人人动手消除每一个角落里的杂尘秽琐，我们的住屋之内净化过后，特派检验人员都要戴上雪白手套逐一摩挲检验各个角落，不能留有任何一丝污渍。我在和本班同学完成分内任务后，自然会是不必父亲动手，也将他那间湖畔雅室收拾得一尘不染。入秋，负罪毕业远赴西北就职前，与父亲在京南远郊大兴榆垡那一别，已有前述。父亲与其同伴师生返校后，卫生工作与日常生活同步继续，我在远方是真正的望尘莫及了；但仍有少数来自农村低年级西语系学弟自动于课余接我之班，为父亲代劳。其中一位，默然而来，父亲已知其与我同遇同运，在其默然而去时，默然送其苹果一枚。

“沉默是金。”在特定语境之中，是九九赤金！

“宁为鸡首，不为牛后。”亦然！假如父亲曾有如此妄念而在辅仁，或是日后南开等地方高校，真不知又会受到何等待遇……

他是家中顶梁柱，我还是刚刚勉为成才的一根细细桁椽，未出头而先夭折，他的柱心在震颤隐痛；如果他也摧折，我们这座三重茅顶避风遮雨的草堂也就不堪一顾了。

随后，父亲随同其所任教班级，尊奉总路线精神，趋步“大跃进”的屐痕，奋力在边教改边实践中。此期间父亲正值步入花甲之年。榆垡告别一瞬，从他渐行渐远不肯回头的背影，我看出了些许步履蹒跚，不敢再去想象他脸上的表情和眼圈中的泪，只是已能领略他内心深处插上的那把失去一个孩子的尖刀，以及这个孩子必将遇到他所曾经为之千防万避的“受罪”。但从身体实质上说，那时父亲尚未开始衰老。他只是在小心翼翼地调整自己的步伐。

父亲所以躲过了那场劫难，主因还是他的全方位恬淡：为人、处世、教书、治学；另外就是在情感上，他是低调内热。

说到最后，这八字当中究竟藏有什么秘密？人的一生，长期积累蕴含了自己的体力、智力，这正是支撑他克服生存中种种困难、险阻的主力。这种能力，正犹如良马之不外现的美才，平时，悄然隐藏，适时爆发，助人化险为夷，成就大小功业。——这就应是唯物者对八字的认知。

那些年，再向前推到初进燕园北大之初，向后延至60年代举国同舟共济，度过国际政治以及国内天灾的危难时艰，父亲受到中国特定制度中的特定款待，也分享到最低级别的额外供应。因为自幼好吃而又有好胃口——这也是他生来高大强壮营养需要量大的生理法则使然，以其当时优于普通人家条件，以及母亲倾心筹划，他也还是比常人避免了较少的口腹之患。这里所谓优于常人，也还是受限于他当时社会的有限条件。而即使在当时条件下，在他周围也还是不乏分享者：除去故乡重灾区亲属的后代，北京一些同乡、同学和亲友中多子孙的故旧，甚至我的同学以及同学的朋友，多少间或也是他和母亲的座上客，或“家人”。就连他那“特”供中的每月两条大前门香烟，也都无偿转移到一位八竿子打不上的表姐夫手里。

一些大多和我同代或稍长的中青年人，除却有些来自北京，父亲称之为“京娃子”的，大多数则是从江南一带来京求学，毕业后留在北京就职，赶上种种动荡的一二十年，多有坎坷，未能像前辈人那样尽情施展才能，稳步立业成家。父母家李阁老胡同内的那一所小小四合院，被刘澜波伯伯曾以丰富感情色彩叨念的“一所小房儿”，也成为他们在北京的一个家。逢年过节，在父母的餐桌上，分享着聊可暂解口腹饥渴的供给，父母也就感到仿佛我又回到了家里。此间此刻父亲会在进餐中间放飞心情，谈今论古，诵诗赏画，无所排拒，兼及中外以及当下一些逸闻趣事。他们夜来告辞而归，走出门外，一路上还在相互赞叹“老先生”的专业以外的博学和情趣，感慨自己心中又充满恰似年少者刚刚赴过一席盛宴，或是饱享一场大戏的满足。他们都是父亲的忘年交，如今大多已经作古，但其时有极个别较为“懂事”者，还会帮助父母打理粗细不等家务，略补我在西北之爱莫能助。当然，这些都是文人，虽落难也是文人，不能期望个个“懂事”！

此时，令父亲最为上心的，还有另些遭遇种种磨难学生。仅以辅仁高年级，1953年毕业一班的麻乔志学长为例。80年代初，麻乔志任教于北大公共外语部，甫登讲台，即引起学子热烈反响，大有致使比肩课堂并行班“弟子去其半”之势。其后至90年代，应联合国教科文组织之邀，任该组织巴黎总部高级审校，可谓父亲得意门生。而此公因年少才高而不拘小节，50年代初参加工作不久，即遭掌权同事兼汇文中学时旧同窗嫉恨，诬以莫须有之罪而沦落市井为泥瓦匠。但他仍于每日艰苦劳作之余，埋头翻译，遂完成英国女小说家简·奥斯丁《诺桑觉寺》，经父亲推荐，得以在人民文学出版社出版。其时，麻学长不过二十五岁。1981年，他所译挪威著名探险故事《太阳神号海上历险记》虽非厚重经典文学名著，但以其惯常酣畅淋漓笔锋，尽行传达了原作风韵，令人读之爱不释手。

当“文革”已近尾声，一些外省市工作学生，每悄然赴京，也乐于先至父亲家中一探风向，皆相信父亲“这里”最为安全。甚至六七十年代物质生活最为贫乏之时，有外地老学生，如贵州大学张教授，甚至离京前在西单菜市场买了几斤猪板油，求助父亲命舍妹下班后连夜为他炼好，装数瓶带回贵州，以小补家中妻儿营养之亏欠。

中国人，往往包括被卷在风口浪尖上的大大小小知识分子。他们的寿命短长，无疑都与时代风涛密切相关。生于20世纪二三十年代的一批批父亲的得意弟子们，很多远没有早于他们一二秩的老师令人羡慕的健康与长寿，可憾地先于他而遽然离世，大多未能尽显才华，奉献更多。

在父亲渐入花甲之年后，少了一些三四十岁的勇武，五十岁的进取，内修和外化都渐显沉练稳重，而且——如果说男性也有更年期，还戒掉了酒：这既是自然人自然演化的必然，又是社会人身心加重负担的结果。他自知生来并非将相良才，从来了无经邦济世大志，只安于自在布衣之位；然而结合数十年教学，竟然出乎意料地一次次纵横驰骋于翻译场域，并多有所斩获。

然而翻译，缩紧一些范围说，是英国文学翻译，其实这才是最适合于他，也是他真正由衷喜爱的行业。中学时代，作文比赛的骄人成绩，已初展他对舞文弄墨此一行当天生具有无可名状的亲和力。大学时代，偶有短文小品公开发表，又加深了他和师友对他这方面发展前景的信心。他本身拥有中英两种文字的精湛素养，教书匠的学校书斋狭窄，生活环境平淡，又没有给他提供那个时代所主导的宏大叙事素材，再加上他本身不具备过人想象力与创造才能，翻译本来恰是最恰合他的领域。但是，如以之为业，起码在当时的社会条件及政治文化形势之下，就其自身青涩之形，加之身后所拖累一驾家室的沉重货车，却实在是难以举步轻松。在20世纪前期那个反复探索着改良、革命的时代，教育救国不仅时髦，也是真诚切实的口号与行为。

于是，他选择了教书，教书也选择了他。这首先不是出于某种经邦济世的宏志大愿，而是多数缺乏必要背景机遇，但又理智务实的普通人家的优秀青年一条安身立命之道。父亲在他自然生命最好的年华，选择了这条道路，经过努力，终于克服了生性上偏于内向的欠缺，身踞高堂，侃侃滔滔，达到了认可的“积分”。或可谓他“八字好”，在教学中，很多课程安排有缘涉及翻译门类，由此，他得以从业内和业余双方，始终和翻译纠结着不解之缘。

父亲的起笔从译，即是从大学时代开始，且为时不久就拿出成品，一举出名。从他1934年《德伯家的苔丝·译者自序》中所述，亦可见他从译事之始就不乏宏志大愿，然而残酷摧毁他合情合理梦想的罪魁祸首，正是我们东邻的日本强盗！接踵而来的战乱流离国破家亡以及内争，先后不下三十年——此时已难提个人八字之优劣，只能相对而言父母和我们的小家，始终未历至险至惨，但竭力维持一家稳定温饱，已大不易；职业的兴趣则更不在谈论之间。因此，从20世纪30年代中期到50年代初近二十年，父亲的文学翻译实践事业，可以说是荒废殆尽。而如果再论所谓“八字好”，首先则是指哈代小说《德伯家的苔丝》和《还乡》这两本张谷若哈代中译本的复活。

那是50年代，任何一个有初中以上文化程度的读者在大江南北城市的任何一家新华书店（计划经济时代，这一书店在全国各地几乎是独家包揽综合图书销售的门店）里，多会在文学档的书架赫然发现这两部书，尤其是《苔丝》的版本之一，封面简洁，一码白地，靠上部有一草绿色腰带，上书醒目的白色书名“苔丝”。那是上海文化工作社1953年出版，据30年代上海商务印书馆版本印行。该出版社于1948年成立，是专事外国文学翻译作品的一间私家出版机构。社长韦秋深先生应是一位目光敏锐高远、富有雄才大略的出版人，光复后在局势仍动荡不定之中，数年间出版了大量语种外国文学名著的译作，如今看来，也堪称中国近代外国文学译作出版业界之盛事。不久解放后，随着工商业改造和公私合营等运作，此出版社归并入上海文艺联合出版社，先生大名也湮没于汪洋。父亲的这两部译作则连同成为此社出版物。《德伯家的苔丝》《还乡》两部译作再版激活，哈代大名，连同译者张谷若也托原作者之福，在新老读者学界再次流传。1951年，北京成立人民文学出版社，在筹划译作出版中也对这两部经典自然投以青睐。

所谓自然，是此出版社一些年长决策人多属于比父亲年轻一代者，本身即教养有素，见识高远，不少早年即是翻译家，对于哈代一类外国经典作家及父亲的译本，久已了然于心，50年代中后期，其出版社业务一旦启动，立即运作开来。但为适应新时代读者，尤其是工农兵读者需要，该社外国文学部负责人孙绳武、蒋璐先生及年轻编辑们登门拜访，也对父亲二十年前译作提出修改意见：一是为普通读者阅读和出版社编排方便，尽量减少对原文的译者注释；二是物色现代汉语普通话说得好的人，帮助修改对话中较多山东方言译文。

当其时，中国广大知识分子，闯过了一役思想政治交锋的关隘，很显然是增加了谦和，去掉了盛气。父亲原本生来还算随性，个人极端情绪除酒后，极少见发作于公开场合，年及花甲更显平顺，对于《德伯家的苔丝》原创于西方资本主义这部自己的译作有可能在社会巨变的二十年后再版面世，已属望外之喜，于是理所当然地欣然接受出版社的建议，同意修改自己的译文。客人辞去，晚饭时在家中饭桌上提到此事，听到他正为物色修改人选踌躇，那时候极端狂妄的我竟贸然开口说：“让我来做。”

出乎意料的是，父亲没有片刻犹疑，立即点头答应。

我上初中即将毕业时，已显现出是不折不扣的文科偏科生，正在热衷办班上的壁报和涂抹当时种种紧密配合时事政治的宣传性文字，也开始得到国文、历史老师的高分和班主任以至校长的瞩目，对于自我，是不在话下地感觉良好。而当时的父亲，一方面看到过我那些满篇被国文老师朱笔圈点的作文，以及当时所谓校园诗文；另方面，对于我的汉语普通话口语及书写能力，其实也了然于心。我在日常生活和演说、表演中显出的口语能力或有胜于他，首要来自母亲的遗传基因；而且，父亲从我（妹妹也是一样）出生就从当时的雇佣介绍所为我们选择了会说北京话的看妈，从而也早以自然而然的方式为我们打好说北京话的基础。后来我上了北大中文系，受过一些大先生的教诲。

由此可见，基于父亲如此的心中有数，他把此项“修改”任务交付给我，似也毋庸谓曰毫不靠谱。而且，事实上我的改动主要还是文中对话语言中过多以所谓山东方言对应哈代故乡多塞特方言的部分。于是《德伯家的苔丝》1957年人文版的张译本如此面世，原商务版的大量注释，则由编辑有所删除，其理由一是为编排方便；二是为普罗大众阅读，似无须过多添加此等做学问式注疏。

《德伯家的苔丝》1957年版是我最初唯一染指的父亲整部译作。初版发行量在三十万册以上。主要当然是由于其原作内容及技艺而赢得广泛正面关注。只有上海报章一篇评论指出，此等为通俗普及而做的修改，终究还是改坏了原译作的语言。——此为叶叔叔维之先生发现告知。父亲的表现是未置可否。平心而论，其实对于我们大家当初都忽略了姓名的这样一位评论者，理应追加一声赞叹：“高人也！”

由于人文社对《德伯家的苔丝》译本的认可，他们又继续筹划组稿接连出版了《还乡》和《无名的裘德》，连同《德伯家的苔丝》一时成为“哈代三部曲”。

《还乡》仍是据父亲自己修改后的商务旧稿，修改重点也是其中过多过偏“山东方言”。《无名的裘德》则是当时父亲教学之余新译。较此稍早两年，人文社响应世界和平理事会纪念文化名人萧伯纳活动，选编出版一套三册《萧伯纳戏剧集》，其中父亲担任翻译《伤心之家》，1956年出版。责编王仲英是50年代之初清华毕业高才生，和父亲闲谈时说，在处理稿件当中，就译文质量而言，以父亲的《伤心之家》和潘家洵先生《华伦夫人的职业》为最，这也可视为一家之言。当时父亲谈及分配给他担负翻译这部剧作，他不过是接受任务及时完成而已，个人既无做与不做选择，也无兴趣好恶可言。而对于每次交付给他此类教学之余任务，无一不是圆满完成，而且和吾辈运作情况更是不可同日而语。姑不论《伤心之家》一帧戏剧作品，紧随其后1958年出版的《无名的裘德》、1963年出版的狄更斯《游美札记》，前者近四十万言，后者二十余万言，都是利用课余假日完成。

1955年的春节，我曾邀请女附中高中时班上韩姓同学来家过节，她是失母孤女，缺少其父及继母关切，家中经济条件也差，小小年纪，心上已密集创伤。按当时风气，她就是班集体重点关注对象，而且把具体工作落实到我肩上。三年高中期间，我俩就是“结对子”的朋友。她年长我两岁，温和文静，我是“发展”她入团介绍人。她又是约束我任性骄傲的诤友。毕业后，她去师大中文系，我入北大，但节假日仍继续往来。她遇到经济窘困，我曾以父母给我的零用与她悄悄分享——当然，这只是我俩之间的小秘密，即使于此时此地我也是首次为外人道。

虽然她以前多次到我家，但那年来过春节，尚为首次。她走进客厅屋门，无意间一转头就远远瞥见，上房西侧尽头木板隔扇那边一间小屋书桌后的父亲。在全家满院，包括宾客在内人人忙于游乐和准备吃喝之际，他正独自埋头于他的纸笔典册中间。我这位高中闺蜜不禁惊讶得用手遮着嘴打着喳喳儿对我说："大年三十晚上，他还在用功哇！"

那时，伴着过节喧闹，父亲正在翻译他的《伤心之家》。按照中国人千百年来风习，过年期间有很多安排，其中更有诸多特殊禁忌，男女老少都恣意玩乐，彻底放松之时，他仍然笔耕劳作，不说是逆反潮流，起码也是不合时宜或不通情理。在以更传统，甚或带有迷信眼光来看，这更是对过往神明有所冲撞，可视为大不敬、大不吉。但是对一个知识分子而言，学问是其生命中心，在此"公务"面前，诸神让位。再回溯多年前，腊月二十三过小年，父亲趁微醺出演过那场《骂灶》插曲，可见其早已和神鬼彻底划清界限；如此大年底下仅仅不声不响服服帖帖伏案书写，想来诸神也无可置喙。

父亲还是幸运！他在生活中有所犯禁忤逆，都被命运之神愍赦！既未遭惩戒，还间或受到小小恩施；也就是说，在授课之余，经历过整风反右、自然天灾、国际人祸、批判修正主义、社会主义教育等等近十年的社会进程，他身为翻译家的心脏、大脑和手脚，始终未曾停止运作，课余之暇朝夕沉溺于翻译的无穷之乐中。

然而翻译家也不都是可以无约束地随心所欲。除《还乡》《德伯家的苔丝》之外，他的其他翻译，都或多或少是配合形势或谓服务于政治。萧伯纳、亨利·菲尔丁、莎士比亚皆无例外。有幸的是，他是一个对翻译和学问有广泛兴趣的人，这些虽非必定是他所最感兴趣的对象，在他日日耳鬓厮磨中也会对之久而生情，日久情深。父亲对翻译的这份难以用语言尽行表达的情爱，一旦投入，之死靡它，就像对母亲的一样。

借此再回溯《游美札记》翻译成书流程，亦可具象父亲与其译作之间风云际会，离合亲疏，嗔喜杂错因缘之一斑。

这是英人狄更斯游历美国的纪实作品，在这位英国19世纪文坛盟主浩如烟海文字作品当中，永葆珍稀史料价值。

原本父亲无论身为读者或译者，似从未与之有任何瓜葛；我也从未见家中有其原著藏书。约略是1962年夏，时逢海峡两岸风云正紧，我恰有幸从僻远西北回京省亲。那年头，如我等滞后孤陋黔首，不比弄电脑玩手机于股掌之今人，肩负历经几昼夜坐火车慢车（是真坐，无卧）的一颗昏昏头脑，携行李甫离北京站，乘出租车一路奔家，已能感受到满街皆说美国第七舰队与蒋介石鼓噪反攻大陆云云。时值三伏天，热浪滚滚，人人昏懒，动辄大汗淋漓。按当时公例，我的探亲假连来去路程，总共不过两周，父亲却不顾对我这暌违数年的游女多作关照，一味匍匐案前，面对一台嗖嗖飞旋风扇挥汗如雨地书写。原来，他暑假前刚刚应接出版社之约，正在赶译狄更斯的《游美札记》。

这位少年成名的英国维多利亚时代头号小说家19世纪40年代曾做四五个月北美长行，1842年1月3日出发，经七个昼夜海路颠簸登陆美国，6月7日登舟驶离。此书即于狄氏此次倦游归国两三月内完成。其中，作家对美国残酷不仁的奴隶制度仗义鞭挞，言词铮铮，声色奇崛，向为文坛公认高妙经典。20世纪60年代初，海峡既已出现状况，向以审时度势快捷机敏著称的上海出版人，立即行动，秉承上级意旨，筹划出版此书中译本，译者人选经与北大相关上下磋商，年近花甲的父亲有幸中的。他天生气盛血旺，畏热如虎，为助其趁两个月暑期完成突降任务，母亲特为之添置电风扇，聊可降温。

短短十余日的探亲假犹如电光石火般转瞬即逝。别京出塞后，从家书得知，父亲已于秋后开学前，向出版社交出定稿。再后，得知此书出版后，颇有反响，其中有关这位英国大作家当年揭抨美国奴隶制度等篇章已入选高中语文课本。这是父亲北大西语系同事俞大絪、李赋宁、杨周翰诸位教授欣然赐告，父亲并未亲见，也未寻求载有此章节课本。今天便于查找的是从此书中另行节选的《尼亚加拉大瀑布》，后来被收入各种散文选本，影响最大的是收入了1997年推行的《全日制普通高级中学教科书（试验本）语文》第一册（人民教育出版社）。另，在此书出版后两三年，此书及此译本也纳入父亲教授大学课程教材。他那时的几届毕业生也多有以其为自己毕业论文题材。这部并非狄更斯最重要作品的中译本，配合当时局势，也一时曾为学界关注焦点，也有相关论文见诸报端。

说来惭愧，我历来读书，尤其正式入外文研究翻译行之前，主要发自个人兴趣，对《游美札记》这部应归类为纪实散文作品，直到80年代之初才认真阅读并思考。那是在上译出版社重启外国名著经典数年后，再版50年代以降狄更斯系列时，约我为此书写译本序之前。父亲不大就自己的译作发表序跋。窃以为，这多半是他成长受教的时空以及他个人气质才情所决定。他本质上是凭直觉感受阅读欣赏名著，其青年时代在研究方法上受到西方已盛行现代主义和英美新批评派影响；同时，中国重考据注疏和述而不作的千年传统又深植于他的骨肉。这不仅是他个人，且是他前后几代优秀的部分中国西方文学学者共有的治学特征。如今，或谓相当长期以来，颇受国内外国文学界忽略。另方面，以20世纪初至中叶以来从先西欧、后苏联引进的理论为圭臬的论文之道，确实非其所长。50年代初，上海出版单位再版商务版《德伯家的苔丝》前，曾约父亲写译序，父亲虽也如其时各行业纷纭知识分子勠力学习俄语，追赶新潮流，涤弃旧意识，但勉力欲以革命文艺理论为文，却愧于力不从心，总难达其发表所求。出版社方自然也不得强求，似亦未另物色到理想高手，不得已而采用从俄文翻译的一篇苏联某文学评论者论《德伯家的苔丝》的短文，权充代序。还记得50年代末北京人文又再版哈代《德伯家的苔丝》《还乡》，以及初版同一作者《无名的裘德》时，均无译序。80年代初，人文《德伯家的苔丝》及上译父亲译《大卫·考坡菲》的译序，均出自拙试笔，是我70年代末业余写作。

当时京沪两家出版社，能破例接受鄙人此等外行无名小辈斗胆试作，也是开风气之先。其时他们北有孙绳武、蒋璐、施咸荣，南有孙家晋（吴岩）、包文棣（辛未艾）、方平等前辈，都是心胸开阔、视野高妙的著名出版家兼翻译家；拙序都是经这些慧眼高手审订、认可，随父亲的译作面世后，不意得到叶维之、张万里等先生惠赏。他们都是以少而精为特色的翻译家，又是眼见我从婴幼起成长的父执辈。不久后，我也为他们或他人作译序效过绵薄之力。而对自己女儿向来理所当然地吝用赞词的父亲收到稿费时却对我戏言曰："你这是佛头着粪。看你可怜巴巴的，把我的稿费分给你一些吧！"这曾引起我立即强项顶撞："那是非分所得，我自己写的，哪怕只挣一分钱也才算是我自己的！"——当时我之所得，约是父亲整部书所得的二三十分之一。

以上是题外话，更属家室私密，本不足为外人道！而正是在为《游美札记》修订版作序时，无意间遭遇此书60年代版正文之外注释及《译后记》中的一些问题。

序、跋、注、疏、评、批之类本是书册正文之外的附加文字，今人有称之为"周边文字"者，古今中外久已有之。虽形态不同，功能各异，目的无非是增强原作与读者之间沟通效果。在原作者和读者之间，包括编译评注诸家人等，都可借此空间针对原作品内容、艺术手法、作家个人及作品本身背景等诸多方面抒发己见。依学术自由规则，仅就译作而言，至少从19世纪末严复、林琴南等中国翻译大家早已在其领域独领风骚。时至20世纪前半期，曾有多少令人景仰的翻译家和编辑家在攻错那些他山之石过程，也借助此方式，将自己手中那块美玉"盘"得更加温润！这些人因此也成为助读者深层接受原作的导师或助教。

父亲始于20世纪30年代出版的上海商务印书版译作，托马斯·哈代著《还乡》和《德伯家的苔丝》正文后单独排印了译者对正文的注释，篇幅庞大，约占全书十之二三。几年前，我在即将再版的父亲译作《弃儿汤姆·琼斯史》"译本序"中曾言及，父亲是以国人传统注疏的方法为他的译文作注释，目的是使自己同胞了解原著正文字面背后的历史、文化、文学、哲理、风习等等诸方面多层次的蕴涵，并特别点出译者采用某些翻译手段（如译界共识的难点双关语、歇后语的处理）之底里，也偶有表达译者对原作的评判。如此等等当然并非某公所妄言之浅表性的"字典搬家"。这正似父亲在讲台上面对学生教授精读课时所做的功课，也是他身为原有较深厚中国国学基底的英国文学学者，将毕生研习积累于心的成果外化的一部分。在社会文化处于迫切尚需“拿来”泛读的历史时期，少有人重视此种门类的所谓学问。出版部门或许更是出于编排校印经济成本的考虑，近五六十年来，对于这类所谓周边文字，似更有尽力压缩简化倾向。值得感恩和庆幸的是，几乎父亲的每部译作，大多能得到知音出版家的格外眷顾，这些像正文一样也以译者自己心血凝成的文字，始终能在必要行间页面保留一席之地。直至1993年，年届90岁的父亲已缠绵病榻，人文社蒋璐先生率众前来探望，还和我们商量，倡议为他举行床前研讨会及专门出版其译作注释集的问题。父亲不愿以一己给他人添烦，当时立即谢绝。同时我则立即悟出：难怪早年留学英国时就熟读过《德伯家的苔丝》《还乡》原文的俞大絪先生得到父亲所赠译本后说：“我就是要你的这些注！”这不也正像我们读自己国家的古典名著，在正文之外细读书页前后或每页左右上下甚至字里行间历代读者学人留下的那些注疏点评批校，总能从中斩获出乎意料的启发和知识一样？

20世纪50年代以来，上海、北京等地出版人，无论再版原商务版《德伯家的苔丝》《还乡》，还是初版父亲其他新译作，包括《游美札记》，都未采用原商务版那种安排评注的形式，而是采取脚注，但条目数量多数大于寻常。我在为80年代版《游美札记》写译序时，从阅读其条目甚众的脚注，可见父亲在遣词造句、解疑释典过程中的投入与痴迷。——这是他在畅游每部书、每行文时所窃窃独享的翻译之乐、之幸的一部分。但是就在随正文逐页阅读这些脚注之间，也意外发现应称为颇显异类的三四条目。诸如第三章作者在波士顿参观哈佛大学时盛赞它思想开放，不为宗教偏见所左右，同页下方的脚注立即跟进曰，“作者为其表象所迷惑，该校实际上始终是为统治阶级服务的”；再如，参观当地公共慈善机构深受感动，又大加赞扬，同页即批注曰作者是“从资产阶级人道主义出发，过分强调慈善机构的作用”；三如，第十五章从加拿大乘船返回纽约途中，称许其所乘的一条航船，并表彰了船长，言及在加拿大暴动的紧急关头，他曾用此船将英军运往战地，同页脚注亦曰，“这位船长无非是帮助英国统治阶级镇压当地人民的起义的”……如此等语句后，都一律缀有作者“做了不恰当的赞许”之语。虽不曾就此书和父亲做过何种交流，但自觉尚能辨识父亲平素行文风格的我，却就这些颇带蛇足印迹的字句询问过他。回答只是淡淡一句：“是出版社加改的嘛，还有后记……”

我当然也细读了此版本《译后记》。署名破例以“译后”代替译者姓名，立足于对应侵略占领成性的美帝国主义60年代初对我国东南海峡两岸的举措，借古喻今做出揭露批判，其实这也是一种自由抒发己见的方式；但行文中从整体脱离原作者的原意，显然是处于那时的主流语境当中对作者主观意图的位移与扭曲。我在撰写译序中也曾就此略带针对性地表述了拙见。

估计60年代初出版社在做这些编辑加工处理过程中是无须和译者沟通的——很遗憾，我并未就此向父亲确认。时过境迁，二十年后这类文句只是读来颇感突兀生涩。也难怪80年代的编者才按出版社的新体例删除原《译后记》，并邀约接受我所写译序；与此同时，也认可或删或改了前述60年代版译文中的几则脚注。

时光又飞离去了二十余年。80年代，我在网上学习拜读过同行有识者对父译《游美札记》两种版本注跋的比较点评，认同拙译序中追寻该书80年代版无署名的《译后记》所做“反思”，后又拜读山东大学学者孙迎春教授运用进化论于翻译研究的专著，领略其选用父亲译作为样例，述说并认同中国翻译家随时事变迁，改变个人翻译策略的过程。这种指认，不带褒贬，注重发掘翻译家的主体作用，当是著作者独具慧眼的卓识；唯其中一篇又

狄更斯（1812—1870）

直指此60年代版未具体署名译后记中“译者”那些表述，拜读后窃以为，似乎对于我国特色语境下，作品出版刊行，除著译者个人伏案执笔，青灯寒窗等等个体劳作之外，其他环节和过程中种种合力作用与纠结有所忽略。

2013年，上海译文出版社又出《游美札记》新版，装帧大方雅致，粗读印象是从正文到序注全照80年代版制作。无暇细读，亦未做任何反思。然匆匆掩卷，脑际又闪过数年前网上拜读评比此书80年代版注跋的“周边文字”说，以及此书出版几十年间（二十年左二十年右二十年中流）之事实，顿起正思：

其一，书写任何文章，需首先定位其所指、辨明主次，含混处理、错的放矢，应尤为写批评文之大忌。在书写过程中仅从此书到彼书，从此页面到彼页面往返冲滑，似沾粗疏之嫌。苟能在书里书外多管齐下，钻入书内阅读、比较、下笔、结论，跳出书外调查、采访、参照、搜集再行定笔，或稍可免减草草错指、冤指，辨明清浊。“不薄今人爱古人，清词丽句必为邻。穷攀屈宋宜方驾，恐与齐梁作后尘”。“未及前贤更无疑，递相祖述复先谁？别裁伪体亲风雅，转益多师是汝师”。圣贤哉，子美宗师，所言真宜诲人、慰人！吾辈应时中外文化贤学者汲汲渴饮异邦天书秘籍之际，当无不屑于自珍千年古训乎！

其二，常言“文章千古事”，商品经济时代，著译作品，出版图书，无形中早已纳入商品行列。难道它们一旦赋有此性，就失去恒久生命力？固然，科学宇宙观早已下定万物皆变结论。身为万物之灵的古今之人在变动中方显其灵。然相对而言，各物有灵无灵者，是否都应且都在瞬息万变？至少，在发展至今这几千万年的人类文明桥段，事事物物是否都需随此规则运动？

古今中外多少经典名作，甚至仅片言只语的成谚铭文，一旦出世，众口传诵，恒久未变。为何一些今文就需要效华服、豪车、化妆品、网络语，在时潮中不喘息地更改、淘汰、废毁、湮没？设若一篇文、一本书作（译）者和其外上上下下每个相关参与者，如《游美札记》2013年版授意编辑策划等诸君，于运作环节之中就曾慎重正思、反思、深谋、远虑，而非仅简单在文字浅表冲浪式往返，却待几十年后反思，或在又几十年后再做反思之反思，是否其生命力也会相对持久，历经沧桑，禁住时代考验？固然，反思终比无思为优，甚至可贵；但也似不应滥用，以至成为轻薄从事，无视担当之开脱。

文章千古事！此言当然主指那些高文典册。今日抖出这点不足挂齿的往昔译事家常，虽细琐寡淡，然确含拳拳私衷，或仅可供自身一己之诫。

往昔亦为历史。历史既有江海风云之浩荡，又有草芥灰尘之细琐。千古文章无论巨细多非一日之功。“尔曹身与名俱灭，不废江河万古流。”江河兮？微尘兮？其实均无违物质不灭之常道。今日吾辈为文者，苟不妄图一时之功利，不轻下转瞬之结论，则吾国吾民幸甚，举世人类幸甚！

［附记：关于《游美札记》部分，写于2016年3月，写毕投至《中华读书报》，题名《不废江河万古流——〈游美札记〉跋注的反思与正思》，发表于2016年6月15日国际文化版，节录至此。］

回想此《游美札记》中译本初版（1963年）面世之前十余年，北平解放之初，父亲于自家客厅面对辅仁大学来访小友高谈时政，涉及台湾问题，曾有言：“现在隔着海峡，用重炮轰击，也是可行的战略！”

其时父亲甫届“知天命”之年，尽显其山东人之典型体魄，辗转起落于客厅沙发之间，挥拳揎袖，朗声高论，恰似一颗发自重型炮口之弹。我当时闻之尚存疑虑，曾暗中自问：“难道大炮真有这样远程威力？”谁想近几年，偶读报载当初指挥炮轰金门、马祖主将回忆雄文，方悟父亲其时所言，果有实际战绩为证，并非荒诞无稽！而其有趣之处则在于，十年之后，父亲又在其“耳顺”之年，借译此纸质一书，再向海峡对岸发出重型炮之弹，似亦堪称父亲人生翻译事业之途的未竭三鼓。

总之，这是父亲生平政治影响最大一部书，但客观环境的急切于功利也趋其留下疏漏，二十年后才得修补。父亲于此，也是无可奈何。

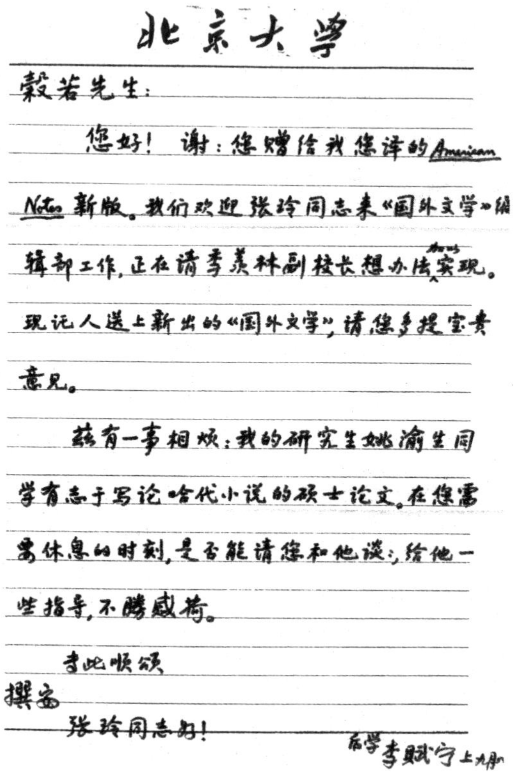

北京大学

穀若先生：

您好！谢谢您赠给我您译的American Notes新版。我们欢迎张玲同志来《国外文学》编辑部工作，正在请季羡林副校长想办法加以实现。现托人送上新出的《国外文学》，请您多提宝贵意见。

兹有一事相烦：我的研究生姚渝生同学有志于写论哈代小说的硕士论文。在您需要休息的时刻，是否能请您和他谈谈，给他一些指导，不胜感荷。

专此顺颂

撰安

张玲同志好！

后学 李赋宁上 九月

李赋宁伯伯给父亲的信

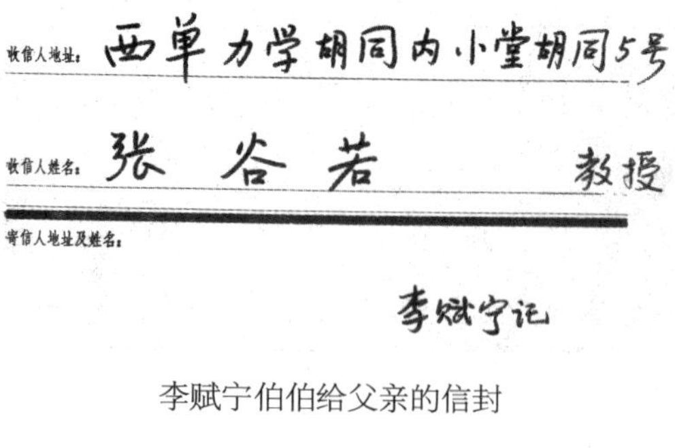

收信人地址：西单力学胡同内小堂胡同5号

收信人姓名：张谷若 教授

寄信人地址及姓名：

李赋宁托

李赋宁伯伯给父亲的信封

第十二章

桃源梦断

60年代的早春，父母在小堂胡同自家小四合院

我以手指为双足，
在键盘上踟蹰，
艰难追溯时潮的脚步，
追寻先父留下的歌哭，
用字碑将它们标出。

此时此刻，手指敲出的时间是1965年。此时以后，父亲从“耳顺”，直至“从心所欲”……用不着写别人已经写出、唱出、画出、印出、播出、映出的所有事，我只想写父亲此时具体而微的一点点。只因具体，虽微不足道，或许还有些与众不同。

这里还要补述一段前一时期的事：

这段是我离家最长，也省亲最少的十年。与北京家中的平安家书，主要往来于和妹妹之间。对父亲除其译事偶有过问，起居生活都仍由身体尚可的母亲一手操持。但记得1960年第一次回京省亲时，母亲说此前两年，正是我毕业离家到西北工作之时，父亲每从学校回家，晚间又恢复了喝酒的习惯，且好高度数白酒。那正是因“天灾”而引发的供应“低标准”时期，饮酒限购，父亲却饮量大增，每至半酣，会难以控制地“发酒疯”：顿足捶胸，胡言乱语。母亲在一旁毫无办法。此时妹妹已长大，代替了我在家的地位，终于以她的方式不声不响把酒瓶夺过去，一举扔进院子夹道的废物箱里。这时父亲才猛然清醒过来，从此再未豪饮酩酊。

母亲趁我匆匆回家短暂探亲提起此事，我还误以为是父亲年近花甲，男性也有更年期，心理随生理有所变化。仅此而已，再未深思。

今日想到此事，又联想到早年见到父亲饮酒醉酒闹酒种种琐事，并忆起他一次闹酒情景。那时我已进入中学，接到老家祖父去世消息不久。父亲一天晚饭喝了些闷酒，一家四口各就各位，自行起止。在我已上床即将入睡之际，父亲突然怒气冲冲从尽东头他的屋中蹿出，一边呜里呜隆说着醉梦之语，跨过客厅，经过我床旁，径向母亲屋冲去，我在蒙眬中一跃而起，中途把父亲拦腰挡住，大喊："不许你欺负我妈！"

突然，意想不到地，父亲立即站住脚，清醒过来，安安静静踱回自己屋里。我跟在他身后看着他上床重新入睡，帮他掖好肩膀头的被子，就像更小的时候，听见他半夜梦中喊着"捉贼呀！"直待被唤醒一样。很早的时候，我就清楚地知道，父亲早先北平沦陷期那次"勇斗歹徒"虽然一时表现了得，但是一介文人，从未舞枪弄棒、杀生流血，在当时的现场脆弱的神经还是受到了不小的刺激，多年后留有余悸，在梦中有所反应。

从50年代以后，他就没有再对母亲发过酒疯。那么我离家两年，他又复发，究竟是相关更年期，还是另有其他原因？我回京探亲听母亲诉说的当时，并未深究。

从父亲一生约略可见，他体内血液当中，是现实与浪漫因子颗颗无间结对成偶相伴，每遇外界敲门挑战，无论庞然或微小，这一对先生女士都会不约而同地第一时间起而反应，且立即决定由哪一方率先出面应对。60年代中期以后，狂飙突起时这一次，应该是"浪漫女士"首先亮相。于是，尚未轮到街衢胡同那些袖标鲜艳夺目的小将或青皮爷们儿、娘们儿破门而入，父亲已抢先自行开门启户，公开对自己的"宝物"大施挞伐摧残。

父亲先声夺人的第一步，是自我焚书。我写于1992年5月的一篇文稿，曾略记了那一些相关史实的斑点：

书是吾家事

李君文俊在他那篇小品《真假古董》中提到，他于1972年买到家父张谷若曾收藏的一本旧书。李君明鉴，料到"其中还有一段故事"，似乎也是一种委婉的质疑，现为应答李君提示，愿冒续貂之嫌，写点零星旧事，权充“一段故事”。

家父身为读书人，生性爱书。从我记事起，印象中家居几间房舍除了书，别无长物。父亲习英国文学，专业书占藏书大半，但我国的经史子集以及各种选本也相当齐备。重要者，更不止一两种版本。为搜集这些书册，他的业余时间多半消磨在了京城坊间的大小书肆。不少原版精装英文书，都是很久以前以工资、稿酬买成外汇，向海外书店直接邮购而来。

父亲几乎没有一天不看书。看书前，虽不致焚香沐浴，总要先洗手。等我稍长，有了对书的好奇，他也是先抓住我的细小手腕查看，手洗干净了，才准碰书。有时买来的旧书已经残破散乱，他得涂擦干净，剪贴换面；或用他那双从不干正经家务活的大手穿针引线，连缀周正，方能上架。

他有阅读时随手在书间批注的习惯，但凡是他心爱之书，写在上面的都是工笔中英文蝇头小楷。

父亲对书如此珍爱，他的书柜、书架，却十分简陋。数年前迁居，才新添了一套新柜。我问他为什么不买像样的书柜，他说过去只要有了钱，就忙着买书，始终没有腾出买柜子的富余。母亲曾有一次指着这些书对我戏言：“你爸要是拿这些书的钱去买地，该成大地主了！”

父亲在他的书田里长年耕耘，自得其乐。最坏的年景是“破四旧”那阵儿。外面一队队游街的“罪人”如潮，一声声“打倒”的呐喊如雷。

父亲见到有人爬上房，朝我家的独门四合院内窥伺，再也沉不住气，没等人家进门，就自己率先采取革命行动：先把书折腾到庭院中，撕的撕，烧的烧，那些“毒害”稍轻的，则装上脚踏三轮车，央人拉出去，三分钱一斤当废品卖掉。上秤约之前，还得把其中精装书的硬皮先自行撕掉。次年，我从西北回京省亲一看，家中藏书已十停去了六七停。

父亲原在北京大学有间单人宿舍，60年代起暂借给同系一位青年教师住用。父亲在城内家中自“破四旧”那时，这位教师也在西郊校内主动代劳，将父亲的教课用书，连同他随带到学校闲看的书，以及部分著译草稿，统统处理掉了。李文俊君购得的那部《古今诗赋》，可能就是通过这一渠道，流落到了旧书店。那位青年教师（现应已届中老年之交了）不久后移民去了美国。父亲记得他未走之前说过，他曾卖过父亲放在那间小屋里的一些书，包括一函线装石印版的《宋拓淳熙秘阁续法帖》等等。

算上放在学校中的这部分书，父亲的藏书在“文革”中已存者无多，等到70年代书业乍暖还寒，他又忙碌起来。此时母亲已撒手人寰，我仍远在西北工作，他就成了他那书田里一个孤独的耕耘者。我一次回京省亲，从西单商场旧书店抱回一堆新书，父亲半喜半嗔地说：“这时候还买这么多书！”

我则不无得意地脱口而出：“书是吾家事嘛！”

70年代至1988年前后，在书运尚佳且书价稳定的情况下，家中又渐买回了不少曾失去的中文书；版本装订虽然大多今非昔比，也总聊胜于无。至于英文原版书，以我等书生的经济收入，已无敢问津。1987年为买麦克米伦版新出《哈代自传》（*The Life and Work of Thomas Hardy*, by Thomas Hardy），曾整整花去了相当我一个月的薪水。

先是，我在应届北京进出口图书博览会上参观，恰遇这部大书，是该公司特送过来参展的唯一一本。这部英国名学者米歇尔·米尔盖特（Michael Millgate）据新发现史料整理成书，为英国及世界哈代圈内熟知，有重要学术价值。我立从展架上取下，反复开合，不忍释手。空手回到家里对父亲说了，他老先生毫不犹豫地说：“咱们要买回来！”

于是父亲跟我又去参观了一次，并亲手体验了一次把那部书从书架上取下。从此这部书成了我家的珍藏。

所幸者，通过近十年的学术交流，我的英、美、加的一些朋友，每年都收到他们作为生日或圣诞贺礼寄来的一些好书。我则借花献佛，每逢收到新书，总先捧呈，也足可慰九旬老父于膝下。

1992年某月

[附记]

李文俊先生（原《世界文学》杂志主编）云：

1972年，北京的旧书业开始有点复苏的势头，西单商场内一家小小的“中国书店”对外开放，士子们趋之若鹜。在那里我又以2.5元的代价购到一本阿瑟·惠黎的译诗集《古今诗赋》，一名《中国诗歌170首》。我本不研究译诗，之所以买它是因为扉页上印有“谷若藏书”之章。这准是从老前辈哈代专家张谷若先生那里流散出来的，说不定里面还有一段故事。不久前，我请同事张玲女士拿去让其尊翁识别。不想几天后张老在书前题了一大段话：

无可奈何花落去

似曾相识燕归来

“文革”中半生藏书，失散过半，流水落花，只有慨叹。今岭南李君文俊示以此书，绝望之物失而复见，其喜可知。李君专研美国文学，且执译界文坛权衡，东壁图书，满目琳琅，吾所失书得以厕身其间，虽不成双，谓之栖身玳梁，有何不可。小女张玲，以旧人词句提示，颇可道出此番因缘，因谨题赠，以博一笑。

八十九叟张谷若

每一样东西背后必定有一个故事，我早就说过了。“权衡”云云则是对晚辈的奖掖，并非实情。

再从另一旧文或可寻那十年过后父亲通过“涉外”途径补充损失藏书之一斑：

书的小插曲

书是什么？

字典上说，书是装订成册的著作；

无产阶级革命作家高尔基说，书籍是人类进步的阶梯；

英国十七八世纪著名的文人艾迪生说，书是伟大天才留给全人类的遗产；

我国古代的士子学人说，有书不读子孙愚；

我们宋朝那位劝臣民读书的皇帝说，书中自有千钟粟，书中自有黄金屋，书中车马多如簇，书中有女颜如玉……

不久前的一个时期，市井街心人们又沸沸扬扬地说，读书无用。此说余音萦回，经久不绝……

还有的时候，书是一种想望，一种机缘。

不信？请听一位老人的故事：

老人年近九旬，毕生嗜书。由于涉猎欧美典籍，常需求助拉丁文字典，案头虽有两三部，均不尽如意。一日，有二位在京工作的加拿大夫妇来访，闲话间偶然提及此事，二友听罢，微笑沉吟。今年初，此夫妇二人归国，度假后重返北京，再访老人，首先从背囊中取出的礼物，竟是1925年牛津大学版克莱顿·刘易斯编《拉丁—英文字典》（*A Latin-English Dictionary*, by Charlton T. Lewis），大小厚薄，均似一块汉砖。

老人擎在手上，虽感吃力，却万分欣喜，摩挲翻展半晌，方想起道谢。

此二夫妇随后一唱一和，讲述了此书的一段小小来历。

他们自听老人欲求拉丁文字典，即打电话拜托正在日本教授英国文学的好友大卫·格林教授，格林教授妻子白维丽又打电话给在加拿大教英语的母亲，她母亲又托一位老友，方在古旧书店寻得此书。在北京工作的这对加拿大伉俪回国销假完毕，启程再返中国之前，特将此书装入背囊，随身携带，而未付托运，只为稳妥起见。途经香港在饭店接待处办理入住手续时，即将此背包放置身旁。不料侍者为他们传递行李时，偏将此背包误送其他旅客手中，再难寻得。此伉俪悻悻过境，深怀遗憾。至广州一饭店小憩，心中仍感怅怅；却不料，室中电话铃猛响，服务员通知，他们在香港丢失背囊已经寻得，并已送到广州。他们取到失而复得物件，解囊检点，其中桩桩件件，包括那部汉砖似的字典，分毫未损。二人大喜过望，从广州至北京，一路照看这件行李，倍加小心。

老人有此字典，夙愿得偿，分外矍铄。据此切磋琢磨，专致不逊少年，风烛残生既添异彩，往日研习所余疑难，也颇多排解。

今年，老人恰届九旬，因患中风，已卧病半载有余。恍惚缠绵病榻之间，英文、拉丁文等语句仍时有诵念，并及“那部字典大有用处”“感谢加拿大朋友”云云。

此二加拿大伉俪谓谁?

此九旬老人亦谓谁?

笔者谨遵本主意愿，姑隐其名。

1993年8月8日

以上两篇短文都是时过境迁，风平浪静后所记，发表于《光明日报》副刊。苟得读者轻松卒读，不过在于它以写实方法所记述之点滴史事真实无误。而笔者自知，那并不全面。起码还应有这样几句作为其补充：“父亲其时已近耄耋，应机能力大不如前。置身人潮声海的京城，似难自已。其时写给我的一封信中，劈头即有这样字句：‘我愿做一个彻底的无产者。’此应视为其自行焚书时真实心态或谓动机。”

父亲藏书之外，就是多年间断收藏的瓷器、字画。

英文中china和China字同，且前者是后者之源，可见英国老外眼中，此物于所有中国人与物中之位置。而它的材质以及衍生的造型蚀刻纹饰之优雅华赡，确也更是多少工艺品所难于企及。父亲早年白手起家，毕生以教书为业，一家四口背后长期拖着亲友同乡组成的受援货车（英文wagon），家居除餐饮外，皆以简朴自奉。而其一生之酷爱古物字画，则一方面源于他自始文化气质所受熏陶教养；另方面，故土之岛的人文地理环境也是其更深远之根。

在我们的那块紧邻渤、黄二海交界，深藏于峡湾的小岛，虽曾被父亲称为“穷乡僻壤”，那也是出自父亲自谦自贬。客观地比较，相对于我们幅员辽阔的祖国大多数省区乡镇，尤其在北方，称其较为富庶也还绰绰有余。衣食足而后知此知彼，那里，据我亲眼所见，普通小康以上人家，尤其有海外闯荡经历者，世代积累，除土地、房屋、钱财之外，也渐渐充盈着文化、审美意趣及其盛载之“器”。50年代中期，那里曾是我暑期多次居留度假之地。穿街过巷，无论贫富，家家户户室内墙壁桌案，都有字画、相片、钟表、瓷器种种摆设，甚至在同姓本家的正堂书画旁，还偶然发现了两帧镶有我儿时和父母合照相片的镜框。此类照片是父母随着我的成长连年寄到祖父母老家，历经多次时事动荡，有些我自家都已不曾存留。有些是在土改中流入他人堂上。凡此等等室内装饰艺术品，姑不论趣味高低，足堪称琳琅满目。再以连接芝罘大岛和烟台市区那一条沙滩走廊，如今有称之为“连陆沙坝”者，本是一带果木林地，俗称沙旺。50年代末已发展成为富庶乡村，属于芝罘乡的一部分，那里送出求学子弟，从名牌大学或中专毕业，自愿回沙旺老家就业居家者已非个别。这和父亲当年以及其后几代人的走向，早已大相径庭。

正是从自幼来自芝罘岛上的这样一些传承，半世纪前父母北漂至京落脚，步步扎根，渐渐收集起的大小珍玩中，还是以实用与欣赏并重。诸如红木桌椅等等，都不是普通商店购买新置，而是一些特定时期在琉璃厂等古董市场以奇低时价收揽回家。当然，即使如此也还是花干了家中所有积蓄，其中包括稿费所得。诸如有时看中了一件花梨木茶几，甚至不得不变卖母亲有限珍藏的祖传首饰。

其实，在那史无前例的日子，即使那一点点对个人而言属于无价的家族和父母情爱的“念想儿”，也无须耿耿于怀：父亲将手头书画珍玩一一销毁的同时，还有剩余不过两三个苹果大小的一包金银玉石物件，也被通令自去交付附近国家银行，换回一张三指见宽一行记名小纸条。数年后“落实政策”时，按字条所写物品约略折合成人民币共八百余元取回——此时已是60年代末。而1965年后彼时彼刻，尚留北京家中所有那一切由父亲亲手聚敛而来的珍品，都由父亲亲手化为碎片、齑粉和烟尘。

至于李阁老胡同内陋巷深处我家那所住房，屡被文人雅士朋友赞羡的小四合院，已同时依通令交公。其中几件大红木家具，均被亲戚搬走，他们是苦力出身的基本群众。

不管这些人做了什么，父母都毫无微词，只念他们是“坡勾提舅舅”的遗属。

母亲家那边一位表兄之子维文表哥也从我家搬走了四个顶天立地大书架中的两个。那本是父母在自己的小四合院定居后自行备料，请木工朋友专门打造。一式四具，每具均可容普通非珍贵书五千至万册。此时既然原来可紧凑容纳这些收藏的房屋已依照当时速生新政权并无正式成文的法规腾出大半“交公”，且立即有左邻右舍缺房户入住，父母及妹妹一家三人只自留原北房五间之西三间，面积总和不过三四十平方米；架上书籍既已腾空，其上原先所放藏书已四去其三，腾空大书架则由人轻松搬走，不再和局促主人争抢空间，倒也是一举数得。十余年后，拨乱反正，维文表兄，北京面粉厂一位老工人，年轻时从老家来北平，靠卖力气成家立业，我小时候看他就是闷声不响，但很帅气的小伙子，厂里同事则始终叫他“老闷儿（menr，声调阴平）”，那时又骑着三轮平板车，把那个非常时期父母亲请他帮忙从我家搬走的两大书架，还有一些小件红木家具，闷声不响送了回来。等到他又帮忙把家具摆放妥当，才说了一句：“二姑和姑父的恩情，我们一辈子不会忘！”

其实人们之间大多互相有恩。维文表兄，只有初中文化，和父亲教的大学生有所不同，他本来是普通殷实农家之子，几十年前北漂进京，靠的是自己年轻力壮，为人老实本分，身为一名普通中国工人，在时光流转，春秋代序当中，只有晚年养育成人子女中，偶有出息，为父母者，照他们的语言说，才算“长出了一口气”；而在先前的含辛茹苦过程中所遇坎坷，总会比我父母多多，而我父母见状，多少也会伸出援手。反之，我父母素以文墨为生，晚育而无子，人人家中必不可少的力气活也需要雇工以外援手，这位维文表兄也是我家最得力帮手之一。

然而，在那个狂飙突退年代，父母请来帮忙清理门户者，还另有一高人，就是父亲“坡勾提舅舅”家的表弟（我称他为表叔），和维文表兄同在北京那家大面粉厂工作。虽然也同是寡言罕语，但并不和蔼可亲。50年代之初翻身做主，在了组织，当了车间主任，连我都听厂内其他同乡“大爷”们背后闲话：“脾气变得很大，常常找碴儿训人。”然而因为他是“坡勾提舅舅”的儿子，不管他在车间如何，每逢旧历年，他都会是我父母的席上客；而且，按惯性排序，是年初几的中午，还要特请他们全家五六口。

其实“坡勾提舅舅”的遗孀，我父母呼之为舅母的老太太，才是主客，而这位那时客居于自己子媳家中、饱经人间冷暖的老奶奶，我称伊“舅婆”的，还有两个不离左右的孙女，是舅婆长媳的遗孤。70年代初，我母亲和舅婆相继离世，两家中原本连接最为天然纯真的纽带既已消失，他家这一对孤女也已长大成人，都有了可以安身立命的职业，并建立起自己的家庭，则不再逢年来我家就食；加之此时期知识分子仍是排行第九，名冠异味，看来这也是理所当然。但是那年正赶上我回家探望鳏居父亲，突然收到此家人从公用电话传来信息，通知父亲他家儿子不日大婚。

父亲毕竟懂得其弦外之音，立刻吩咐我准备贺仪。按“破四旧运动”前惯例，他们本来可能又会从此渠道获得一笔不菲收入。而当时我在贺兰山阙干校接受再教育期限尚未完结，赴京临行前，还在和同为再学习的同窗学子们认真探讨无产专政下继续革命当中如何实现“两个决裂”的问题，此时却要奉父母之命准备亲戚家婚庆礼物，于是灵机一动，脑中突然浮现出了两个决裂之一的“和旧有一切传统习俗决裂”，立即拿起瘪瘪钱包，去最近的西单商场，买了四个茶杯，一对枕套。当时，工作单位里有同事结婚时，大家凑钱买的礼物，都是这样统一的规格。

第二天到这位表叔家，未做寒暄，口中念念有词地重复着那句“决裂”，随手交出“礼物”，还未等他们回过神儿来，我已经扬长离去。

那是我初次，也是唯一一次到他家去。匆忙之间眼角余光内留下的印象是，从我家搬过去的几件红木桌椅已经成了他们厨房兼饭厅、客厅里的餐橱桌椅，和维文表哥送还一模一样的两个书架，则立在那同一间一品房里的墙边，油腻腻地装满了油盐酱醋、锅碗瓢盆。但是柜顶上摆了几个崭新时髦皮箱，却是那种在当时须持特许购物券才能在北京专卖商店买到。准新郎是新复员军人，负责外事服务部门工作，弄到这些东西并不稀奇。

回到家把完成任务情况向父亲禀告一番，他还犹疑是不是贺礼太薄。

此事过后，即使是按当时习俗，办喜事主家也应请送礼者去参加简单仪式（彼时无宴请），事后一对新人也应一一回访，并随手撒出几块喜糖。但这一切都未发生。我只对父说：“这样‘决裂’了，咱们以后也就减少很多麻烦了。”

是的，舅婆故去了，留下这些人已经和父亲毫无瓜葛，只有“坡勾提舅舅”还藏在父亲心中，不料日后还陪伴父亲做过翻译。

再说父亲藏书以及并不十分贵重的瓷器珍玩被自家暴殄，这应视为是父亲体内理智先生向浪漫女士争得了决策权，从而赢得了惠及全家身家性命的功利性结果；然而，牺牲并未终止，紧随其后的是李阁老胡同内陋巷中的这所小四合院。

如前文所述父亲早年生长于山东，从青少年北漂求学、谋生，至晚年终老，除偶有节假暂离，始终工作于北京，到临终总计七十年左右。其间，静动安危虽都与北京息息相关，与土生土长的北京人，无论出自市井陋巷还是高门大户，仍有种种不同。首先就是，这座历朝古都，在这书香金粉红尘重地，他原本毫无根基，只是经过一番努力，凭借自身和机遇，在茫茫人海之中他那一片小小立足之地，渐渐扎下根基，伸展人脉。这仅仅是他自己和家庭的方寸立足之地而已。地近京城中心，紧靠府右街的那一小块方方正正小四合院，和昔日王府显贵、近年政要新官的深宅大院相比，简直不值一提。父亲从来无意仕途、商贾，对于田亩房舍也视之漠然——这也是他与祖父之间父子冲突的重点场域。父亲毕其一生正式购置房产，只有李阁老胡同陋巷之内的这一所小门小户四合院。地处西单北大街和西长安街相交的三角地带，连接东西南北各方的街巷，可谓四通八达。父亲生性及言行归根结底都是书生文人，既然一生无意仕途政治，又不擅其父所赖以昙花式发家耀祖的商业经营，其生平所曾拥有过的共一套半房产（其中城南半套房的那一半，如前所述为与单采臣大叔因工作所需而合伙购置，随时局演变而瞬间处理），都是自己数十年从工薪及稿酬集资购得。对于每逢偶有比较整齐（不是零碎）收入，他总有一句口头语为“花一半留一半”。他又是个不喜絮叨家常之人，而我懂事后却曾听他不止一次说起此语，故而印象深刻，且一向视之为自己成家后理财之道。说来我家这处十二间屋，占地总共不过四百平方米的“小房儿”，正是父亲遵其自创“花一半留一半”理财之道而一辈子拥有的主要“产业”。

买到这所小房，也纯属偶然，是从他亲炙一位刘姓学生手中。这位刘师兄先父，曾任京城小官，逝后给妻儿留下这样一份薄产。其子即我这位刘师兄，在日寇占领北平期间就读于辅仁大学西语系父亲班上，参加共产党地下活动，后去延安，行前为便于安排寡母生活，决定变卖此不动产，恰遇父亲渐有小笔积蓄，正物色购房。于是师生之间互通有无各取所需。

这所小房儿虽占地有限，且夹杂于四周平民小户中间，但四面紧邻西单、长安街、府右街等通衢，原初却是刘老先生亲自选址筹划，设计督造，是一所中规中矩旧京城中产小户人家传统住宅形制，结构紧凑齐整，堪称“麻雀虽小，五脏俱全”。院落坐北朝南，街门如一般北方平民人家住所规制，开在东南角。门首两旁一对雕花石墩上是一对小石狮。对开黑漆门扇上书一副红地黑字对联：“忠厚传家久，诗书继世长。”门洞紧接小跨院，进二门才是正院。我父母沿袭山东老家故习，在园内有限空间种植了枣、梨、丁香、无花果、月季、桂花、卧松等果木花草，我也在小跨院正对门洞的影壁，也是院内东屋南侧外墙面上一个砖制半浮雕微缩花盆内，种了些小草花“死不了”，如今多称马齿苋，父亲则说其正名为铺地锦。

像老北京一些传统独门独院小康之家，院内虽不时有亲友、同乡来访、客居，仍然雅洁静僻。春来，蜂飞蝶舞，煦风薰然，发人情思；夏到，午间鸣蝉催人欲眠，入夜群星盘旋俯垂欲语；秋至，急雨洗尘，碧空通透，遥望西山清秀连绵；冬临，一夜瑞雪积地盈尺，整院静寂顿成迷你银粉世界。这是父母的闹世桃源。

父亲的同事、文友来访，无不艳羡其闹中之静。40年代末，从南方初到北京温文尔雅的叶君健叔叔携苑茵阿姨双双登门拜会，告辞时在院中流连环顾，不禁轻声曼语啧啧称赞：“这小院很优雅的啊！”

至今记得，叶君健叔叔身旁年轻、优雅的苑茵阿姨含笑附和，嘴角直拉到耳际。他们留赠了叶君健叔叔大作，一对英中文本《山村》，我抢先拜读了其中的中文本，并就一些疑难问了父亲。日后，叶君健叔叔译安徒生童话集出版，再次持赠，我又怀了极大兴趣反复捧读，随后霸持为已有。直到妹妹有了女儿，才转赠她们母女。

多年来，父亲不断收到朋友赠书，我大多抢先拜读细阅，并帮父亲收藏。李俍民先生译《牛虻》、罗玉君教授译《红与黑》，都是少年的我最为珍爱，并认真包裹纸皮，暗自携出，供同学传阅。60年代中期，家中这些书，连同父亲译作最初版本大多都毁于日后焚书。今只余罗教授一部《红与黑》弥足珍贵。而齐整小院现早已随之支离破碎。

李阁老胡同的“这所小房儿”，从日本投降后一年，父母携我姐妹二人从东斜街49号迁于此处，一直住了三十有六年。主要自住，还有嫂一家数口及偶有来客。虽不轩敞，倒也紧凑幽静。但到20世纪后半期起始不久，紧随那场狂飙恶浪而突然改观。

早在那个年代之初，工农兵学商全民动员，力争创造亘古全球奇迹之时，学界也当仁不让。那时的高等院校、文化教育界的高级知识分子没有退休制度，凡能继续应付工作者，仍在继续尽其心力，奉献终身所积累宝贵技艺特长。这是党和国家人民之愿，也被父亲和他的同年同事们视之为无上荣耀。其时，学校同人上下全力投入教学改革的洪流，力求多快好省培养出更为有用之材。但是天也有不遂人愿之处，那时的父亲毕竟久已年过半百，过午之年，心虽有余而力终不足。他虽然天生体魄健全，一向少受病患，但一具普通血肉之躯，经过六十余年磕碰磨损，终于会露出破绽。一天，正是在那种讲究不分昼夜苦干实干的当口，大家夜间开罢会，走出教室大楼下台阶的时候，高度近视本难立即适应屋外黑暗，再加数小时静坐，僵直的腿脚承受不住沉重的体位下降，父亲扑通一声仆倒在地，幸亏旁边两位年轻力壮男同学奋力把他搀扶起来！也幸好，这猛然一个跌扑，只是跌碎了眼镜，磕破了鼻梁外皮，并未伤及眼睛和伤筋动骨！

这真是“祸兮福之所倚”！系领导和同学们据此方才悟出，这位平时精神抖擞的张恩裕先生，确实老矣！于是，安排他暂时回家休息。父亲去城里大医院检查，这时血压已超过180。于是，一纸病假证明递到学校。从此，随着病情忽轻忽重，父亲也变得和燕园之内的是非旋涡若即若离。到1966年旋涡已成壮阔波澜，不时激荡而出阵阵惊涛险浪之时，父亲正宅家养病。可能是由于率先自我摧毁家中“四旧”；也可能是父亲档案简单清白；也可能是父母终生发自本性睦邻济贫；也许是我这个“问题”女儿有幸远居他乡未连累家人；也许是巷内诸邻本可荣充运动动力者，恰以自身“问题”而为运动对象率先被遣送回乡……总之，水性不佳的父母亲于风雨如晦关头挣扎匍匐，竟冲过了层层险波！只是原来这所小四合院紧闭的大门，从此终日开敞。

起初是为给外地来京大串联的红卫兵腾房。把北屋的客厅和书房腾空，地上铺了稻草，供给南方一批批串联的少年闯将夜宿。其时我正赶上回京探亲，遇见其中一批。有男有女，都挤在铺满干草空出的屋子里，席地坐卧。母亲说，这批孩子比较文静，偶尔把刚出锅的馒头拿给他们，无不欣然接受。父亲却像是往常看闲书发现什么奇闻轶事那样，吃惊而又好奇地说：“上一批来的，互相骂仗，男生骂女生：‘我×你妈！’女生也回骂男生：‘我×你妈！’”

此时，说者，听者，都极力紧绷面孔，神情严肃。

从此开始院子和其中的房屋里，都发生了几度变化更迭，最后面目全非。

北房一度几拨儿暂住男女小将离去，房管部门的临时政权一声宣布：私有房屋产权一律归公。父亲这所小房儿自然毫无例外，原已腾出房屋，直接交由公家分配出租给缺房少房住户，收缴租金。原房主现时所住房屋产权，也瞬间改变为公有，房主变为租户，按月缴纳租金。在这些交接授受过程中，没有见过什么合同公文之类片纸只字。

此施政前后约十年，至70年代末，经种种周折奔波，产权关系才又颠倒过来。这是后话。

无独有偶，此期间，原西郊未名湖畔健斋110号父亲在燕园的那间单人宿舍，也在稍早由系内一位龚姓沪籍青年教师先借用，后占用。待父亲从城中派人去取其中存放笔记、教案、论文存稿、生活用品，多有不翼而飞。据说，先是此公为自己生活方便，将父亲所有物件，包括书架等家具，似处理垃圾般不声不响，一律清除，扔放到健斋公用的顶层阁楼。随后，校园内男女小将抄家行动后，这些东西就都不见踪影。这也正是本章起始段所引拙短文所述故事背景。其中提到父亲一部古籍，曾由龚氏私自售予收购旧书书店。

还有一点需补充的是：占用健斋110号此公母俩儿，暂借也罢，长住也罢，其租金及水电费用，却仍皆由校方财务部门从父亲名下划扣，先后达十余年。当然，彼时教职员工租住学校公房，资费有限，再说当时施行又是“低工资制”，唯父亲等“老”教授，相对于年轻同事属较高，父亲向认为此笔资费微不足道，而彼先生可能更始终视之为不足挂齿——此则亦足可见其文化人之潇洒大度，不拘小节也！唯我等父亲家属，自愧小器，则在视其大量自珍之讲稿、论文，以及少数中外精良典籍于其时其地下落含糊暧昧，尚耿耿于怀；即使向来豁达大度的父亲本人，也不免暗暗苦笑。——笔者如今写到此处，则确确慨然愤然，大约是老年痴呆，缺乏自制使然。

当然，衣食住行者，皆为人生俗事，但也是雅事之基础，竹林、辋川、终南山、卧龙岗固然久负盛名，归根结底，首先还是七贤、王摩诘、诸葛孔明一干隐者雅士日常饮食起居、躬耕力作等等凡庸俗事所寓之其中的容器。60至70年代中期，六十至七十岁上下的父亲，无奈无言的所作所为，是他一生中最为彻骨的辛酸。而更为始料不及之事，其后却又接踵而至。

那时，举国上下运动正当高潮迭起，军宣队主事以后，学校停课，系里大走资派、反动学术权威等“五类”“七类”人等，即已会聚居于畜类棚圈，自有其别样生活方式。——自然，也绝多为年资达标者，而父亲却惭愧而又荣幸地被排除于此等族类，幸免归于为牛为马，此亦当属大幸。不过，先前因父亲间断被高血压骚扰，已难于登台授课，本有充分时间在城里家中将养，而值此运动高潮中，和其他教师共同融入仿军事化集体生活，接受再教育，则再无例外。

那时健斋110号已为鹊巢鸠占，父亲只提着自己简单的行李卷和日常用品，暂栖另座教师集体宿舍楼内，本也为单人房间，非常时期已增至每间三人。姑不论他的部分年长同事大多即已打入畜类籍，所余这些普通革命群众当中，父亲及个别一二，则顺理排归为最年长者，而此时这个群内的生活节奏，却远非依照父亲以及与他相类成员所想而运行。清早，起床后先是跑步操练。一日三餐，主要都在大饭厅打饭。随后是连天连夜开会。以父亲的年龄和健康状况，实在是已难紧跟入流。起始还曾拼却全力，而力不从心所造成的后果则只是更为狼狈。更有甚者是，父亲作为一介终身的脑力劳动者，从六七岁，甚至到六七十岁，大脑神经及身上每一部件，每一细胞，早已磨损不全，长年服用烈性安眠药往往也难助入眠。如此夜不能寐，白天和大家聚坐听大报告，困倦不堪。实在难以自禁之际，光天化日之下，大庭广众之间，居然擅自打起盹儿来！在座者或视之为同病，或悯其衰老，多视而不见。不幸还是被一位特秉警觉的孙姓女干部发现，她立即向讲台递上汹汹举发字条。主持人随即当众朗读。回音缭绕的呵斥，将挣扎于往复点头、打盹、睁眼、闭眼之中的父亲悚然惊醒，浑身阵阵栗抖，心脏狂跳，仍难支撑住点点下垂的那颗沉重头颅。——依父亲日后所形容，感觉真比生大病垂死挣扎还要难过；其实，他生平极少大病。

白天整日精神紧张，直到通宵无眠，次日更加紧张，以至饮食难进，继而引发更重失眠，如此形成恶性循环，无数日引起严重虚脱，终至无法行动。多亏军宣队及工宣队有人发觉，把父亲送回家中。

当时，母亲眼看父亲被一位陌生同志，而非原先任何系里人，从出租车上半扶半抬送进屋中。分别数月之间，去时看来尚属步履稳健，回来竟陡然形销骨立，浑身颤抖不已，体重突减二十余公斤。——医学上对这种体征及其相关生死，早有确切界定。

在此期间，校内很多熟人都未挺过风雷，像系里比父亲还年轻的同事俞大絪、吴兴华等先生悄然离世。吴先生殁年仅四十五岁。

风浪平息数载，有父亲年轻同事梁钰文先生悄然登门，补充相关那位以递字条积极将父亲从瞌睡中唤醒的孙姓女一段小品：

“递条儿”事件后一天开会，伊把所携当日一张报纸随手置诸椅上。会始，全体恭立，歌咏、念诵如仪。随之落座，该报纸即被压覆其下体；而当日此报，恰印有伟人光辉形象！此一细节，承蒙一位本沉浸于专心致志吟诵者眼明心亮，竟被分毫无爽摄入其视网膜，遂被递纸条举发。于是全场哗然忿然，以致引申为对伊如此大逆不敬大批围斗。

我当时正在京省亲，旁听梁先生娓娓叙前尘，几近捧腹；父亲则紧皱双眉，连连摇头。

此后不久，燕园生活、教学秩序又归复常轨，这位孙姓女同志一天出乎我们意料，竟姗然光临父亲寒舍，说是“来看张先生”。还有一位也是父亲曾亲炙，且为我学友之年轻女教师刘意青作陪。甫落座，孙姓女直奔主题：欲意翻译狄更斯《双城记》，要求父亲业务指导。

这位女士在听大报告时的奋勇和落魄，我曾经听系里来看望父亲的先生绘声绘色予以描绘；加上此前去系里办公室替父亲办理杂事，曾巧遇伊正在对一位尚未“解放”的“专政对象”——和父亲年秩相若的老教授钱学熙先生汹汹呵斥。由此这位女士给人印象深刻，且不止此孤例。那天伊来我家时，我正坐隔壁邻屋备课，听她开口说明来意，竟不假思索一跃而起，从两屋相通的隔扇上窗口探身对她说：“不行，不行，我父亲年纪大了，病也没好利索，他自己手头的翻译任务还没完成；而且我和出版社商定，这本书的翻译，已经交给我来做了。”

一席话固然句句都是实情，且日后都有事实为证，但当时对于这位兴冲冲而来，平素又惯于颐指气使的女人，则不啻塞了一个戗面饽饽。父亲当时只是静坐一方，沉默不语。孙姓女自觉无趣，携陪伴刘老师讪讪而别，几上留下两杯我为她俩现沏的特级绿茶，余温绰绰。

不久，孙姓女调离北大，转战南方某特区。再后，我应邀参加商务印书馆百年庆典，预设座席不巧或谓特巧，恰有荣幸与伊同桌，面面相觑，其面部表情暧昧难辨，令我不禁深感在世为人也，能赢得他人如此眼光表情，也属稀奇！

再回头续说当时。多亏父亲体内既有优秀遗传基因，后天又向无严重病痛或外力摧残，在母亲拼却全力耐心照拂下，父亲脱离燕园运动没有缠绵过久，就幸运地恢复健康。

但是，“福兮祸之所伏”，父亲病愈而起，母亲却颓然如玉山摧。母亲自幼体弱多病，又富有牺牲精神。多年来家国内忧外患当中，她总是冲在前位默默抵挡。仅从60年代之初的灾荒来看，她也是在为我们这些家人至亲无言地克扣着自己。到1964年大家度过那段食不果腹的日子，我再次回京省亲，明显看到两三年间母亲的骤然消瘦、衰老；可恨我当时却丝毫没有意识到其后果为何。那时又过去了三四年，重于口腹之患的灾难接踵而至，父亲有幸死里逃生，母亲自己和我们大家却都没有意识到，为了救活父亲，她是透支了自己体内最后的点滴能量。

彼时，我仍在贺兰山麓的沙漠带和同事们一起接受再教育。收到北京发来母亲病重电报，立即星夜赶回。在超出单位限定事假期间，连番续假中，求医问药，和父亲、妹妹共同照看母亲。当时仍处于无处延请家政和医药护理员气候之中，得力的医生朋友或响应“六二六”号召，下乡巡回医疗；或更早被街道驱逐乡下落户，病人只能靠家人自行护理。

父亲和我们姊妹俩轮流到医院昼夜陪护母亲，这也是我生平第一次看见父亲手提饭盒，神情严肃，如自己年富力壮未患病时健步咚咚，往来于北大医院和家门之间，终于，把母亲从死神利爪下救回家来。我遂来不及歇气赶回贺兰山阙。当时那里的干校正在开展反无政府主义运动，但因“工、军宣队”怜我父母老病，又缺儿少女，使我有幸没有成为批判重点。

转眼已是60年代岁末，有家的干校“同学们”都已返城还乡，只有少数无家可归者留“校”过年节，我自然也是其中之一。至旧年年末那天夜晚，不知何故，已过午夜，我还在自己那间土屋土炕上，一直拥被坐织毛衣，毫无睡意。天蒙蒙亮刚刚入睡，即被敲窗声惊醒，是城里电报送来了母亲病逝的噩耗。

我无暇悲伤流泪，不知怎样就一条龙式匆匆备办了请假、收拾行李、赶赴火车站、购票等等一切事项。麻木地挤上火车，准备坐熬过那数十小时车程。又不知为何那样凑巧，正离座如厕在拥挤车厢甬道上艰难移步，突然和我故乡一位同年从弟愕然迎面而立！他是从故乡出差到此地，顺便找到城内报社看我，才知我正下放干校接受再教育而未得一见；又因逗留时间有限，未及辗转到远郊干校会我，正悻悻乘车东返，却在车厢一节狭窄走道不期相遇。想来天下事并非件件尽合因果：你所刻意寻求，或却枉然无果；一旦随机放弃，却又失而复得！

真多亏这位仅小我数月泽忍堂弟把他的公差卧铺让给我，使我得以在车上较安适养精蓄锐，以备下车后应对操持丧事！经过那一天一夜征程，辗转回到家后，父亲立刻带我和妹妹乘出租一路赶往八宝山，母亲遗体已从医院移至那里停厝，俟我三日。

自得知噩耗数几小时，我一直把泪水强压在泉底，及至走进那座阴森森停尸建筑，仍咬紧牙关强忍，以免累及父亲、妹妹。但是等到拉开冰冷的柜屉，看到静眠的母亲，再也挡不住强抑的抽泣，眼泪夺眶而出；听到身旁父亲和妹妹也同时出声涕泣，我又竭尽全力敛声闭气，轻轻推回了母亲的抽匣，和妹妹搀扶父亲离开那间寒气袭人的大房子。

写到此时此刻，泪水再次模糊了我的键盘……我已不愿，也无力再重新沉浸回那段最最沉重的时日。

家庭的支柱骤然断塌，父亲从此失去了他的一半，或说大半。

很久很久以后，他还不断说：“这样也好，假如我死在前面，你妈不定有多难过呢！”这成为我们一家剩余三口的速效止痛药剂。但是直到近日，我翻阅残存的家庭旧档，在父亲的半本褪色笔记簿里，发现父亲写的几段文句，中英文夹杂，大部分都字迹潦草模糊不清，千方百计才认出半句：“像是从心里挖掉一大块肉……”

母亲一去，没有了柴米油盐、鸡毛蒜皮等等物质琐事的干扰，父亲对她的情感升华到一个新界面，常常通过吟诵中外名诗句得以表达。

“此生终独宿，到死誓相寻。”

他口诵出唐人韩偓这句诗。这是他给母亲的诀别词，也是他此后梦中对她的重逢语。从此，父亲老当益壮的咚咚脚步声，随着母亲的灵魂沉入地下，深深，深深地……从此以后，我们只能看到父亲步履蹒跚……

办丧事的几天，我出入自家街门，街头巷尾遇到尚健在的老芳邻。

“死了一个好人！”这是他们悼念宽慰话语之中，永志犹新的一句。

母亲天性单纯善良，富于同情，从生到死，顺境逆境，了无更改。早年住西单商场对面口袋胡同4号时，就有多子女邻家逢年过节常要打发孩子到我家拜年，皆因“张太太”平日对他们多有“照应”。其中一位比我小、大家叫他小三儿的刘姓男孩，每来坚持必行叩头，说这是为感念母亲。他襁褓中患霍乱，其父母绝望之下已决定弃送城墙根乱葬岗子了之。只因母亲心中不忍，一句话提醒了他们：“给孩子灌绿豆汤试试！”

他是我母亲一句话救活了的一条人命。

她毕生以帮助别人为乐趣与享受。不论家搬到哪里，包括最后在李阁老胡同二十余年，帮助有需要的困难邻居，始终是她的一种自然行为习惯。“文革”期，旧房产主和房管所属下泥瓦匠、修房工人本已被无形中划为对立阶级，但他们年年盛夏雨季来我家院中修补漏顶时，休息间坐在房顶上嬉笑间还会说，愿意到我家干活，因为“他家的茶好”！

北方或北京人好饮花茶，那些年长期低薪低价，市面上普通茶叶长期定在每两从一角到一元数等。我家一向买一元一两“好茶”自用兼待客，客人不论身份高低，一例对待。包括这些房管系统的男女泥瓦匠师傅。——写到这里茅塞顿开：所谓“吃亏是福”，玄机恐就在个中！但据我判断，借此求福，又并非我父母初衷。

直到“文革”尾声，父亲家中似乎算还是得到了一点天降的“傻福气”。大约是70年代初某仲春，母亲刚仙逝，父亲在北京意外收到福建寄来一大包茶叶，包裹上的寄件人姓名地址全然陌生。父亲原封不动把包裹暂时束之高阁；我在宁夏，几乎与此同时，收到原在报社老同事、我的忘年患难之交黄冰大姐从杭州寄来一信。在北京寄给我父那个茶叶邮包之谜，立即迎刃而解：

原来那是黄冰大姐托她在故乡福建的胞弟黄寿颐先生寄到我北京家里。黄大姐原是上海有声望左翼老报人，50年代末只身来到宁夏，有违当时当地乐于称官职习俗，她在本单位虽年纪最大，资历最早，大家却都直呼其名。她“文革”初期受到严重冲击，大部分工资和银行存款都被自封的“革命群众”私自扣留。她又被勒令打扫厕所，一次和我相遇，趁无他人，悄悄在我的手心塞了一个纸条，上书“给我十五元食堂钱票和几斤粮票”。

下次在厕所相遇，趁无人，我如数战战兢兢把票塞到她手里，她悄悄说了一句：“我让我弟弟寄茶叶给你爸爸。”

在那种时空之中，我没弄懂她的意思，也不敢多问。事过数年，此事早已忘却，黄冰大姐也已“落实政策离休”，在杭州安置，没想到，她还念念不忘在那种艰险岁月自己的一个简短诺言！

此时我们才知道，黄大姐的弟弟黄寿颐是他们家乡福安茶厂总工程师，他们每年生产的绿茶有专门运往北京用于“特供”，从不面向社会，平常以高价也无处得购；仅允许本厂职工每人每年分得少许。父亲得以分享到的这一公斤珍稀佳茗，就是黄寿颐先生从他那有限份额中节省出来！此后数年，年年春季，直至黄老先生退休后数年，父亲年年逢春都收到他所赐寄佳茗，得以和自己亲友分享；我父亲还老老实实以邮件单上所填写极低保价费为据，奉寄茶资。如今想来，父亲和我也都真是如朱光潜老先生所云“不懂事”！不过，细究起来，这一公斤茶叶的价值或谓茶资，也确实太过难以估量！

第十三章

向死而生

父亲晚年笔耕不辍

母亲最终赴火完毕，我们把骨灰盒捧回家中，暂放在最大书橱顶旮旯里。似乎是无须交流，父亲及我姊妹二人都不忍将她独自安置在那个冷清清、完全陌生的群里。

写及此处，泪水再次遮住了屏幕。我们仨都是彻底的无神论者，从不敬畏莫须有的神灵鬼魅，向来坚信大约两千年前桓谭所谓“人死如灯灭”的箴言：“精神居形体，犹火之然（燃）烛矣。烛无，火亦不能独行于虚空。”但是在这个人类生存的关隘要冲，还是一个“情”字湮没了一切理念。

中国传统曾以七十界定人的寿命的一个阶段。近现代人虽已日益不以七十为古稀，像母亲这样近七十而殁，在当时也不应说是未尽天年。但是她和父亲相扶相守整整五十年，一旦尽先独去，确使父亲一时难以自持。自然，他还有母亲留给他的两个女儿，这个家也还有往昔积留的人脉，但是任何人，不论近邻、远亲、挚友、同事、同学、弟子……即使把所有人叠加起来，也无法替补母亲在这个家里的空缺。在北京西单我们所住这一带，本来就有一些像我们一样的老住户，其中也有门当户对文教机构高级知识分子或旧时高门大户显贵政要后裔，父母和他们或有所过从，或仅只是点头之交。至少，在街道骚乱无序的当口，彼此还保留着起码的礼貌和关切。偶尔悄悄递出，即使区区几张纸币、数斤粮票，对于那样一个走投无路或孤立无援的人，也值得日后千金一报。在那段旷日持久的非常态时局，父亲的八字似乎还在起着作用。比如遣返回乡，插队落户，下放干校，隔离审查，停扣减发工资等等政策待遇，都没有摊到他的头上。此时在自家小四合院儿，虽各间屋室，包括不足四五平方米的厕所经过改造，都住满从左邻右舍挤进来的缺房户，成为院内近邻，但关起自家屋门来，彼此还是相安无事。如今，母亲一去，父亲竟成了颇有些含金量的王老五，于是也就有了善意的好事者登门说项。

“她尸骨未寒，你就说这个！”父亲满含热泪失声说道。对于家中来客，我极少见他用如此失礼的腔调说话。

我也立即从隔壁一步跨过门槛，悲愤地高喊：“我们家接受不了这个！”

我知道，我当时的态度是多么刁蛮。我也知道，我说这句话的分量。几天后，我又不得不按假条上所写明的限期，登上回程的火车。在那方寸硬席位上，不停地自我叨念一句话：“一定要调回北京照顾爸爸，一定！”

自那之后，为了默默叨念着的这句话，我前前后后此起彼伏奋斗了十年。

其时，唯一使我定心的是，父亲立时投入他那些书画文字当中，当然，那都只是劫后余生的些微；但无论如何，这就都是属于那紧列母亲之后的第二位客观存在。

身为谪居他乡的长女，我只能感谢这些默默无言，但却又说得更多更多有形而又无形的存在！没有了母亲，父亲终能尚有朝夕相伴之物助他活过这段最最艰难的时日。然而书画终究是那么形而上的物化，无法代替母亲与父亲朝夕相处中为他所做的一切。几乎是1970年到1979年这将近十年，极其缺乏生活自理能力的父亲先是主要靠亲友拼接起来的劳作勉强度日。

我从走出家门独立谋生以来，每次回家探亲假结束离去，都赶上父亲不在家。只有这次，父亲倒是在家，结果是更加无奈地离去。出发时间一到，我只是向他简单说了一声：“我走了，爸！”

听见我叫，他在书桌前立刻转过脸，向我点了点头，伸出五指向前挥了一下，又继续埋头书中，没有让我来得及仔细看清他的脸和眼。父亲从不像妈妈，还有嫂，还有曾经暂住的表姨、姑，她们每次都要一直追送到大门外或胡同口。

他含胸案前，正对摊开的一本线装《庄子集解》，旁边还有一部精装《陶靖节集》。这些书都像他的放大镜和自来水笔等文具一样，是我自幼熟悉的东西，珍藏在紧靠他床头的小书橱里。诸子当中父亲最喜欢，也最早嘱咐我读的就是《庄子》。他没有庄子那么放诞的浪漫，即使在这种时候，也不会鼓盆而歌；但却有“振衣舞松涛，濯足万里流”的豪爽气派。他会默默和庄子，和七贤对话。

几天前，他让我找出英国前拉斐尔派女诗人克里斯蒂娜·罗塞蒂的那首《记着》，当时和父亲一起朗读的是英文原文，现试中译如下：

记着我，当我已离去
　　远去到那静谧的土地；
　　当你不再拥我胸前，
　　我也不欲去而又流连。
记住我，当你不日日对我诉说
　　你所筹划我们的未来；
　　仅只是记着我；你明白
　　劝说祈求都显得太晚。
即使你偶尔会把我忘记，
　　随后又想起，那也不要丧气，
　　因为只要黑暗与枯朽还留下
　　我一时曾拥有的思想遗迹，
那至少也远胜似你笑或忘记，
　　这样你就会记着而且悲戚。

写这首诗时，女诗人不过十八九岁，像是刚刚和恋人死别的决绝词。原文读起来抑扬婉转，能体验到英诗的音韵美。

Remember me when I am gone away,

Gone far away into the silent land;

When you can no more hold me by the hand,

Nor I half turn to go, yet turning stay.

Remember me...

西去的列车隆隆作响。remember me... remember me，这些简单的英语诗句抑扬的调门帮助父亲和我排放了心中连连的幽咽，应和着车轮的节奏在耳边回旋。

母亲走了，去到那静谧的土地，一去不返，把父亲独自留在家里。父亲一生当中，仅居母亲之次的伴侣就是书。当他沉浸书海之时，他会熬过失去爱妻的心痛，还有现实生活的不便。

固然，四五年前，他曾经横下心来，在母亲和身边亲友帮助之下，亲手毁灭了他所拥有大部分藏书。我能想见当时他的心该是多么疼痛。但是，就像许多戏剧场景一样，为父母者有时不得已而亲手剪灭自己的孩子。这是残酷的，但又万般无奈。与其让自己的血亲骨肉被别人摧残至死，还不如死在自己亲手。

60年代末到70年代初，古稀之年前后，确实是父亲日常现实生活上最艰苦的时期。起初，有嫂和天津的姑母，但无论早年她们丧夫之后，父亲在她们孤苦无告之日曾经为她们尽过多少心与力，人家眼前已经儿孙环绕。她们暂停自家膝下承欢，而是像侍奉翁姑一样反哺我的老父，已属难得。但她们帮助我父亲也是勉力而为，并非长久之计。

多亏当时在京的一些正派亲友，就连李阁老胡同（那时已改了一个不沾封资修之嫌的名字：力学胡同，直至今日）那条不过数百米普通街巷的前后左右，老邻居们当中也不乏善良之辈，他们各自以碎片式拼接的一臂之力，使父亲渡过了母亲不在后的一道道难关。

多亏邻居当中遭逢乱世落魄的知识界朋友。首先是一巷之隔的刘佐庭大夫。他本是母亲常年的家庭医生，京东平谷农家子弟，西医学徒出身，聪慧勤奋，活跃随和。五六十年代，社会上仍保留部分私人诊所时代，他循医界救死扶伤传统，开业行医，在附近一带立身发展得风生水起，颇得人缘。邻里家的孩子、老人，从未参加工作的家庭主妇都仰仗他而能遇到小灾小病时方便地就医用药。他则行医家人道，对病者无论贵贱高低，一视同仁，又兼之善于交游，人情练达，行医之间，深入家家户户，其言谈见解颇见老到，俨然成为病人的家务顾问。不幸的是，赶上当时那场席卷而来的混沌风暴，即使有千百种长处，也许因为一个眼神，一举无意识手势，一件稍不入流服饰，一辆老旧名牌进口凤头自行车，或许是尚未成年孩子在小学班上一句不得体话语，尤其是其平时超出一些普通人的衣饰饮食，都会引来灭顶之灾。刘大夫就是因此而曾被抄家，流放内蒙古草原数年。早过花甲之人，勉强回到北京，政策尚未完全落实。食，具体化在粮票上；住，具体化在原来属于自己的小院上，都没有落到实处，也就无异于被切断了起码的生活源泉。然而，就在这些默默无闻的敝里陋巷之中，存在着他往昔的人脉网络。年老孤独的父亲，也算其中一个小小节点。

就是这位刘大夫，起初像流浪汉似的从漫漫草原回到北京后，父亲是他最早探访的旧邻。先是，他们在胡同口偶然碰面，但彼此都不敢贸然公开相认交谈。一方面，暌违数载，彼此，尤其是刘大夫，外貌都已似是而非；另方面，彼时风声仍时紧时松，彼此都不知对方属于何等境况，在世风之下，在不恰当的时间、不恰当的地点与不恰当的人等对话，哪怕只是简单的一颦一笑、客套寒暄，有时也会惹来灭顶之灾。父亲和大夫都是“明白人”，瞬间确认了彼此之后，快速打量一下周边无人注意，立即走上前去，以最简洁的语汇表达了自己的境况后，即匆匆分道扬镳。——这大约也是父亲学得往昔地下工作朋友举措的亲身实践。从此，原来母亲的家庭医生刘大夫成了父亲的家庭医生和常客；经过相当一段时期，由于恢复了父亲这样一些病人，也缓解了刘大夫腰包中粮票和钱票的窘涩。

大夫不仅临床经验丰富，而且兴趣广泛，求知欲强，生命力旺，在父亲当时的内外环境之下，实在是难得的友伴。虽然彼此专业不同，谈起医学知识和医用英语新词表达，更恰是双方都感兴趣的话题。比平时父亲对在医院门诊部看病的医生，或是刘大夫对以往街区开药的病人，彼此都能感受到更多的饱足。尤其在美食方面，无论是理论还是实践，二人的品位和雅量几乎是旗鼓相当。而彼时，孤独老弱的父亲比起很多像刘大夫那样受过严重冲击的友邻，还留有一点小小优势，就是每月仍有足够的薪给。十余年来，大学教授们虽然自我革命，早已主动削减了自己的半数薪金，父亲同在此列；即使如此，还是有足够的实力间或到京城几大名饭庄犒劳自己或顺便邀请至亲好友。那时的刘大夫，每逢经过这些已经变得陌生的五味飘香繁华之地，只能敛神屏气，急速躲避。而和父亲重续前缘以后，第一次重行大嚼那令人口颊流涎的北京烤鸭，真比儿时过年还要欢欣雀跃。大夫较父亲年轻一秩，遭难前有经济实力追求时尚，拥有外国名牌自行车、高档照相机等等，正是这些玩物，给他无意间招来了红眼病患者于风吹草动初起时的趁火打劫。流落他乡多年千辛万苦返回故里，和一些劫后余生的老友旧邻重聚，彼此也是另类的相濡以沫。

由于刘大夫在处世上又比父亲远远练达、现实，因此在母亲的遗灰刚刚暂得置放后，他就是最早来到家中悼唁的老熟人，但又对父亲说出了我们父女极不受用的宽心话。而以他在我们看来的那种行医者过于务实的江湖气或谓俗气，却被他认为是世俗人情之常态。因此，在我回归大西北干校，父亲暂托付给邻友零星照看，母亲的尸骨渐寒之际，他又不动声色，也是难得破例自己做东，办了一桌酒席。当日父亲被莫名地安排于主宾之位，邻座陪客是一位六十开外老媪，据说是斜对我家胡同口一两百米处老邻居，原民国某任总统近亲家的侧室遗属。

那个时段，大多数朋友圈人手头拮据，请客多以父亲做东，席间觥筹交错，谈笑风生轻松惬意；而此次，也许是父亲不大习惯客席，也许是近年来接连遭遇家国种种大小风波，或许仅仅是由于父亲渐逾耳顺，胃口大减，全过程几乎一言不发。邻座那位陌生old lady，见父亲涓滴未饮，遂举杯搭讪："听说您好酒量，赶明儿个陪您喝几盅儿。"

满口京腔京韵！

大概父亲在如此年纪，大脑神经早已渐趋迟钝，又兼母亲永别余痛难消，颜面表情及双耳听力均已呆滞，面对这位陌生江湖女客，更是如聋似哑。我在其后不久又从西北回来，曾听刘大夫提起此事。他平素虽偶显有过热世俗，但又是极聪明识趣之人，既已了解父亲心志，就对此事再也无须聒噪。

刘大夫确是位热情好友，但他对父亲的了解和尊敬，只停留在他的那个层面。正因如此，他也从来没有真正弄懂，我的父母外在文化上的巨大差距，并未影响他们俩相亲相爱至死不渝的底里。

不过，刘大夫毕竟还是刘大夫！他的图谋也完全是出于善意。

其实早在十余年前，这户某某后裔的芳邻即瞩目于舍妹，即此同一old lady曾托刘大夫为其大少爷前来说项。因父亲早年就对传统婚嫁习俗深恶痛绝，待自己为人父母之后，一向力主女儿婚恋自由。那段姻缘，遂也在刘大夫手下转瞬流产。

刘大夫终究还是通情达理之人，而且是一心为父亲和我们这个支离破碎的家着想；而且也确实神通广大，最后又另辟蹊径，帮助父亲开通了一条继续生存之路。

那个年代，北京刚刚开始流行公用电话，手机网络在普通人心中尚属天方夜谭，人与人间沟通交流自然无法和当今同日而语。大夫经常出入附近邻里各家各户，无形中就使信息激活，促进交流。他就是这样介绍父亲和贝璋衡夫妇成为朋友，而且又是那种 A friend in need, a friend indeed，患难之中见真知。

就在我们这条李阁老胡同通向西单北大街中间，还有一条同样不长的堂子胡同，住着这位贝伯父，他出自京城老门户，而且是精通俄语的老前辈，职业翻译家，具有俄语专修学校毕业的老资历。年轻时，他家底不薄。中华人民共和国建立后，中苏友好，贝伯父精湛的俄语，顿时大有用武之地，十余年来译作频频出版，稿酬连连不断，夫妻二人经济宽裕，加上懂得享受，子女幼时都受到最好教育；女儿还超前地课外学起弹奏琵琶，算是赶上了神仙过的日子。

60年代初，国际关系有变，贝先生这样自由职业翻译家，明显地受到首当其冲之害。过惯悠哉潇洒的日子，难于收拢，随后十余年风雨当中，不觉已家底掏空，以致狼狈。正值此叫天不应入地无门之时，刘大夫，也是他们家庭往常的医生朋友，带着草原风尘霍然光临，很快就沟通了父亲与贝先生——在我每次从西北回家，及至最后回到北京工作，对他始终以伯父相称——夫妇之间彼此需求：每天，贝伯母上午去路口不远处西单菜市场给自家购物时，捎带给父亲代购一份全天两餐食材，然后先到我家给父亲做好，然后带着自家一份，回家执炊。想不到父亲竟然也学会了晚间自己在灶前加热已为他留好的晚饭！贝伯父伯母是斯文人，起初全不确知父亲之食量兼人。父亲每有未得饱腹，则晚间自行再煮鸡蛋，北京谓之“卧果儿”加餐。通常二三枚，有时则令人吃惊地增至四五，甚至六七枚！我回京后得知，大为之后怕，深以其未曾蛋白中毒为庆。父亲自幼按山东老家习俗，家家男性无论贫富，都是“君子远庖厨”；和母亲朝夕相伴五十年，更是已被娇宠坏了的！

无论如何，就是在贝伯母如此帮助之下，父亲暂时解决了每日的果腹之虞，月以人民币二十五元作为酬谢；而伯父母则以“过多”坚持退辞十元。父亲请刘大夫从中斡旋，贤伉俪则终不改其志，而且说：“这已经就很不错了！”

在伯母头一次得到这区区十五元酬金后，第一件事就是赶快去西单老义利西点店买上一包上等咖啡，回家即和伯父二人悠然共享这久违的嗜好。

这是一对温良有趣的老夫妇，言谈行事不愠不火。比父亲晚生一秩，在穷困窘迫到极致时，也不失尊严和情趣。我从外地回京第一次见伯母之后，就去其家拜访。伯父是一位说一口字正腔圆“国语”文人，中等身材，面目明朗。伯母孙玉福，来自前清帝师孙家鼐及状元洪钧家族，面目身形都是南人类型，且略带南方口音，所谓“庚”“清”不分。他们二人，一眼可见颇有夫妻相。引我落座后，伯父开口就问我：“听说你是某某报社记者，你们报纸有什么特点呢？”

我不假思索地抢答：“没有特点就是特点。”

他稍怔，旋即连连点头，和我相对哈哈大笑。

那几年，我们两家彼此依赖，信任，互相学习家务厨艺，交流生活信息，直到他们落实了政策，复归更适合自己的职业。

古人所谓“君子之交淡如水”，回想我家和贝伯父伯母五年多交往，绝大多数都是在我家其时已是小杂院那间方寸有限的小厨房内，每天都免不了浓浓的纯烟火气，虽身在庖厨，但谁又能说那就不是君子行为呢？

也就是在这几年中，我也同步在殚精竭虑摸索搜寻自己的打回老家之门径。一方面是为我自己，同时也是为父亲。母亲安葬即刻，我已在心中对父亲暗下许诺，一定要回京代替母亲让他安度晚年。

当然，客观现实往往并不都对主观愿望如许友善。

当时，文教学术领域（其他方面未见，也不知其详）人才断层已略见端倪，因业务所需而取士用人，像我这类人的起用似乎不再是问题，但我每次走上最后咫尺，皆因于北大三年级之初秋无辜所授受的额头金印，疤痕犹在，以致仍徘徊门外。个中滋味，实难为外人道，却留在自己私密笔记本里，至今尚能翻找面对：

凤栖梧　赴青铜峡办通讯员学习班戏成

车驿为家萍浪迹，游宦生涯，秦楚无常据。恭率徒众采消息，穷索枯肠觅章句。谈笑登场戏常串，营营舌耕，未计囊橐浅。翘首学府叹无缘，徒闻“老师”声声唤。

1974.11.23

当其时，我在欲求调动工作的马拉松跳栏中途，不得尽行逾越栏板，铩羽败阵窘相毕露。不过从汹涌暗流之中，也尚有一线光亮可循。历史的事实也是，正当其时，我仍在挖空心思，想方设法使还乡梦想成真。——为老父，也为自己。

总而言之，那是那个特定时代京道难于上青天的情势。现实迫使我不得不把途程暂时分解为两段：先离开报社，那个少有假日，且法定休息时日也多被占用的岗位；在英语教师奇缺情况下，经面试，跻身省区唯一综合大学新成立英语专业，任教基础英语。如此，一年中寒暑共两三个月长假，外加当时实行每班学生由两名教师轮流授课，因此每位教师每学期只有一半时间登台讲课，另一半用于备课、进修，我也就因此而有幸赢得自由支配的时间，可以趁机回京，边备课、进修，边助父亲生活和翻译工作。

此期间，父亲已年逾七旬，托福新政令颁施，办理了退休手续。也不必在城内家中再为请病假而频频向学校递交医生证明。在那种“特殊年代”，这对于父亲和我，已都得算是值得感恩的安排照顾了！但是，如果稍加一点经济计较的话，便可知我每月省吃俭用积攒下来的一点儿薪给，大多也都交付给了贯通大西北和北京之间的那条铁路，历时五年。

自然，母亲刚刚离去的起初时日，真仿佛家中每一间房屋的每一根支柱都摧折倾倒了。父亲也几乎失去了感知和意识，埋头书堆，只是为了，也许是不自觉地，逃避活而走向死。然而，在这个处处皆是活人的现实世界，每一个仍然活着的个体生命总有一种相互靠拢的趋同性。仅就在父亲和母亲于其中已经活了二十余年的小小庭院而言，也早已渐渐孕育出一种非血缘世俗因素生发的亲和力；随之，自然而然又凝聚了一批与众不同的种子，生根，发芽，开辟出一片新园地。

此时，每次在我有了时间回到京城的时候，都会发现家里又多了一些不同年龄、三教九流的访客。留给人印象最深的，是上海几位老先生。

他们每次从连接门洞的小跨院与庭院之间的二道门鱼贯而入，多是我第一个看见引进，然后立即到灶下充当“杨排风”或谓“火头军”，给他们烧水沏茶。他们是上海译文出版社社长、主编以及资深编辑，孙家晋（吴岩）、包文棣（辛未艾）、方平诸位先生，本身都是我早就拜读过其作品的翻译家。三位都是五六十开外年纪，南人的中等身材，戴着（尤其是包先生）深度近视普通黑边眼镜，吴侬软语腔调浓重。

上海是现代中国文化出版事业发祥地，对于掌握时代潮汐、政局律动、本业脉搏，上海的业界老前辈，具有堪予艳羡的敏锐。当时政局稍见端绪，他们已立即奋起，提上各自那个形影不离的人造革公文包，奔南走北。北京自然是他们的远征方位之一。距离北京火车站二十余分钟车程的李阁老胡同父亲家，也是一个聚焦点。他们三人行首次造访我父亲，是在70年代之中，晦乱无序的高峰刚刚走向颓势，这些以天下为己任，以事业为最重的有识之士，经过近十年的浮沉上下，体肤筋骨劳乏尚未彻底驱散，就暗暗心动体行复出书册江湖，着手重整自己出版业的山河。而在重回寂寞无序的编辑部，重新筹划可行的业务方案时，首先想到动乱初起前被迫中断的那批世界文学名著译稿，这是他们这家全国唯一专事翻译出版机构所先行启动，但尚未见眉目的构想。十余部共千余万字的《狄更斯文集》，更是这些构想的重中之重，而且他们还记得，《大卫·考坡菲》和《游美札记》的译者是张谷若。无疑，《游美札记》在十余年前有幸已翻译出版，而《大卫·考坡菲》则是继其后的约稿。这一部近百万字的厚书，其大半部分，五六十万字，父亲已经于1964年夏季交稿。——我记得，那年那季，我正回家省亲，母亲是亲手将一包颇有分量的书稿交给我，由我送到离家最近的甘石桥邮局寄向上海。在那里，恰遇办事员，还正是我小学时的黄姓女同学，办收发时，还问及“你老父亲可好”！

但是，这部也浸润着父亲心血的书稿尚未交付定稿的后三分之一部分，早已在非常时期焚书时化为灰烬。

既然上海出版方已重行扯起旗号，父亲也战鼓重擂，起而响应。在那一缕再现的晨曦召唤下，恰似打了兴奋剂一样，立即提笔、展纸，重行伏案，补译出这部已成灰烬的书稿后半部。

那时父亲已真正跨入了古稀之年，身体比刚被用出租车从学校运回来的时候和送母亲远行那时候，都有明显起色。

“爸，我来帮你！帮你翻初稿，帮你抄稿，帮你借查资料……”

我从懂事开始，就知道我是家里的老大，而且家里没有男孩儿。每次唱《木兰辞》，唱到“阿爷无大儿，木兰无长兄”那句，“无大儿”和“无长兄”各三字，特别强调那个“无”字，都是升调，我心中都无一例外地凄婉莫名，于是立即自然想让自己要像男儿一样说话行事，以尽一己绵薄之力帮助父亲，也就是帮助家里；而父亲却总是希望我去做更能有益于我身心成长之事。诸如上初中以后，我就开始主动要求帮他抄稿，但都只能浅尝辄止，抄上一两个章节，他就付给我块把钱稿费，再另请以抄稿挣钱糊口的成年朋友继续抄下去。我早知道，这首先为的是不影响我的学业。当然父亲骨子里又是主观意识极强之人，他才不会轻易放任我这个连半瓶都晃荡不起来的“孩子”呢！不过或许，父亲也是不忘自己少小勤工，为家庭减负之不易，不忍自己孩子重蹈覆辙。

就是在70年代中这段时期，我在宁夏大学教英语的五年，也是半教半读，和学生一起长进的时期，恶补了一番英语的基本语法与技能，自己也在暗暗练习翻译。

也还记得是在小学三四年级时，父亲趁寒暑假教我英文，从ABC开始。那时对我，他可不是个好老师！他把教大学的那一套，用在我这个八九岁孩子身上，造成彼此都很不爽。于是我令他失望，最终甚至引出了他的老拳。事后大约一个月工夫，我不和他过话。还是母亲在饭桌上，看我眼色平和，立刻对我说：“那是你爸呀，怎么能总是不理他呢？”

话音刚落，父亲和我都立刻解颐。看来至亲之间，无法记仇！那次过后，他就把我交代给了家里的英语儿歌、童话故事唱片。继而又渐添加了一些为成年人之用的英语会话、语音唱片。我跟着这些和蔼也更有耐性的老师学习，心情效果都胜似跟父亲的百倍。

但我永远清清楚楚记得那次严重的家庭暴力。起因至今无法明晰交代。只记得过后我边哭泣，边暗自叨念：“长大了，离开你，走得远远的，自己把英文学得棒棒的，再回来让你看看！”

没想到，日后在远隔千里之外，在真正的“贺兰山阙”，方圆数里，夜深无人，我还真正实践过自己的此一童言。眼下，还不止一次，我独自扪心自问：“父亲离世已近三十年，就他的拳头，你是不是恨他？”

“不，一点也不。”我还是扪心自答。我想，无论如何，亲情代替不了理智。长大成人，多面的生活告诉我，那是尚在父亲还较年轻的年代，生活又陷入民族家国至暗的时期。真不知彼时彼刻，他“在外边”（母亲的用语）遇到了什么样的危难甚至恐怖，而我这个“没眼色的”（也是母亲的用语）孩子刚刚好碰到了枪口上！而且晚年生智，如今，我更进而懂得了我们古代先哲遗训当中“易子而教”的哲理。我本是一个视恶如仇之人，对于所受不公虐待，本来毫无姑息，但是对于家庭亲人中间发生之事，这条规律却似乎并不发生作用。——也许我扯得远了，现在再回到父亲的晚年。

母亲逝后，父亲渐逾古稀之年。表面上，体形、面目、皮肤、骨架并无过于明显衰颓，但是心性明显改观，尤其是言谈动作趋于迟缓冲和。早年，尤其是酒后那种隐而不发又偶有一发的悲愤、痛恨、烦躁、厌恶情绪几近绝迹。在饮食上，他仍然食量未减，且有福葆有满口整洁健齿，一顿饭吃一条鱼、半只烤鸭，都不在话下，用他自己的话说，吃的是“满口货”。刘大夫不止一次说：“他吃起爱吃的东西来，像只大老虎！”

他的那些居于燕园的南方同事好友餐桌上那些精致繁多的美味，显然难饱他的口福。在这些“进口”货的风味上，他本来也算是较为挑剔。如今我母亲不在，他也只能勉强将就。用他自己的话说，现在很多东西都变了味儿，只有烤鸭没变。据此，多年来，尽我们当时的经济条件之所能，还是保证他每月有一到两只北京烤鸭解馋。每次外子张扬骑车从尽可能近的全聚德分号买回家摆上餐桌，父亲一边津津有味地吃着，一边叫我们：“你们一起来吃呀！”

这时我们往往一边还在下厨准备其他饭菜，一边会回答他：“您快趁热吃吧，我们对烤鸭不像您有那样大的兴趣。”

这也确是事实。

1991年父亲获香港翻译学会荣誉会士衔，通知尚未寄达，钱锺书伯伯夫人杨绛女士率先获知消息，即代钱伯伯打电话祝贺。我接电话后，口无遮拦，对父执家属竟无礼贸然戏言曰：“一纸文书何用，倒不如送只烤鸭痛快！”

当时家中现场实况则是：自从陪父亲迁离市中心安家于市近郊，如今的西北三环路，购物环境暂非原西单一带可比。接杨绛女士电话，正值大年初几，岁末为父亲所备办数日大餐大体消耗已尽，和张扬正在绞尽脑汁解决

黄邦杰先生来访

采购后续节期美食问题；接听、应答电话中间，却突然有一只烤鸭从脑海，经口齿一跃而蹿出亮相，唐突了长者……此后每忆及此事，深以自己轻薄无礼冒犯尊长而自愧！

最为幸者，此时期，对于父亲更难得的是，他自己能做到对于高纯度酒，无论中外，“涓滴不饮”——此为其自矜用语。

只不过偶尔，他还会喟然长叹：“那时候我是‘座上客常满，樽中酒不空’啊！”

“廉颇老矣，尚能饭否？”有时看到我和妹妹努力为他做出几样“仿母”大餐，也能助他大快朵颐，我会以同出齐鲁的古人辛稼轩这句词为父亲呐喊助兴。

长期以来，在我们家人人都明白，而且相互共有默契：那就是客观条件再紧迫，切切不要小觑了餐饮——那是一种文化，而且又是反哺人的智能与体力的文化！为父亲提供尽可能优质的生活，尤其是饮食材料，首先是为保证他活得轻松，做得愉快，就是保证他工作的顺利进行。据此我给自己的厨艺定下这样的达标水准：荤菜类做到像母亲的一样；蔬菜类超过母亲。老辈人治炊，多半忽略食材健康性。

亲友诸贤，历来艳羡父亲有福气。窃以为，他的福气，首要在于从娘胎里带来了一副特别消化系统，强健而又具有高效辨识力——其实这也就是所谓品味。这是他毕生能以超常精力完成他对己对人回馈反哺的生理基础。刘大夫以其亲历目睹，给父亲一个专业性的判词是：“他生就了一副知识的大脑和拉三轮儿的肚子！”又形象化地说他：“吃起来像大老虎。”父亲对于人家将他比作虎类动物，似乎很是受用。他在洗澡后出浴时，双手支撑着迈出浴盆，从背后看上去，活像只大象。帮我给父亲助浴的张扬对我此一愚见都很认同。

如前述，父亲在辅仁和北大都曾留下“美食家”雅号。系里聚餐，“多先问问张先生何处最合适”。系里同人进城探望，他在家附近以名饭庄肴馔或仅仅家常便饭所尽地主之谊，多会为客人附上齿颊留香的印象。在70年代初一日近午时，新任系主任李赋宁匆匆来探访，告辞时父亲执意留饭——与共同语言丰足的朋友共享佳肴美酒，也是父亲平生一大乐事；据我记忆，老派山东人，无论俗者雅者，多具此癖好。匆忙间李伯伯起身告辞说："I owe you too much!"

迈出跨院门槛，又回头给父亲丢下一句："下一次我们谈英诗吧！"

李伯伯总是脸上笑容可掬，说话慢条斯理，举止温文尔雅，治学严谨扎实。他祖籍陕西，远祖由鲁地迁晋，在北京及美英受高等教育，却是典型北人南相。和父亲共事几十年，彼此深知学问为人。对于英诗的品位价值，多有近似尺度。他，还有杨周翰伯伯等同事好友当然知道，父亲诚然终生好吃，但并非酒囊饭袋，或通常意义的"吃货"。

父亲自己显然也从未以自己的"吃相"而自惭形秽。也就是在70年代与母亲永别之初，译事尚未重启，他曾在家自学法文。还给妹妹刚出生不久的独女取了法译中乳名"咪侬"——窃以为似可意译作"小小儿"，这至今仍为她的微信昵称。一天他在饭桌上说了一个新学的词gourmand，并解释说法国古代这个词是饕餮之意，后来演变成为"美食家"，接着又念出这个词和现代法语常用的贪吃goulûment二者语尾的不同读音。此后在饭桌上，我常常念叨这两个不同读音的词说他既是饕餮之徒又是美食家。父亲对于他的这种饮食上的双重性，倒也认同。

父亲在饭庄前留影

如果我学了更多法文，还会用来说，父亲是化学家、生物学家、魔术家，他是把大量多种多样吃进去的食物转化为能量，反哺到了他的书、他的译作中。就在他年近古稀丧妻后的十年，由于强抑悲愁，努力加餐，他终于摆脱了心身与环境的魔障，渐渐复归生活和治学常轨。或者，用他自己的诗中文辞说，母亲去后，他“情思不断”，而且继续缠绵，蕴含于他的一部部书中。

大约耗费两年工夫，他把《大卫》原来损毁译稿终于补齐。80年代初，上海译文出版社推出的这部狄氏新译本，所引起的反响，可谓始料未及。香港《大公报》1985年3月11日子言撰文《张谷若译哈代》评论说：“张谷若译哈代犹之傅雷译巴尔扎克，同属已臻‘化境’的名译。如果说《还乡》中对埃格登荒原（父亲译作“爱敦荒原”）的描写，是英国小说中为数不多的散文杰作，那么中译本的文字，比之原著也并不逊色。”子言，何许人？父亲和我们，从未问询，至今不得而知。

固然，当其时港台媒体推出赞论，本不在话下——那里一旦有重磅新著译面世，如无评论接踵而至，倒成反常。差可引人瞩目的是：大陆也连绵为一部译作及其译者推出评论。在大陆报刊，此等翻译评论，本已久违，此时则数次带头闯过栏板（如《读书》1983年第09期，王治国《谈新译〈大卫·考坡菲〉》），而且有需说明的是，这些文章的作者（包括港台学人），有报刊传为父亲弟子，其实此等诸君与父亲及其周围亲友同事，素无往来，且至今杳然。

再说父亲补译《大卫·考坡菲》这部书期间，也恰正是我继续在还乡途中艰苦跋涉之际。年年颠簸于西北—京城之间，恰可以助他做些跑腿、打杂工作之际。这本来全由一些家境较差，需要业余借此尚属有偿零活儿得些“外快”的文学爱好者代劳。他们都是父亲的老学生介绍而来，有男有女，年轻、勤奋，对于草字、古繁体字辨识力强，且能写一手漂亮标准汉字。父亲和这些临时的自请“助手”之间，总能构成良性互动，成为朋友。如今，我也远远超过了父亲补译此书的年龄，虽然，数字时代也勉强试学在键盘上自敲拙文劣句，但难免不时仍有人工手写“活计”之需，而像当年先父与之合作相帮的那类高素质忘年友，则是苦求难得了。

关于《大卫》一书的译制，还包含着一则我有些羞于启齿的小秘密：

因为此时我从大西北回京居家时间较前多，也有更多机会帮助父亲做些为翻译这部书的种种琐事。父亲在伏案中遇到较费思索的俚语、歇后语（此类词句的翻译，始终是翻译中的一道难题），偶尔会和我一起琢磨。我也乘机阅读了这部以前没有机会领会不朽名著的原文。在第五十五章《急风暴雨，惊涛骇浪》中，伟大的小说家狄更斯融写实与浪漫，将人物内心的焦虑不安与自然外界风雨洪涛的暴虐呈现得有声有色——我在一篇随笔里曾经论说："那是狄更斯大手笔下深层次的声色交融：那声，是贝多芬的交响之声，那色，是希里科的光彩之色；这又是对芸芸众生与大自然交锋中所呈现的独特、壮丽悲剧性生存状态恢宏精妙的叙述。"我起初读到这样的篇章，情不自禁地热血澎湃，惊叹连连，于是生平首次，斗胆向父亲恳求："这章让我来试试吧！"

父亲踌躇半晌才勉强首肯。

其实事先我并没有妄想真会得到父亲这一珍贵赐赏，做这份作业时自然是竭尽全力。交卷后，记得父亲只改动了几处词句。日后，这段拙文就滥充于父亲这部巨译当中，卷入了上海译文社的编排校印流程，出版发行面世。

我的这段译文首次问世，比我自己其他译本都早。不过，多年后又偶然翻阅才发现，原来父亲是先佯装默认了我的译文，最后定稿时还是暗自修改了不止一二处。显然，对自己的翻译向来一丝不苟的老爸，那时是为了不给我泼冷水，而略施了一点小计。这令我猛然省悟，原来一向对我严厉，甚至苛酷的父亲，其实还是慈爱，也是费尽心血！

这段故事，权当我和父亲之间一点小小私密，就藏在这本书里。假如邀请狄更斯先生前来讲述，肯定更加生动，且因此而使读者更易谅解半世纪前，我还没有老到如今这副模样时那份冒失唐突。

其实，在这部大书之前，父亲还有一帧译作《维纳斯与阿都尼》问世。那是莎士比亚的长诗，辑录在人民文学出版的《莎士比亚全集》第十一卷里，初版时间是1978年4月。那又是他的一桩望外之喜。

说起人文社那年初次出版莎氏这套大书，也是一桩非同小可的大运作。我只是与当时该社主管主任及资深责编蒋璐、施咸荣二位先生及其后任任吉生女士诸人闲谈中略知一二。但即此已足可厘清，那是迄今中国境内真正意义上的莎氏“全集”汉译本：一至十册，包括迄今世界公认确为莎氏手笔剧作，均以40年代朱生豪莎剧译本为底本，邀集南北英语教研、翻译一流名家（章益、方重、杨周翰、吴兴华、方平）补译、校勘；又有第十一册为诗集，包括梁宗岱新译首发十四行诗、杨德豫首译《鲁克丽丝受辱记》及张谷若首译《维纳斯与阿都尼》两部长篇叙事诗。迄今，此应视为国内独一部名副其实莎氏“全”集。其余所谓“全集”，以笔者一己孤陋之见，多应称为莎剧全集。

父亲那一帧长诗，在其中虽只占区区一隅。但就其译文风格，仍自有其尚可圈点之处。错爱者，赞其词句音韵淡雅悠然；无缘者，冠之秾艳富丽。父亲只约略对我说过，且说得恳切：其一，莎氏创作此诗于距今数百年前的英国伊丽莎白时代，其时文风及此作者本人用词本来艳丽；其二，此诗一反通常习俗特写女追男，在其时代也是意义非凡。再者，70年代末莎氏全集出版之时读者批评家艺术口味与如今，显然并非处于同一界面。父亲当年对自己译文用语修辞选择之持守，看来仍有其久远生命力。

为什么《维纳斯与阿都尼》是父亲望外之喜？盖那原本是早在60年代之初，不久后云起的骚乱在平常人凡胎肉眼中尚未露端倪，年逾花甲的父亲完成了《游美札记》，稍事休养，克制住高血压，于继续任课间隙译出。清稿抄讫，交付出版社，原草稿就留在健斋110号，如前述，早已随其他种种物件随风而去（Gone with the wind）。十年动乱过后，有一天人文社徐日珪、施咸荣二位先生专程送来一沓不厚长诗校样稿，纸张已泛黄，平整无缺，印字清晰，正是父亲这部长诗译稿清样！这无疑是他未足月而日后得以保全出世的“小胎儿”！伊已早被父亲忘得几乎一干二净！此时父亲如获至宝，经再次审读校改，立即奉还出版社。有劳人文社编排校印各环节勠力，遂编入莎氏全集。——父亲对莎士比亚，从未称“莎翁”。敝人也做细究：此伟大作家享年不过五十挂零，父亲心中果然自有其数。

说到此时，又不得不觍颜提到，这正是笔者鄙人在为还乡而继续跋涉途中的最后一站。有时候，为了已经仅亏一篑的机会，要辗转多次车程面见测试，却仍难得实质性结果。这其中，归根结底，还是因为额头之上虽早已揭去的金印，疤痕犹存。每当悻悻回返家中，父亲还开着灯倚卧床头看书。我只能竭力吞咽着满腹悲愁，强露笑容轻声问他：“您还没睡！”

“我得学着坡勾提先生让他船屋里的灯总亮着，等小爱弥丽照着亮回家。”

这一天，刚看够操控他人生杀予夺大权的得志小人嘴脸，我多想像小时候那样，一头扑到父亲怀中，号啕大哭！但面对他孤凄衰老的面容身影，我只能屏声敛气，即速转身装作去收拾家务，在心里狠狠地对自己说：“没关系，成功在最后！”

从小学到大学，几乎每一场大大小小考试我都没有让父母蒙过羞。此时，通向故里的京道，竟然对它的游子设置了一道道难于上青天的坎坷关隘！但是为了父亲和自己，我一定得不停息地闯关夺路！

其实父亲只是佯装不解我的悲愁。一次，饭桌上，说起调动中政审的刁难，哽咽阻止了吞咽。父亲还用当初哄小孩子的柔声劝道：“咱们不是还有好吃的东西吃嘛！还有很多人连这个都得不到呢！”

看着他面对美食满脸幼稚天真的样子，令我不禁又想起小时候。我虽从来不是那种动辄嘤嘤啜泣的女孩，但是不哭则罢，一哭起来，就呼天抢地，不可收拾。而且哭声悠远婉转，会引得父母邻友情感共鸣，心生酸楚。父亲在给我哭得没有办法之时，总是把我揽在膝上，学猫洗脸，逗我破涕为笑。

如今母亲没了，嫂为她的儿孙忙得喘不过气，我一个人面对孤凄老父，只有竭力把整天积累的声泪全都吞回腹中……

到底，父亲比“坡勾提舅舅”幸运得多，终于等来了我的喜讯！

命运也终于不再继续捉弄我，其实并非由于她用慧眼识别了我那种种固执愚顽努力的目的确实不仅仅是为我一己。那么到底都应该感谢谁呢？京畿之道终于为我打开了门扉！起因还得回到刚任系主任不久的李赋宁伯伯。此时，我已和很多无辜受难男女老少一样，摆脱了头上的紧箍咒。一次伯伯来看望鳏居无助的父亲，遇到我正从西北回京在家备课。辞别时他对父亲说了这样一句：“得把张玲调回来！”

父亲心里当然切望，但口中从未“主动”向“组织上”任何人表示过请求。也算可巧，系里新任党政工作的马士沂学长正在兼管系内和国内新组建的“联合国小组”合作翻译联合国文件的工作，这是一项关涉国际关系的大任务，亟须翻译人手且正在调兵遣将，并可解决外地户籍入京问题。李伯伯得知此信息立即请马学长转告我，随后我即趁暑期，瞒着我的大学悄悄回京参加了一场会考，有幸被录取，同时终于获得一个比钻石还宝贵的北京户口名额！

李伯伯身为系主任，仍在教学一线，除了任课，每天有接连不断巨细事务，其中一项是，接待全国各地青年教师、学子或同等学力青年男女。他们慕名而来，或为求知问难的答疑解惑，或为觅职、考研、出国留学出具名师荐书。李伯伯忙得不可开交，就推荐父亲分担代劳。更有趣的是，有的年轻人，远道而来打搅，随身还带了小礼物，诸如一小盒奶油卷、一桶西湖龙井之类。李伯伯在将来访者转发到城里父亲处之时，这些物件也同步原封转至。于是，我也随后无功而小小地尝得一脔。而李伯伯也像这些莘莘学子一样，在出差杭州返回来看父亲时，还带来一支小楷羊毫和一罐龙井新茶。那个茶绿色铁罐和羊毫笔，我至今珍藏。

此时系里已复课。父亲既早已退休，自然也免去了继续登台上阵。但在职教师中一些年轻后起之秀，其中多是父亲教过的“小友”，任课中遇

为外宾讲解中国画

到一些英国语言文学掌故、修辞、背景等等方面的难题，就会分别悄悄跑进城里来找父亲。以我亲眼得见，父亲对这些疑难，多半能从容之间，立即迎刃而解。不仅是这些新登讲台的生手，即使是他远在老辅仁沦陷期和民国期间教过，毕业后也早成教授或翻译家的男女“老”学友，也常前来求援。有些多年相处熟悉的朋友，坐在父亲老旧湫矮的客厅沙发上，听父亲面对面侃侃而谈，才如前述，感觉其中深有乐趣，像是剑桥、牛津那种传统tutor（导师）指导研究生，有说，那里的日后精英，是受导师喷云吐雾熏陶而出。当然，父亲不过是区区一普通教授，仅少次担任研究生导师。

也恰是在此期间，父亲也得算是退未休，常受北大校方或西语系之托，在城内自家小四合院逼仄的陋室之中，接待英美来访、任教的学者、教授。他们走进闭关锁户三十年的国门，面对父亲这位须发苍苍、从未出国的中国老教授以精准的英语与他们无障碍地直接交流，就中华文学、绘画、书法侃侃滔滔兴致盎然地高谈阔论无不油然惊叹。

那些五六十年代毕业的学友，是我同龄人，且多与我境况大略相同，都是工作已一二十年尚未享有提升工资之机，成家得子之后，一家上下老小，生活清苦自不在话下，心怀教学问题到老师长家来求解困释疑，有时还坚持带些小礼物，连我旁观之中，心中都有些过意不去，何况父亲！一次，系里那位沪籍王姓学长讲师，父亲说过他曾是自己教过某班上英语最好的学生之一，开课后也到城里父亲家，并带来他正在教授英诗当中的一些问题。我也记得，60年代中，学校集中搞“学军”办学习班之时，父亲如前述，曾被分配和某同事同住集体宿舍内同一间屋。因父亲长久不能回家，母亲打发正回京探亲的我去他们宿舍，替父亲清洗衣物被褥。当时看到正是这位同事，连暖瓶都是理所当然使用我父亲的。日后回到家里，父亲对我说，那天我清理完“内务”，走后，这位年轻同室同事还问他：“你女儿怎么不嫌你脏？”

真是风水轮流转啊，他后来蹑足潜踪慕而敬之到城里登门来找父亲解决教学中的难题，我看父亲对那人真诚热情的劲头，不禁暗暗思忖：“他老先生还是忘性太大了吧……”

就是这位想当初的年轻室友，当他所需解决的问题，在父亲三言两语中已不成问题，于是愉快起身告辞如仪，同时小心翼翼从上衣口袋里拿出四个柑橘……父亲知道他们这一批年轻同事的经济状况，送客走后，面对桌上摆的橘子，脸上露出的还是过意不去的表情。而这位青年教师的此一举止动作，却使我刹那间风马牛地联想起陆绩怀橘。

若说起使父亲甚至尚健在的母亲及我都真真过意不去之事，得从家里的一瓶芝麻酱说起。

60年代初正逢天灾年月，城市居民的主、副食大多是定量供应，每人每月有二市两芝麻酱。这是当时一种较珍贵的调味兼营养品，还算是首都北京可能还有一些大城市才有的供应，人口少的家庭很不易积攒出一瓶，我所在西北高寒，不产芝麻更不知其为何物。一次离京，母亲把特意留给我的一瓶交给我带回去慢慢享用，说是一位父亲过去教过的学长所赠。父亲说，这位在社科院很用功的老学友，常来“问问题”，非要送这瓶东西表示感谢。当时我记得他叫杨耀民。不久在《光明日报》副刊上读到一篇论狄更斯《双城记》的文章，是那个年代发表很有分量的论文，印象极深。80年代到社科院外文所工作后，才得知这位学长原来就在这里工作，品学兼优，“文革”中自杀身亡。回家告知，引起父亲无限伤感，并不断喃喃低语：“那是难得有的好人，好党员，家境贫寒，腿有残疾，但诚恳用功，很有发展前途的。”

听父亲如此说，骤然联想到那瓶被我携出阳关无功受用的芝麻酱，心中真是酸楚而又愧疚！

老学长们来看望父亲

也是在此时段的前前后后，家中还有一批不为问学，只为探望的来客，就是父亲在辅仁大学时亲授，院系调整后，携手走向北大，50年代后期毕业的男女学生。师生共聚一堂，开怀畅舒起居家常，全为亲情。也是在此期间，他们亲眼所见老师的自家小四合院住房迟迟未得落实政策后归还，又得知于此湫隘败蔽环境，还得面对一批批国外来客高谈阔论，实在有碍自身家园之颜面。于是调动他们各自的生活经验，帮助父亲想方设法终于得到改善居住条件的机会。

1983年春节，我和张扬戮照母亲的传授为这些师兄、姐们治出山东海参大席，共庆乔迁之禧。

第十四章

情丝绵绵

1982年牟润孙伯伯回大陆，携启功伯伯一起看望父亲

启功伯伯和父亲交谈一瞬

岁不我与那得闲，
书被催成墨未干。
春蚕到死丝未尽，
地久天长悔绵绵。

父亲针对自撰的这首自嘲打油诗，还自言“书当非书信，丝亦非情思”。但我始终理解为就是！

别看他一生老实巴交，敦厚朴实，其实腹中情思不论绵绵，还是屡屡，也是“剪不断，理还乱”。待我一一说尽，也许会令当今好奇，尤喜猎奇的读者大失所望，因为父亲这数也不尽的情思，其中恰就欠缺了点儿“粉”[①]——他的情思，只有三种：除了对母亲、女儿等的亲情，对英国作家的译情，还有就是对志同道合者的友情。本书对前二者，用墨似已不薄。唯其中第三者，写至此处似仍意犹未尽，理应再为补续：

父亲向知自己并非胸怀大志、经邦济世英才，亦非穷究天地、经纬纵横明哲，他毕生相与为谋之友，似也无须必以宏“志”、大“道”为基准。同声相求，同气相应，知己知彼，足矣！

这样的知友，首推还是在他同龄人中的叶维之叔叔。本书前文已有记述。从前述可知，早年在北大西语系求学期间，他们在莘莘学子中，即以共同的出类拔萃而相互欣赏。初涉社会，父亲所译《还乡》《德伯家的苔丝》的校对者，就是叶叔叔。此书扉页上与译者姓名并列就有校对者叶维之大名。通过对译作共同切磋磨研，又使二人的同窗之谊升入一个实打实的文化专业层面。在翻译主张上，他俩统而言之都是所谓相对于“直译”的“意

① 旧京梨园所谓“粉”，即今之“黄”，色情也，近年又有谓情色者。

译”派。这里我只用翻译主张，因为他们从开始就都是不尚侈谈理论，而且又都是自己主张的一心一意的践行者。在随后几十年生活进程中，他俩又不约而同地向专业与非专业的文化、文学、艺术领域浸润，互启互补，从而建立起打不断的互动关系。

叶叔叔既为父亲终生好友，又是我从小到大无论周遭时势还是个人遭遇的每个时期，都屡现音容之人。如前记述，他偶尔玩票式跻身编校行业，却都因不谙处世而难得久留；且会无意间成为“是非头子”。父亲曾说，甚至就是在他生病，偶尔住两天医院的工夫，也会无意间惹得几位护士小姐中间生发“勃谿”之祸：而这又全然不是由于他生性歹毒，刻意挑拨离间，无事生非；且相反恰正是因为他太过率真，真比朱光潜伯伯所说我父亲的“不懂事”还要“不懂事”。在我家闲谈时，每逢他天真地问父亲，某某人为什么会说某某人什么什么，父亲即刻会不耐烦地跺着脚呵斥：“你怎么会这样像小孩子似的传闲话！”我从没有看见父亲如此对待过其他任何客人。事后母亲也会提醒：“你怎么会这样说人家老叶！”而叶叔叔本人，每遭呵斥却只是低头不语，站起身来背着手来回走动。下次再来，或许还会这样发问，父亲则会再次呵斥。如此周而复始叶叔叔还是照常来去不断。他们是两相欣赏，信任，一心只为对方好。即使手足之间，难得如此一以贯之！

难得一张叶维之叔叔的小照：80年代初，与父亲久别重逢时

幸好，叶叔叔自幼有家中源源经济补给，衣食无虞，不必斤斤于就职公事。其实这也正是塞翁失马。无职业限定约束恰正好使他能充分自由支配时间，用于自己精雕细刻于他的精彩译作。

叶叔叔是候鸟式的冬去

春来。冬天住在较暖的上海。在京本有自家祖产，先后有母亲、妹妹和一位老男仆照看。我从小上学或跟父母上大街逛公园，常常会与他不期而遇。彼此碰头，也不像偶遇其他熟人那样，临时并桌共享茶点酒肴；而是相互点点头，打个一个字的招呼，就各奔东西。他就这样一向独来独往，到我家也是独自一人，像在自家一样自由出入。他确是我生平近距离接触当代都市尚存唯一可谓闲云野鹤式文人。五六十年代之交，频频人事变动，其母亲、老仆相继去世，居于市东单区的房产也发生变迁，他就在我家李阁老胡同的小院内一间南屋栖身数载。仍然是独来独往，穿梭于京沪之间。他是通常所谓“少爷出身”，一个人住在十余平方米一间简陋中式南房，不会打扫收拾，又不乐于他者闯入干预。母亲是传统型家庭主妇，就自己的家务，包括清洁卫生桩桩件件都处理得井井有条，实在看不下去这位故友的狼狈无序，就擅自请人来帮助清理。一次，孤儿平安和我们亲戚家一个小子恶作剧，趁其不在，院里其他大人疏忽，偷偷溜进他这间陋室，偷窥人家的私人照片，等等。叶叔叔发觉后破天荒地对我母亲发了雷霆之怒，这是我唯一一次知道，他也有暴烈的瞬间。但母亲理解，这是因为，他的“私密”，即我们当今常常挂在嘴边的个人隐私，遭到了侵犯。1970年母亲逝后，叶叔叔正在上海，从出版界编辑朋友处得知信息，立即传书父亲深致悼念，情词恳切感人，可见其对我母亲这样一位朴素传统女子的真诚友爱与敬重。

骚乱初起时，举国上下多少高低贵贱贫富家庭与个人，以人身，连同尊严、名誉，统统弃置长街广场，暴露光天化日，何谈隐私！北京的父亲和已回上海的叶叔叔侥幸的是，都属于身家清白，无涉政治的文人，父亲在北方并未遭暴虐；叶叔叔在南方只是财产被冻结，一向悠游裕如物质生活不再。数年间，彼此心照不宣，刻意断绝音书。更令人日后兴奋不已的是，他二人竟不约而同依旧各自相继完成相同大事——以他们所处社会的空间地位而言的大事，就是分头各自完成英国经典作家狄更斯的两部巨著的翻译。父亲的是《大卫·考坡菲》；叶叔叔的是《马丁·瞿述伟》，都是近百万言，且都不久编入上海译文出版社《狄更斯文集》面世，且反响不俗。

那也就是在70年代后期，社会生活日趋正常，父亲的《大卫·考坡菲》和叶维之叔叔的《马丁·瞿述伟》正分别在父亲、叶叔叔以及上海译文社编辑手中抟弄制作，父亲也就有了余暇和他常常挂记又难得一见的朋友们取得联系。其中第一位，就是叶叔叔。悉闻他已从沪上回京，立刻打发我去探望。

在东单煤渣胡同一座其时已成大杂院里，我终于把叶叔叔“淘”了出来；那时我家小四合院内叶叔叔原住过的那间南房，早已莫名“充公”。他住在那座大院大门洞的小门房儿里，脏乱不堪。叶叔叔从一身破旧布料中山装到须发肤色，一律土灰。面目、步履都已苍老与往昔迥异。我陪他回我们家里，一路上几乎无话。进得屋门，在书桌旁面对父亲落座，劈头就问：“你说bird fancie[①]怎么翻好？”

说出这个词组的时候，伸着细长枯瘦青筋暴突的脖子，近视镜后的眼睛瞪得圆圆的，活像一只鸟儿。

父亲想了想，把拼出的几个字母确认了一下：“鸟迷。”

“对，就是！”叶叔叔挺一挺单薄的背胸，两只手掌一合，爽快地说。

这两个怪人！看他俩那天久别重逢的首轮对话，没有一字寒暄闲言，真好像这十几年分离的时空都一指删除。

紧接着他们这两个人你一言我一语，还外带指手画脚，活像两个划拳行令的醉鬼；又像两位舞台上的戏剧老搭档在临场前对戏。

他俩谈论的翻译问题，听起来似乎尽为细琐词语，但又都是在真正确定下来之前，还真得费些思索。比如那第一个“鸟迷”，通常喜欢从原文到译文直译的人，就会译成爱鸟人或爱鸟者。门户开放伊始，依久已开风气之

① 《马丁·瞿述伟》中的一个词组。

先的香港对这个词组的音义混合译法，应该是“鸟粉丝”，或再进一步省略为“鸟粉”。而对于这样一个具有实际意义的词，丢弃汉语本族恰可完全对应的实意词，又置汉语普通话中家喻户晓的常用词于不顾，且其中有误读音（将“翻”fan读为“fen”），将本有实质意义的词语音译，其实也就是所谓直译，实际不过是扬他人之短而避己之长的忘祖！窃以为这恰可能是往昔殖民当地部分成员急切欲求异（英）化的心态使然。父亲和叶叔叔，在翻译上夙习埋头实践，也从早年就极少与人空手论道，更从未开门立派。只是在教学和具体实践中，遵循简单朴素的“以地道原文译地道中文”见解。他们又只是两厢不谋而合，彼此共勉而已。

笔者此处不过又是在略对此一相关父亲译界行内问题差述谬见，时时恭候有识者赐赏高论，不吝指教。

时局既已优化，对于这样一些行将就木，别无他求的人足矣！叶叔叔的《马丁·瞿述伟》刚成稿时，恰有天津百花文艺出版社编辑、我的老同学来京对父亲和我商谈译作出版事宜。我曾尽先把《马丁》推荐给他，并带他去叶叔叔家。进得他栖居的那间小门房，叶叔叔让客人坐在唯一一把，也是最宽敞的老藤圈椅里，我的这位学长刚刚碰到座下椅面，轰隆一声，就跌坐在了地上，遂引起一阵苦笑。

那时叶叔叔个人生活仍如前或更加狼狈，我已在北京闯关过隘谋得正式职业，可以抽空偶尔去东单看他，最后顺手把他堆在那间一品屋里脏衣烂袜带回，加薪请自家保姆缝补洗净再送回。这时期，叶叔叔从北京再回上海，我和张扬也担负了两次到北京站为他送行。那还真应算是以壮行色：他走在前面，他的甥婿，正在申请出国读博的年轻人殿后，拖着最重的行李箱。张扬和我分担两手提小件，相陪叔叔左右。叔叔自己则仅只手执一根细杖，哼着一段京戏曲子，悠悠然迈方步而行。他每年返沪，不仅是为避寒，同时还要和上海译文社共同完成《马丁》的编校出版工作。身后年轻先生替他拖的褴旧沉重行李箱里，就有他那大部头译作的部分草稿。

如此南北往来，叶叔叔终于渐渐完成重任。他读过我为父亲《大卫·考坡菲》僭写《译序》，特让我也给他这部书写了一篇。我奉命完成后，因他曾向张万里大哥说到此事，万里大哥也来找我为他即将出版的《哈克贝里·芬历险记》作序。

然而对这些任务，我的处理方式不尽相同：我认为万里大哥属于晚一代接受过社会主义现实主义批评方法影响的学者，和叔叔不同，自撰译序并无大难。最后还是由张大哥自己动笔，只据我浅见稍加修改，即通过刊行。为此，他还特意持赠我一只烤鸭到家——当然是和父亲、张扬连同赠主本人即刻分享。叶叔叔也为犒劳我代写序言事，吩咐其妹叶阿姨备饭，在家款待我一番。

十分有趣的是，以叶叔叔和父亲之大半世交往，他俩却从未同桌餐饮。其原因只是父亲所谓，叔叔为spoiled child（惯坏了的孩子），table manners（餐桌礼仪）不周。父亲如此嫌其不洁，叶叔叔则是甘愿受其轻慢，亦无怨怼。

其实父亲比起他那些大多数南人同事好友，外表整洁度自来处于低分。唯独在其口部，却大有讲究。我幼婴时期，喜欢爬到他膝胸前，恣纵触弄其眉发脸鼻，父亲总能默任其扰，唯独对其口，每企图侵犯，必遭摇头举手力拒，且连声说："不，不，病从口入！"那时尚未兴用餐巾纸，母亲常年为其准备成沓整洁雪白细棉纱男用手帕，终不离身，时时备用以擦嘴。我那次应邀到叶叔叔妹家赴宴，叶阿姨则是为其在一旁别设小餐桌，单独进餐。席间我偶回首窥伺，原来，平日我如此熟悉的叔叔，进食时竟是以十指代替匙箸。叶叔叔啊，终其一生原来不擅用餐具！

那时，家中另一位类似叶叔叔的常客就是张万里先生。我自幼及长，通常几乎从未听父亲人前滥放谀词。交谈之间，一旦发觉对方之高才，别后才会情不自禁大加赞叹。叶叔叔以及张大哥，以及其他数位优秀学长是赞誉最多者。

网络时代，如果说张大哥还算榜上有名的话，那就得说，他是马克·吐温《哈克贝里·芬历险记》的译者。其实他又是优秀的英语语音学教授，早赋语音、声乐天分，又是不逊古人的词家高手。他也和提倡并亲口叮咛我的叶叔叔一样，都是翻译界的一本书主义者，而且又都是主要以一部译作译文特色突出，而引起关注评析。父亲一向爱才，常在送他走后，对我们夸奖他的才气。至今在我边写边偶然翻阅他们的译文译作时，不由得还会心生从其他多种译本极少得到的感觉。究其原因，窃以为，归根结底是他们身为翻译家，都不约而同地拥有母、外两种语言文学的高超素养。——这里特意加缀了一个“不约而同”，意欲特别明指，他们是作为师生、同学、朋友，由于自身具有诸种相同素质，从而自然形成类似风格，也就是同声相求、有缘相聚、同气相应，而非刻意拉帮，强行结派，以壮声势。父亲的译界同道老友、小友当中，如杨周翰、李赋宁、刘若愚（他们同时又是卓有成就的英语语言文学研究专家）、麻乔志、黄邦杰，依理均应居此行列。由于机遇和其他种种原因，他们大都并未在文学翻译领域尽情施展，有的更是岁寿不永，但他们那精雅的数部文学译著，终也青史留名。

万里大哥既为曾听父亲课的学生，又为我们的通家之好：他的寡母早年是家母师友，曾为我母亲补习过自幼欠缺的文化教育。

张老太太又是我学前教育的良师。沦陷时期，她的长子万里大哥流亡到大西北求学、任教，居孀的老母就住在离我家不过四五华里西四粉子胡同内的一座跨院隔断而成的独门小院内，带着两个女儿及少子以从事幼儿教育艰难度日，并送他们一一从高等院校走向社会。他们一家，是我记事之初，留有最早出门做客印象中的人物与场景：在上幼稚园之前，每到她家，老太太就拿出供幼儿启蒙之用图板、模具、彩笔、画纸，和母亲促膝谈心同时，让我一旁独自做开蒙悦读。胜利后，大哥携妻儿回到北平，阖家团聚，不幸的是，传统的婆媳不睦又造成了母子间无法消解的芥蒂。每逢老人因此而得不到长子奉给，这位精明强干老母就会向我父亲求助；而一向拙嘴笨腮的父亲不知怎的，三言两语就能把桀骜不驯的万里大哥劝说得恭恭敬敬把俸金送到老母眼前。

由此也可见这位老太太的知人善任。由于她是母亲好友，又曾与孤儿平安先父在同一大户任职，对于这个孤儿的教育自幼关注。我父母为我自幼的成长所用心思，实际都不及为这位托孤所寄面目英俊但却北京话所谓“蔫儿坏”的孩子。在他“不争气”“走邪道”的路上，其矢志守节的寡母曾为其不争而险些投井致残；我父母也尝为其前途焦虑。唯独这位张老太太却平静地说：“人嘛，都是各有所长，各有其志，不一定非按咱们的这一条路走下去。”

果不其然，这个孩子上了初中一年级，学业难以为继，在社会上游荡经年，最后也成了不错的技术工人。可见这位幼儿教师老太太那个时代就懂得因材施教。

孤儿平安后来经他姥姥家操办，娶了京郊一位悍妇，使那位寡母晚年成了受气媳妇。自从30年代初他父亲娶他母亲生下他，到他父亲病逝，将他们母子托孤给我父母，半个世纪风风雨雨，熬过抗战、内战，迎来解放，在全过程中我父母不论搬到哪儿，都会带上他们，母子始终无付房租之负担。只在80年代初，原我家房产按新规处理，也就是“落实政策”之时，我们不得不一家人放弃李阁老胡同那处小四合院，得到政府付给的房产费两千余元，搬离到西郊海淀区，租住政府新建公寓房，数年后按政策以近四万元价格购得其产权。嫂和平安一家五六口，则只能仍然挤在小院一间半南屋内，且“文革”以来，需向公家自付房租。这本是父母也无可奈何之事，但平安自婚后，因家有悍妇，我家与其相处分寸，则已与往昔不可同日而语。平安比我年长三岁，其母命其称我“小姑儿”，我遵父母嘱，始终和他先以乳名，后以学名相称。大家分别不久，平安为工人，因体力劳动和家庭负担的双重沉重，五十岁即病逝。临终前，他还哭喊着：“想爷爷……”

我们搬到海淀区后，也就是平安去世不久，我一天下班顺路去看望年已七旬的嫂，不巧平安的媳妇也在家。善良的老人终生劳苦，低调为人，年轻时有幸没当媳妇；儿子娶亲后，成了媳妇的媳妇，长期以来逆来顺受，惯于沉默，早已失去倾诉甚至表达的本能。那天当着此妇直面时刻监视，更是无法畅其久久压抑的所欲之言。我也是压抑得难以言喻，那位新寡妇人则在中间忽来闪去，叨唠不停，说到她已再嫁一位离休干部，其人入赘来家，如何如何懂得孝敬老人……听得我真是五味杂陈，不得已而起身告辞。环顾屋内四壁，已是空空如也。原来五六十余年前我那位“老大哥”遗留给他们母子的古雅红木家具，半世纪来嫂一直珍惜呵护，完好保养，此时已踪迹全无。我忍泪吞声愤然迈出屋门，起身前悄悄在座椅的垫子下给老嫂（我从小记着母亲手指着嫂对我说过“老嫂比母”）留下一些零钱，不知其后是否落在老嫂手中。回想，我每次从西北回京，连我从自己有限的薪给中拿出一点给嫂零用，只要被那个女人发觉，就会搜刮殆尽。其时我每次外出买天福老字号卤味熟食，母亲总会悄悄叮嘱：多买一份，放在共用厨房碗柜中，等嫂晚间收拾东西时悄悄享用。“她现今也上了岁数，嘴馋了。”母亲如是说。

这次见面之后不久，听说嫂已被儿媳及其后夫以及孙儿女送往南郊大堡台一带养老院，我日后抽暇通过派出所多方查找，终未知其所终。人啊，竟也有赢得如此一生者……

现在再从万里大哥和我家共同的此一熟人，转回万里大哥的两位酷似其母的能干的妹妹。她们日后都成为高级大夫，都是年长我许多的大姐。我六岁那次的牵婚纱纪略，就是这两位姑娘应就医病人的所求牵线介绍。父亲晚年偶然想起才说，当年那位新郎，是北平敌伪政权派驻“满洲国”新任一届大使，本来未婚，领命去国前，匆匆结婚，以便尊国际礼仪携夫人赴任。原来，父亲当初设底线不为日人做事，却不期在自己尚处幼年的女儿这里出了缺口！

再后来，万里大哥的儿子，又成了比我年轻的朋友，其名张大我，现为旅澳现代汉字书法家。十余年前大我移民澳大利亚前，曾向我展示其父一册自抄本线装自撰词集。匆匆翻阅过后，记得印象为：“情词绝妙，堪比宋人！”我曾建议他日后应待机将此集正式出版刊行。可惜至今未知其着落!

这一家人都是出自一个书香寒门的佼佼者。从源头说起，万里大哥的外祖父是前清举人，从先辈那里得先天之独厚，早早就给母腹中的他充盈了饱满底气；身为翻译家，又在腹中已尽早充满中华文明底蕴，此一特征，就万里大哥和叶叔叔以及父亲而言，也可谓大同小异。

直至20世纪80年代，私家电话还没有普及普通人家门户，在北京，尤其是西郊燕园的一些老同事和学生，却即刻开始劫后余生难得的相互探访。时任北大副校长的季羡林先生，首先想到他的一些老学长、老同事，包括我父亲，并托请中文系年轻一辈教授陈贻焮前来看望。陈先生早年听过季先生和我父亲授课。其后，我恰从西北回家，父亲立即派我去朗润园回访季先生。

50年代前期，我上中文系时曾敬聆季先生亲授印度文学。相别二十多年，先生依旧清瘦干练，平易近人，少有岁月磨蚀痕迹。那天清晨，在先生书房兼客室内，先生对面而坐，听我回答他所关切的父亲生活、起居、重拾译作，且陆续出版、再版译作以及尚且保留的图书收藏，知种种情景后，他慨然叹曰：“还是你爸爸有远见啊！”

先生起身送我出门前，还特别给我看他那普通公寓楼内三间居室简单陈设中的三张书桌，都是普通办公用的“一头沉”样式，两个在书房，一个在卧室。老先生在屋内一边带领我浏览，一边解说：“书桌是最为重要的家具，我这三个桌子各有分工。一张办事用，其余两张做学问用，按类别分工。外边的工作或运动一停下，有空了，就赶快回过头来伏案做学问，我大半辈子都是这样。”

再回顾1954年我入读北大中文系当年，校内成立了文学研究所。一天遵父亲吩咐去位于临近燕园的中关村文研所，向一位先生取回其借用的一本父亲藏书。以我当时之愚陋无知，父亲又一向言语简略，并未对我施令前详做交代，当时我对自己前去面见取书的先生是何许人，也除去尊姓一无所知，事后也未留心多做思索。只记得在中关村一带新建职工宿舍排房里拜见的，是一位青鬓朱颜谦和近人的学者，看似比父亲年轻得多。不久后一天，父亲回到家里，对我当头就是一句："中国现在有两个英文最好的人，一个是钱锺书，一个是吴兴华。"

吴兴华先生那时已在院系调整后由燕京转北大，是比父亲年轻得多的北大同专业英语讲师。共事几年，父亲对其了解、评价，定非人云亦云。而另一位钱锺书，经父亲如此私下定位，我才迟钝得把原来头脑中既有的那个曾去其家取书之人的姓名，与新中国成立初始这颗东方学术天际冉冉升起的新星两相重合！

起初，钱先生就职于北大文学研究所，和父亲以业务上共同兴趣而有所交流。我入学北大不久，受父亲派遣，得以登门拜访，因而在他家有缘初见。不久文研所迁至城内，伯伯所住单位宿舍距父亲家不算太远，彼此常做问学之谈。了解日深，父亲则对其学问有更真切了解。日后随人为及自然生态变迁，二人往来渐行渐稀，以至消弭，但通过年轻辈朋友传递口信，尚能互通款曲。至80年代初我为自己就职的翻译研究刊物约稿，距前近三十年后再次拜见先生，恳请对中国近代译界过往略述高见，才听先生爽朗笑答："译界春秋，回家去问你们老爷子吧！"

在寥寥数位父亲朋友兼同行之中，应继续述说的自然还有我自幼相识的孙硕人叔叔。他也是60年代末父亲命我打听叶叔叔消息同时打探的久违挚友，而且很快面见言欢。但那时我一向心目中的这位父亲喜爱的"小友"，也已近耄耋，他本人历经重重改造祓除，又回到新华社任翻译。其妻孙大婶，一位品貌与家母有很多类似，但更有文化的传统胶东女性，却经历残酷的精神折磨，过早离世。叔叔幸有几位优秀孝顺儿女呵护，继续在岗位上发挥余热。此时我在该社已有不少直接间接的朋友、熟人，每逢提起"我的孙叔叔"，人人都对我异口同声说他："中文英文都极好！"

晚年的孙叔叔当然不及当年英气俊朗，但还是比父亲热诚干练。我和他的大女儿几近同龄，小时候，他带我们一起玩耍过，三四十年后他还是像对自己孩子一样，带我去其相识人家，救我教学转业求新职之困。我在西北教书的那段时间，难得收集到合用工具书，他就把自己用起来最顺手的寄给我用。

八九十年代之交，孙叔叔的老同学李本题叔叔从美国回来，相约一起来探望父亲，匆忙之间，共度的时光虽然短暂，却是最难得的欢愉。一瞬而别，李叔叔重返美国。孙叔叔转来其来信，从中可读出伊50年代初到台湾创业所见宝岛彼时英语教学界之中种种浮躁肤浅滑稽生态，相形之下，还是对于往昔大陆北京师长同学，更为留恋。李叔叔直到晚年退休与儿女同住，闲暇时于大洋彼岸园林散步，含饴弄孙及为父亲寻找英文书籍情景，还能见诸其给父亲来信。

那段时间，从澳大利亚回来的张再贤先生，是孙、李二位的同班同学，也是由孙叔叔陪同前来探望。他在悉尼专治现代语言学，和我们又谈起了当时视为新潮的现代与后现代主义语言文学理论，帮助父亲重温了他大学时代听瑞查兹亲授，中断后国内高校又渐渐重拾的一些课程。20世纪之初我

1990年秋孙硕人叔叔携美国回国省亲的李本题叔叔来看望父亲

和张扬赴澳参加狄更斯学术会，这位大师兄从当地报纸预知消息，会期亦受到他精心设计的盛情款待。那时还有较年轻些老学生海外归来，与父亲久别一叙，如早已是著名汉学家的刘若愚学长。他曾是留给父亲印象最深的学生之一。

那些年，在父亲仍然居住的李阁老胡同里的小四合院以及不久迁居的海淀双榆树居民楼客厅里，聚着这样一些平常而又不平常的耄耋文人学士，大家并没有特别显赫的名气、厚重的财富，但由于他们的相聚而营造出的浓烈氛围，浸润着自然形成，排除物质利害的情趣与友谊氛围，常常令人兴奋、激动不已。

父亲常对我们慨叹："为人往往德才抵牾：有德无能；多能少德。朋友中如孙硕人、王仲宜为德能兼备者。"王伯伯"院系调整"后赴上海纺织学院任教授，音书渐稀。1981年我出差沪上，特赴该校查访未果。两年后，惊闻老先生已逝，憾甚！

王伯伯，江苏人，与父亲年齿、婚配情况相类，少小负笈远赴美国，抗战前归国，任教于东北大学，九一八事变后，退守北平辅仁大学，同住西单、西四之间，与父亲心性投契，遂成通家之好。他家"妹妹""弟弟"略小我一至四岁，又是同在宏庙小学同学。直至光复，王伯伯调任他职。今日忆及，音容笑貌，仍历历在目：身材中等，眉清目秀，神清气朗，而且"为人洁白皙"，正是典型江南谦谦君子。

70年代末至80年代初，真是父亲悲喜交集的一段时期。继丧妻之痛后，心情渐渐自愈，此时幸运得享多次旧雨久别重逢的快慰。但其中大多是快乐犹如电光石火，转瞬即逝，且随后又有失友之哀此起彼伏，如前述海外归来的刘若愚师兄。漂洋过海，乘风破浪以及异邦安身立命的中青年时代，他耗尽了体力心智，未得安享晚年的幸福。

1982年的五一节前，牟润孙伯伯来访则犹如客从天降。记得1948年那个严冬，兵荒马乱之际，牟伯伯敲开我家大门，旋风似的一路高声喊着"谷若啊”匆匆告别，一去三十四年。牟伯伯和启功伯伯是辅仁中国文史科系同事，又大致同龄，此次回京，最初联系了启伯伯。他们别后重逢，先是抱头痛哭。从启伯伯处，牟伯伯了解了父亲历来概况，随即赶来相见。

牟伯伯原籍山东福山，与父亲是小同乡。胶东半岛的水土风习造就了牟伯伯健朗外向的风格，迈进我家尚未搬离的西单小四合院，还是那一声“谷若啊”令我正在恭候的全家立即奋起出迎。

“真像张太太呀！”

这是牟伯母一眼看到我的第一句话。通常，人说我长相随父；伯父母当年离京时，母亲恰正是我如今这个年纪，伯母以她女性对自己曾经亲熟者眼光来看，自然也有她的门道。一向形色含蓄的父亲，心中也为之一震。暌违三十余年时光，被这样一句话按了删除键。大家突然犹如回到几十年前，又欢聚一室（原先小院里北房及东西厢房共七间已去其四，父亲的会客、起居、书写、餐饮均汇为一品室），倾诉离情别绪。伯伯说起数十年间所历狂风恶浪，语气仍是高亢欢快，但多应和着苦涩酸辛，听之也令人不禁动容。

原来当年伯伯别妇抛雏匆匆离平，携如夫人南下，乘私家小渔船渡海峡途中，误上贼船，腰间细软悉被洗劫一空。抵台后夫妻白手起灶，艰辛可想。最终转投香港，与夫人患难与共，终以教学、著述立身。香港与内地开启交通以来，终得北上回乡省亲良机，归来所见，慨然长叹。他在内地家中亲友于历次运动中历尽磨难；唯如夫人娘家，因原属赤贫，虽有卖儿鬻女之憾，50年代后，成为彻底翻身户，幼弟已成长为京郊本村支部书记，家宅兴旺，与伯母夫家有别天壤。

伯伯素来生性放达慷慨，此次回京，囊中却非不羞涩，乃取出一瓶苏格兰威士忌，笑赠曰：“现今回内地人都要用威士忌送礼，其实我们平常也不喝威士忌。”

随后又出示袋中一架崭新小相机，笑称：“平常我也不照相，这也是动身之前才刚买的！”

随后又对父亲如前倾诉家常：自愧对家人数十年欠缺，无力报偿。而如今一家老小对海外归来亲人期望有加，连伯伯随身最后一件换洗衬衣都留作念想。

此次伯伯来访，父亲笑纳威士忌，大家也未及用伯伯新相机合照。临别，父亲以三五种劫后幸存线装旧版本诗集相赠。

牟伯伯离去数十年来仍在埋首穷经，治理他的史学且建树不薄。在京逗留期间还在北京大学进行一次讲座。我和旧同窗中国新闻社记者曾相约赶赴伯父足下敬聆，感到其就现当代中国史学研究思路与方法之见解，颇有与内地套路不同之新意。事后，中新社记者亦就此举进行报道。牟伯伯还曾有意于在北大谋得教席，可憾未得结果。回港后，伯伯继续孜孜于整编旧作，1986年集其历史考注重要成果之《注史斋丛稿》问世，两年后，伯伯病逝于香港。《海遗杂著》《论治目录之学与书籍供应》《宋代摩尼教》等著述陆续出版。从中明显可见他以另类，实为更传统方法、路径研究中国历史的深厚功力及成果。

落叶归根，狐死首丘。看来世间有生之物尽皆与其所来之地割不断“脐带”！即使父亲生前，未退休时，也曾亲口对我讲过：“等我退休后，最好能和你妈一起在威海住下来。那里天气、鱼虾都好。”

父亲此言，又恰露其吃货本色！

有涉于吃，牟伯伯恰与父亲同道。那天初见后两三天就是五一节，牟伯伯夫妇特邀启功伯伯、父亲（连带陪同的我）及三五位晚辈朋友会聚于王府井东来顺，享用牟伯伯在港府朝思暮想的北京涮羊肉。5月的北京，暑气已渐逼人，本已非为拥炉高座享用此美味佳期，牟伯父则坚持无论如何要在离京前“吃上这一口儿”！

众人理解牟伯伯心情，自当欣然奉陪。好在以当时空调尚未普及之下，东来顺实至名归，空调已率先开放，迷恋于此的知味食客，尚未饱受内外煎熬之苦！

座中一位牟伯伯往昔教授过的邓姓“小友”，还领来了他的年轻公子邓伟。在一行人错落漫步，谈笑风生，从伯父母下榻的新侨饭店穿街过巷走向东安市场这一路，群中最年轻的这位成员，尚在中戏学习的大学生，日后崭露头角成为世界名人肖像摄影家的邓伟先生，为大家抓拍了数幅图片，动感强烈，声情毕现，极富质感，我至今珍藏。令人感伤的是这位执着于专业的少年成名不久，竟遽然早逝。这也是天妒良才！但是父亲和我们这些区区小人物对他的记忆，却永留在了那几幅珍藏的照片中。

1982年五一的这次令人难忘的东来顺雅聚，启功伯伯也是上客，父亲和他的不薄之缘，且留下章略作交代。

20世纪的70年代伊始，到80年代初这十年有余时光，父亲经历了丧妻、大部分老友重聚与永别。父亲在这个朋友群中属于年龄较长者，大约是山东芝罘张氏家族长寿基因等等的作用，至少在他那一代人中，父亲属于长寿者。单采臣大叔、刘澜波伯伯、叶维之叔叔、牟润孙伯伯、张万里大哥……都走在了父亲的前面。单大叔的离去，因为没有及时得到他家属告知，80年代后期我们才得到消息。

刘澜波伯伯是遭“文革”浩劫重创后的幸存者，健康已严重受损，活过八十岁，已算得享天年。他一向珍重和父亲从中学到大学直到老年“从一而终”的友情。葬礼当天，家人特派车来接送，当时由我陪同。现场就在伯伯病逝的北京医院，仪式极为简朴。这是父亲唯一一次亲身面对这一代老友的告别。对其他几位，因父亲年事日衰，都是我和张扬代而为之，还有一些不是特别重要的朋友、同事，最后我们甚至向他隐瞒了几位伯伯叔叔的丧耗，以免打破他的心灵平静，徒增伤感。

叶叔叔突然离世是无论如何不能向父亲隐瞒的。噩耗来自其二妹的一封急信。那天，叶叔叔到住家煤渣胡同口的公共厕所（运动初始，北京民居大变动的同时，大小院落厕所一律填除，居民皆需使用户外街头公共厕所）方便完毕，甫起身即一头栽在厕坑沿边昏迷不醒，送医院抢救无效而殁。日期是1983年9月24日，而他的《马丁·瞿述伟》经由上海译文社标后的出版日期为1983年8月！译文社资深老编辑，也是杰克·伦敦的最早主要译家吴劳先生十余年后，就此书已收入《狄更斯文集》出版，来信对我议及：“这套文集中此书译得最好！”

那年北京金秋，又是那位干练刻苦的博士甥婿夫妇，还有张扬和我，把叔叔的遗体恭送到东郊火化场。再过二十余年，那又是张扬化作灰烬的地方。

叔叔的后事办过之后，叶纫阿姨送来叶叔叔生前交代，特留给我的一部厚厚大书《拜伦诗集》，伦敦1854年版，品相极差。凡是叶叔叔的东西，几乎都因他向来保管不善而难论品相，此书也无例外；而且拜伦的原版诗集或诗全集，我父亲仍有多种，但是叶叔叔特嘱贻我的这部，我则格外珍惜。父亲说，几年前叶叔告诉他，其妹叶纫阿姨曾问过叔叔：“张玲对你好，是不是图你的遗产？”

叶叔叔的回答是：“她有她爸爸的！”

看来，这二位叔叔、阿姨，身处资本银行的家庭背景，和我们还是有些理念不尽相同。仅就叔叔留给我的这样一桩遗物来看，它确实又不仅是简单的一帧纪念品，而且还蕴含了一位曾经的名不甚显，却实大于名的优秀翻译家，对于我这个他从小看着长大的挚友之女，还是有他自己独特的了解。

翻开叔叔赠我这部《拜伦诗集》的硬壳封面，在封里和牛皮纸包书皮之间，还发现了一张折叠的信纸，满篇是行距整齐的诗句，字迹东倒西歪，密密麻麻，可断定是叔叔亲笔。开头一列，尚可辨认。意思是叔叔先慈逝后，他从其卧室橱中找到这位太夫人一首诗，遂交付叶叔叔妹妹保存，不幸遗失，遂凭记忆大略录出。如今我艰难辨读，诗虽已非原诗，从中仍可悟出其先太夫人传统文化文学功底，也可进而推及叶叔叔其人风格品位家学渊源之一斑。同时可见此貌似不食人间烟火之人对于生母的深情。

其实叶叔叔逝后，还留下一宗为人所注目的遗物，就是他历年精心选种培育出的一种喇叭花，亦称牵牛花。是起初我和张扬去他煤渣胡同院中发现，叔叔亲手种此花，经过精心培育选种，年年演化，花形美，花色雅，非同一般土种，我们向叔叔讨来花种，植于自家小院，迁居西郊双榆树后，携其种籽种于楼上阳台，形色远胜其他人家普通喇叭花儿，因而连年有众芳邻索求花种，数几年间，一世无亲生儿女的叶叔叔留下的种籽，不期竟在小区内遍地开花。可憾的是，近年逢小区内旧房屋改造，楼上露天阳台格局改观，已不适于大量种植此类花草，这种我们从城里带来的叶氏大喇叭花遂绝矣！不知他曾一度狼狈寄居东城煤渣胡同那座大杂院里是否还有此花种岁岁春华秋籽，且有后来人识得、懂得……

父亲有幸，比叶叔叔和众多他同龄人长寿，还是得享改革开放以后，也是他生命最后十余年的好光景！在这段日子里，搬到了郊外公寓楼，有了私家室内的抽水马桶，使他免除了每天出恭后，手提那个暂负恭桶职能的高脚痰盂，一路蹒跚迈过屋门、街门到达胡同外厕所，倾倒秽物的风险。

旧的总是要去，新的也会再来。自从熬过了母亲离去最初的困苦，虽然大多数老友、同事以及一代代老学生还在时潮中自觉或不自觉浮沉挣扎，没有浮出水面，父亲京城西区那座小四合院，已成小杂院，父亲那仅留的几间一品屋还是宾客川流。与前不同的是来客年龄普遍下调；其行业，则突破翻译、文教圈。这也引起同院近一二十年闯入的芳邻好奇，窥伺。

这些宾客在座家常闲谈中间，也奉上举手之劳，代我施行些许照料父亲的实务；父亲自己则以他老胶东气习秉性，不免要给予丰厚的酬谢回报。试举一例为证：中国传统大席上的海参其时尚不比今日之价高且大红大紫于市面，故乡芝罘西岛本为上品海参特产之地，但产量极稀而更加金贵。我父母定居北京后数十年来，直接从本岛购得此海中珍品也习以为常，因此李阁老胡同小四合院橱柜内所存此物干货，可适时取用，发泡待烹，敬献好友共享。此俗物对于普通月享定量供应居民，包括落魄书生，则不啻御赐肴馔；

与此同时，父亲还会出示孑遗和重新搜集有限书籍、字画，展示、剖析给略解一二者，在举国博物馆多年封闭停展之际，这些阿堵物聊可在家中供主客共赏点滴。

一位雅附风流吾辈浙人，每次从父亲家里享用罢此类不足挂齿物质精神餐饮回到自己府上，兴犹未尽，遂效法有一妻一妾之齐人，面对一妻一女呶呶半夜。

更有大出版社工作十余年编辑、沪上达人，离校多年，本始终奔走于其头号名师门下，恩师骤然蒙难，或已入籍“反动权威”，弟子为避瓜葛，年来虽未明确“划清界限”，终不及往昔过从之密，而又不安逸于寂寞，旋即转投槛外人之身的我父亲寒舍。这里距离北京图书馆，不过三四公共汽车车站之遥，此位仁兄每到该馆借、还图书，则更绕道前来父亲处小坐，交谈双方正在合作再版父亲几种译作之余，也谈圈内熟人近况琐事。父亲也托其顺便代为借还北图图书。在政治、人事纷杂年月，父亲唯与此公尚能畅谈翻译业务，也算是幸会知音。此公确实也应尊为善卜测者，能在众皆不论业务中，埋头业务且开启自己美国当代通俗文学研究翻译的冷门专项，与父亲其时仍在继续整理、修订、补译自己旧作，也算异曲同工，或谓志同道合。尤其是此公从出版人远见，在出版业门首尚行迹寥寥之时，竟能向父亲建言：“您可以趁现在把旧译本通通校改一遍，时机一到，便可拿出来再版。”且果不其然，时局变幻如他一语中的：不久之后，趁“复课闹革命”“生产运动两头抓”之机，父亲率先拿出了自己旧译作修订译本。唯其更为意想不到的是，父亲在正当其时地与这位编辑过从当中，又发现自己有幸兼而遇到了一位好吃的同道。于是每逢见面，二人于翻译、出版、读书诸事谈得酣畅始，最后也总能以吃得淋漓终。先是每谈到近晚，父亲留伊在家便饭。像请我那位旧同窗及其家人胶东风味海鲜便饭，或请伊同往距家最近鸿宾楼大啖烤鸭。继而，此公又携妻及女同来，遂结通家之好。再继，又携来夫妇二人拿手沪上传统八宝酱鸭及红烧蹄髈。此前我在西北报社同事中也有沪上佳人善制本乡美味，偶然有幸品尝一脔，恰与此公母俩所炙如出一炉！

此仅为父亲鳏居初始诸如此类交游之一二。

然而晚辈忘年新交，毕竟与早年同辈旧雨迥然。时过境迁，云烟瞬变，形势一旦需寻觅新依附，机敏者理当立即风流云散，无暇再枉驾父亲寂寞寒舍。如此等等斗转星移，世情冷暖，父亲虽日益老迈，对彼等与己所大谬之势力与实用也并非浑然不解，只不过是以其老胶东风格笑看这些“年轻人”随风而去，从未自作多情耿耿于怀。况且大化之间终未僵凝，生生互动必生风雨，风雨浸润必得互惠。父亲在教授几位年轻朋友初级英语之中，恰可将自己的录音工具借给他们用来积累学习材料。在数字时代姗姗未至年月，这还真是帮了他们大忙。而年轻人在父亲各种“电器”设备上大行操作时，也顺势帮助他复制了丰富的京昆曲、国乐曲等节目。这使他在孤寂的晚年又和自己早年的这些业余爱好重行接轨，同时还借欣赏各种中外一流声乐作品，奇迹般地治愈了他在母亲去后严重的失眠，并在八十岁后以足够精力完成其翻译正业的重头大轴戏——近百万字的《弃儿汤姆·琼斯史》。这也是出乎意料的歪打正着。

这些客人，论年齿应是孙辈，不像父亲最后在大学亲炙过的那些通常的“徒子徒孙”。其中有朱姓姨表兄弟，有伍姓双胞胎兄弟，他们中有民国初之政府徐氏要员孙辈遗属，有闾左劳工有志于学后代，其中亦有不服命运、不甘平庸的青少年，只因生逢特殊年代，未得按部就班接受教育，从而萌生自学英语，再求将来展翅鹏程的思路，又从直接或间接渠道得知老父有闲居家，遂抓紧良机，径自登门受教。

其时，父亲也风闻京城有位因“靠边站”而居家赋闲的陈翰笙老同志——中国共产党内著名长者、学人、革命家。老先生胸怀广博，目光远大，于满目文脉断裂中间预见希望。却顾人类足迹，众人皆醉之时，历来都有独醒者，陈翰老就在其中。作为始终如一、心口同曲的革命家，他虽然没有戎马倥偬，驰骋沙场，但在朱笔赤墨战线，始终是一员智勇双全的骁将。

风雨如晦之际无处立身，“靠边站”对于这类风烛残年之人，本应视为苍天的恩赐厚赏，也恰是操劳一生后一种回归自然的原生态。但陈老没有借机安享清闲。他似乎是尽先窥探出浓墨般迷茫云雾背后的青天曜日。就在他失去了众多剪不断的缠身琐事之际，反而平添了生机。他将周围直接或间接认识的孩子们聚拢起来，无拘无束地教起了英语。其中就学于他的学生，就有随后也登门父亲寒舍者，偶然成了父亲名副其实的关门弟子。

此类学生朋友悠游于风气之先，在有限条件之下，逃离了文化荒疏的噩运，一旦形势迅猛好转，则立即乘惠风而扶摇冲天，甚至域外浩渺。

非常时期的有些关系，自有非常之特征。父亲晚年那样一类精灵透顶的忘年交，大多也如非常有灵性的鹏鸟，冲天之后则如断线风筝，音信杳然。父亲则以他的气质秉性处之泰然，任其随风而去，并未放置心上。

多亏那位不久后成为昆曲名票的朱复先生，在万花尚待苏醒的冬末，即默默与北京的昆曲研习社这一民间自然组合戏曲团队，为中华古老艺术中此一珍贵品类奔走效力。因为借用父亲录音机收集积累昆曲节目，这位年轻人代替叶维之叔叔，成为父亲的昆曲同好。又由于他的关系，昆曲研习社逢彩排或正式演出，曾多次邀请父亲由我陪同前往观赏。一次去看《牡丹亭》，到《惊梦》一出，这本是女主青春少女杜丽娘情性萌醒的一幕，细腻婉约，可尽显昆曲歌舞艺术之长。其间“末”角饰花神者为名票朱家溍老先生，率众女社员扮花仙登台翩翩起舞。台上光照璀璨、服饰鲜丽、声乐回荡，观众随之不禁意绪陶然，不意父亲却于此突发轻声哽咽。我扭过头以目问询，父亲泣答：“我和你妈一起看过这段。”

第十五章

笑到最后

1986年，陪父亲去北大留下他最后的足迹

老蚕到死丝未尽！父亲自吐的“情思”，并非缕缕缠绵——虽难能剪断，倒也理后不乱。换另一视角观，父亲因生性本就内向腼腆，又自有其独立丰富兴趣、生活，故无须只靠呼朋引类，拥戴帮衬续命。

人与人之间本就是同声共气方结为终生之好。母亲既去，父亲挚友也大多一一先他而去，但终究也还有极少几位仍彼此相伴，特别是启功伯伯、孙硕人叔叔诸君。

牟润孙伯伯80年代初从香港回京访学与父亲重叙旧谊，曾有启伯伯欢洽相伴。其实启功伯伯与父亲早有半世纪之谊。

他俩早年都属于陈垣麾下辅仁同人，但不同专业，彼此只闻名而无过从。还是50年代初，中国度过外寇及内战危难，首都物质生活相对稳定，父亲渐渐略有更多空暇余力光顾琉璃厂、王府井、西单商场等地文物市场。凡有对中华古典文化具相当认知修养之人，无论中外，一旦与那里的中国古籍、家具、字画、瓷器等珍玩邂逅，极少有对其魅力视而不见，无动于衷者。而那里也有其时的市场价格奇低之际，于是父亲每当课余，即会布衣布履，胸前挎着我母亲亲手缝制土布条纹书袋，匆匆登上往来于李阁老胡同东口至和平门外海王村的公共汽车，会见荣宝斋、宝古斋等文物商店资深掌柜、经理、店员；同时他们也到家里来送货、收款。父亲在鉴赏之余量力搜购，而且自然要在成交前特邀鉴定专家帮助审辨真伪。

这些鉴定专家之中，首要即为启功先生。父亲囿于经济实力，生平所藏件数、品级有限，但似从来少见假冒伪劣。若论助其“掌眼”高明，启伯伯居功首位。几十年来他二人心性学识互赏互补；再加同为“吃货”，友情无须培养而日增。

北大教授，尤其是文科之属，与父亲有同好者不止一二。间或也偶闻，某某先生逝后，遗留文玩，经高眼鉴定则为赝品。父亲自身辨审功力有限，但向来极其尊重启功伯伯眼力。父亲的收藏之好，虽于乱世中戛然丧止，气候一旦转换，他还是不禁技痒，更难免故地重游。此时虽已无经济实力投入商贾交易，仍不时徜徉于琉璃厂肆坊间，赏心悦目之间或继续得些廉价经史子集，不拘版本品相。借此，其十年前自毁自焚藏书也得略补一二。

与此同时，忠厚的维文表哥，已将我父母寄放他家厨房的大书架及红木家具亲自用平板三轮车送回，恰好派上用场。此期间，我只要离开西北逗留在京，除照料父亲，处理家务和个人公私杂事，也常跟随父亲逛琉璃厂，或参观故宫定期开放文华殿等文物展，父亲和我都得以再饱眼福。一次，在荣宝斋看书画，进门即见其大堂正中摆设两对晚清仿巴洛克风格镂花红木花几似曾相识，指问父亲，他立即扭头低声回答："是咱家的！"

我挽着他一起走过，心中升起了"章台柳，昔日青青今在否"的词阕……

如此直至1976年初秋，天高气爽，我又陪父亲去琉璃厂。遍览几家门店新上架书籍字画后，近午走进海王村中国书店。店内顾客稠密但极静谧，我俩刚挨到直抵天花板的古线装书架前举头搜寻，突然广播喇叭哀乐大作，父亲和我为之一怔，木然挺立。随后是电台播出国丧噩耗，满堂内顾客砉然定格。

我俩不约而同转身快步走出店门，沉默登上公共汽车，沉默下车后经过自家胡同口，在隔墙传来居委会院内女人哭丧声中碎步赶回家中。几天后，天安门广场举行了空前的公祭大会，北京市家家户户倾巢出动，可谓万人空巷。父亲老病，我系客居，均不在其列。晨起，完成每日例行私事，适时打开老收音机，随着广播电台转播出哀乐，父亲和我的心都不约而同地下沉，下沉……正当聆听到宣告奠仪开始之时，外面街门嗵地一声大开，几位警察叔叔应声直奔我们北屋，无言，扫视一周，各个紧绷的脸于是松缓下来，为首一位略带笑意对我们说："在家里听广播吧！"旋即鱼贯离去。

随后一天我上街买东西，又碰到那天来的民警中一位，他立刻满面春风主动和我打招呼。

再说父亲与启伯伯间之交游，虽为起于琉璃厂中人与事的种种往来瓜葛，而我初见启伯伯，却是在饭馆餐桌前。

那是1960年春，是我毕业供职西北报社两年后首次回京探亲。其时，史称“三年严重困难”的脚步已悄然来袭，北京以高价尚能寻得少数风味餐饮。父母为犒劳我而带领我们姐妹到西直门外三里河新疆餐厅（西苑饭店前身），在散座大堂甫落座，父母及妹妹即发现相隔四五桌位远处的熟人，父亲低声说道：“齐渊博来了！”

父亲早年离家来京定居，虽乡音已改，京字京韵的平上去入四声，却总难有把握；又以我当时之孤陋，身为北大中文系毕业生，却从不知启功为何许人。在父亲其时以启功之字“启元白”尊称之，我却据其口音之差，误听为“齐渊博”！另一方面，这也是因为平时早听父母说起，启伯伯是前清皇室嫡亲后裔，想象中应该是王公遗族贵相，面白腹阔，器宇轩昂，声势凛然，“渊博”二字才恰与其人名实相符！

再说那天那时，未等我家一行人有所举措，一位胖胖小老头已笑眯眯快步走到我们桌前，弓腰点头与我父母寒暄数句，然后回到自己原桌位，大家遂各就各位自毕其席。

启伯伯较我父亲年轻九岁，当年形貌，尚属精干。启先生夫人年长两岁，夫妻受教育程度悬殊，二人毕生从一而终，且膝下荒凉。如此等等与我双亲大同小异。于待人接物“懂事”方面，启功伯伯则远非我父亲所能企及；且言谈幽默，语出珠玑，和蔼可亲。“五七”难后，又继三年饥荒，伯伯心神生活略不如前，但仍为父亲知己，且间或于鸿宾楼、同和居、全聚德共飨口腹，父亲亦借此兼作酬谢其把关验鉴书画瓷器之劳。——伯伯酒量，似与家父不同，故二人亦似向未共对痛饮。

行文至此笔者不惮唠叨之嫌特作说明，祈望读者切勿视此等吃喝之事皆为俗鄙，仅据个人观察，凡天生聪敏过人，即今所谓高智商者，颅骨内高级神经既常做剧烈运动，则亦必需超常营养含量之食物供给。其时，父亲以饕餮之性与启伯伯共享饕餮之餐，于供给匮乏年代，亦不啻雪中送炭。以启伯伯之仁义、细腻心智，自会念念不忘。

还记得80年代之初，我甫晋京供职于西四对外翻译出版公司，本单位无附设食堂，逢中午，同事们皆蜂聚街头大小餐馆就食。一天中午，从出版公司大门跑到就近一快餐店，候餐队列已颇长，又恰遇其中有同事、资深翻译家沈国芬大姐，索性拉她出队，去不太拥挤且不过数步之遥的同和居。谁料想，跨进门槛，众人食客中我一眼就认出了启功伯伯，不禁压低嗓门喊了一声。

这正是不久前父亲受人之托派我去启伯伯家代求墨宝之后，那不过是继二十年前在新疆餐厅再次偶遇。其时，国门开放经年，启伯伯书法家之名正迅速越洋飞翔，在国内也遍及京城及各地城乡。北京餐饮名店，纷纷向伯伯求索墨宝，以光大门楣厅堂。伯伯自然而然也与各家一流酒肆名坊建立形成书法与佳肴互惠关系。可怜而又有幸的启伯伯，可怜失去老伴呵护之后日日屡遭困扰的果腹之忧，却有幸借此机缘也大为缓解。

而同和居巧遇启伯伯时我那一声不得体的惊呼，却出乎意料引来伯伯一系列即兴动作：他当时本已落座拥挤大堂内靠墙一小餐桌，同桌还有一位年龄相仿老先生，是北大中文系周祖谟教授——我就读该系期间，无缘恭聆先生亲授！他二人的小桌面上二三小冷盘早已排布齐整，伯伯却笑眯眯唤来服务员，三言两语一阵吩咐，对方随即把桌面杯盘一举撤清，又有人来引导二位老先生与沈大姐及我鱼贯走进后堂，围在一大圆桌落座。瞬间魔术一般，杯盘重置，一桌大席摆齐。

如今我一点也不记得当时启伯伯都用哪些吃喝款待了我们。留下的不灭印象只是，沈大姐和我两个晚生小（女）子，恭听二位前辈叙旧之余，应答他们间或问及家父和我一些近况，以及我和沈大姐与我们出版公司为联合国所做那些翻译旧存文件要务。启伯伯的这一餐赏饭，像是在家里和长辈共餐一样欢洽。餐毕离席，启伯伯在走出店门前，两手接过送客服务员的打包剩余，我心中不禁为他随后两天几顿饭食已有着落，也为他丧妻后逐渐形成这样一种新型生活范式而释然。下午下班后回家，把午餐间启伯伯盛情禀告父亲，父亲含笑不语。

此为我与启伯伯第二次餐馆邂逅。

又记得很早以前，我还在北大未毕业时，周末进城回家，见母亲新购得一叠女用衣料，凭观感手感均可判断较为高档，非为母亲自己或我姐妹俩所用。母亲说这是她特备赠送启功夫人之礼。拨乱反正之后启伯伯和父亲的口腹及其他享乐都有了充足底气，餐桌上却缺少了母亲及启伯母二位贤夫人的身影，也只可说是“此事古难全”了！

托上苍之福，浩劫未曾使父亲和启伯伯丧失他老人家所赐之好胃口，这两位耄耋老人继续保持了享用美食的口福！不过又不久由于“落实政策”，他们从西城蜗居分别搬迁到北三环路一带师大宿舍和我们的双榆树小区。从地图上看，两地路径颇为贯通，但实际距离，以公里计，则不如在城里便捷。他们间的往来遂改为主要以口传、书写信息为介。而导致如此情景的更重要原因则是，大书法家启功先生已身不由己地来到公众面前；而彼时书画创作、交流又尚未纳入市场运作正轨，启伯伯新居因其主人名气，却已是门庭若市了。社会上三教九流，熟知的，陌生的；雅好的，俗好的；真懂的，不懂装懂的……蜂拥而至。而在我们还都尚未搬迁城外之前，我奉父命第一次去他家，就是求字。那是受从北大西语系调往图书馆就职，即将赴美访问的马士沂先生之托，代求启伯伯墨宝为国礼。马先生早知父亲与伯伯往昔过从，因此托请父亲出面。父亲听“组织上”说明意欲，提笔立就一信，即派我专程登门面呈启伯伯。那时迈过伯伯家大乘巷小院门槛，还丝毫不费周折。

那时伯伯满面含笑地命照看他的亲属安排我落座，满面含笑看了我呈上父亲手札，满面含笑读罢，立即走到案前，俯身展纸，命笔挥洒，按所求写就了二尺斗方。等待墨迹见干时刻，伯伯在我对面坐下，笑眯眯地问我：“你就是骑骆驼的那个孩子！”

原来，多年前我从西北回京省亲，把去到内蒙古阿拉善左旗采访骑骆驼穿行沙漠的一张照片，压在了父亲书桌的玻璃板下，启伯伯来时见过而且好记性不忘。再加上伯伯到老，比父亲更加心如赤子。——非时下常谈顽劣儿童之类赤子，而是“含德之厚者比于赤子”之类。老人喜欢孩子，兼及儿童玩具；虽命中无子女，却喜欢与邻里亲友子女交往，面对面时表现和蔼可亲，背地里时有关心；再加上大约是念在我这个额头上也曾烙过和他类似金印的“孩子”，因此更有了别具一格的关注。于是那天写好字后，又留我闲谈片刻。启伯伯又是明显地思想外露，反应灵活，说话间常常自言自语，只摆出一连串关键词，令人闻之了然。当他说道：“你们年轻孩子，都是鲜花……祖国的花朵……”我出自那时惯于自谦自贬积习，不禁赧颜低语：“我不是鲜花……是毒草！”

伯伯几乎没有停顿，立刻反驳：“毒草也能做肥料哇，很干净的……看看化肥嘛，白白的，很干净……”

那天辞别伯伯，一路回家，心情格外异样。

不久之后，听我的一位新闻社老同窗说，日前采访了启功先生，拿一句“我是张玲的同学”代替了正式介绍信。伯伯立即很认真地回应我这位记者同窗：“她是个好孩子！”

那次替父亲去启伯伯家代人求得墨宝，伯伯送我出屋，在门槛前，又边止住我在书桌旁稍等，边躬身从桌子下大邮递纸盒里拿出一本新出版的《启功书画选》，嘱咐我带给父亲。我喜出望外地双手捧着这件宝贝告辞出来，竟笨得忘了求伯伯题字！说来还有更笨的：我为他人向伯伯求墨宝，竟忘记给自己求得一字！

这以后还有熟人因公辗转通过父亲向伯伯求画（都如前，无偿），我们都没有再次从命。因为在那仅有的一次，我手捧启伯伯墨宝回到家里就告诉父亲，我那时是亲眼见启伯伯驼背弓腰站立案边挥笔临池，一边笑眯眯运笔，一边咳喘连连，实在于心不忍……不久后，伯伯迁居北太平庄师大宿舍，已是国宝级保护对象，门禁极严，即使仅为老友间偶有走动，无关求字，也颇费周折。又由于众多登门勒索者实难应付，伯伯自己也迫不得已而在门首张贴字条曰："熊猫病了，恕不接待！"

然而他老人家同时又对日常照看的亲属特别交代，我这个"谷若的孩子"——当然不会是仅对我一人——去时，要放行。即使是在父亲去世之后，他仍吩咐家人通电话传信儿，希望见我。据我揣测，他老人家也是想对我这个晚辈叮嘱几句父执的慰藉与鼓励。而可恨也是我这个"不懂事"的家伙，竟然再未去探望这位可敬可爱的老人！而人与人之间的苦乐离合机缘，也许都有定数，等伯伯继我父亲身后十二年也即将去那边之前，我虽从报上看到了消息，却因张扬正在病危，竟分秒无法分身去向启伯伯最后告别！

今春①，严寒初去，我由两位年轻文友陪同，携鲜花一束来到香山万安公墓，再次拜见启伯伯。无言无泪，只有一腔宁静。

除启伯伯之外，与我自幼亲和的孙硕人叔叔，也是在父亲之后十年辞世，而且曾遗有对父亲的宝贵思忆文章。在孙叔叔晚年，海峡对岸他的堂兄孙运璇当选所谓"行政院长"，他因此而被列为"统战对象"。在他大半生所就职的北京新华总社分配职工住房时，即以此名义将他划归高等级待遇之列。叔叔严词力争曰："假如这是因我堂兄的缘故，我拒不接受；如果是凭我自己多年工作贡献和级别，我欣然入住。"

之后，叔叔及与其共同生活儿孙愉快迁入新居。这段故事，是张扬及我在新华社工作老同学众人的异口同声，孙叔叔自己，从未对父亲及我们说过。

在孙叔叔的临终告别仪式上，我和叔叔家最幼弟弟抱头痛哭。这是我

① 2021年4月27日。

在向来极少参加的丧事上第一次这样失态。

“怅平生，交游零落，只今余几？”

父亲不是出自高门深院，早年以自身的些许天分奋力摆脱黄渤海间一隅偏僻渔村愚顽蒙昧的生存环境，最终停栖在了中华文化宝塔最底层卑微的尺寸一角。他或许承继了他的父系戍守海疆抵御外寇的武将和母系帆樯结庐浪中觅食渔家双方远祖的血脉，淘炼出既豪迈狂放，又内敛含蓄的气性；而书香文化的浸润熏陶，或许只是从他潦倒一生的嫡亲书生祖父身上获取到了原初的涓滴濡染。这一点点微不足道聊可谓家学传承的可贵之处，也就在于，它正当一个人童蒙未开之时，起到了至关重要的启迪作用。——不仅仅引导他学会了读（背）书，识（写）字，而且把理性——通情达理，灌注到他的骨髓里，为其心性、情感装上羁绊。尔后，在他的成长与自我塑造过程中，中外文化的哲理人伦又给了他丰富的修整机会使他尽早就踏上了适度、冲和的处世为人之道。笼统说来，父亲少有天生富裕之家子弟的虚骄之气和膨胀野心。他生于不算文明发达之邦，也不算开化进取之乡，有幸自幼接受天恩地福所赐些许灵气，形成摆脱愚昧、拮据、肮脏境遇的初始，养成多思、奋进、求知的惯性，经过谨慎实践，反复求证，选择了教书作为安身立命的主业，而且为自己树立了较高的定位起点；又以极短时间从中学过渡到大学，从或私或公大学，过渡到名校。与此同步，本身还在求学进取，每年以优异成绩交出试卷时期，即已开始将任教与翻译并行，从做家教，中学任教，过渡到大学名校执教，同时译出哈代名著。如此等等，他每一步都是实实在在地稳扎稳行。但是经过理性的思考，日积月累的实践与步步验证，他自己也从不自觉到自觉，明确悟出自己真正的兴趣和所长，还是在于翻译。但是战乱连绵和家室之累又使他无法随心所欲地放飞自己的兴趣心性。

他的一生，随着国势、政局波谲云诡地起伏动荡；他的译事，踯躅未停。1936年到1949年十五年来的国难和时局变迁，使翻译事业无法正常运作，区区译者的主观愿望难以左右大局。正因如此，《还乡》《德伯家的苔丝》两炮打响之后，沉寂一十余年才接连再版；1958年以后到1980年前后这两部书再加上《无名的裘德》组成所谓“哈代三部曲”，又走出了与其类似的命运轨迹——这里是指出版销行的起落消长。也正是由于相同的，不以译者主观愿望为转移的规律，在七八十年代之交以来，翻译事业随着社会文化的复兴再次崛起之时，他先后出版了《维纳斯与阿都尼》《大卫·考坡菲》，三部曲，还有几种英国文学名著选注。这是他能够放弃功利目的，在社会和家庭环境内外交困之际，众皆放弃问学专业之时，独自闭门，面对原文作者，与之神交，并付诸笔纸。身为译者，他的能动性本来有限，但就在这有限的能动范围之内，父亲自己的使命得以渐行渐显。

母亲逝后，父亲万念俱灰，他是向着死亡一天天度日，但是他的翻译生命之火还烧得正旺。不过在重整旗鼓投身译事之初，也不是一帆风顺。

80年代初，担任北大西语系行政事务工作的马士沂先生进城来看望父亲，主要是为发动组织系内翻译潜力，为联合国翻译多年积压的文件，建立汉语文本，以期在此重要国际组织建立一座完整中文文献资料库。于是在动员集结全国高等院校为主的英语翻译人才之际，北大西语系成为受托领军者，具体承担人就是原燕京学生，留校后一直从事党政工作的马士沂老师。马先生是山东济南人，诚恳，勤苦，熟悉业务，“文革”后被重新起用，到西语系初始走马上任，即在老、中、青先生中奔走动员，旗鼓振张，瞬间，系里集合起来的老、中、青教师个个摩拳擦掌，跃跃欲试。老马亲自送到父亲家里的任务，是某联合国官员演讲词。马老师附带说明，此文中有大段莎士比亚戏剧引文，更适于父亲译笔。父亲当即浏览一番，像得到名饭店送来一套美食般兴奋。送别客人，立即端坐开译，汹汹其势，恰似廉颇再次试饭。约一周后，老马亲自再访，取回一沓译稿，再随后，竟音信杳然……

原来，善于翻译英国经典诗文的父亲所译的这种当代应用时文，其中译文在遣词造句气势风格方面，与小组内大多数同人的译文大有风马牛不相及之嫌，以老马的婉言表达，就是“译文风格难与他人统一”。于是，正在兴致勃勃的父亲，从这项重要政治任务中被淘汰出局。而就我在一旁看来，已逾古稀的老父，心性似并未由此多受影响，“胜不骄，败不馁”或已经渐渐注入他的骨血。由此又可见，人的脾性是会随着岁月磨砺，也在成长，丰满。但身为女儿，心中仍不免暗生怜惜与凄恻：“父亲啊，他什么时候在翻译时赶上过这样的滑铁卢！难道廉颇当真老矣……”

然而逆向而思，冷静再说，父亲没有更深卷入那套公文卷宗翻译的隆隆战车，反而幸运地节省下了一个八秩老人毕生积存的珍极精血学养，使之用于更适合于他，也是他更乐于衷心而为的要事。这也可说是又一次的“祸兮福之所倚”！

“离离原上草，一岁一枯荣。野火烧不尽，春风吹又生。”几经枯荣的原草，要感谢出版社的诸多编辑！老年的，中年的，本身也是翻译家的……他们与父亲的交往与了解，早已不是一朝一夕了！北京人文社的孙绳武、蒋璐、施咸荣、徐日珪诸先生已继上海译文社诸君不止一次登门，重商译事。父亲与他们几位劫后余生的故人，彼此再见也都视为弥足珍贵。几部哈代旧译修订再版，得算是轻车熟路，本不在话下。重点，也是难点，是“文革”前一桩未了之事。说到这里，也就无可避免，自然引出了《弃儿汤姆·琼斯史》这部英国古典小说登陆中国的一段故事，且恰与答案密切相关。

这部洋洋巨制的原创作者是亨利·菲尔丁，有“英国小说之父”称谓。按中文计算，全文近百万字，共十八卷，各卷又分别含一二十章不等。当今快速阅读，或谓极简阅读时代，捧起这样一部厚重作品，多半会望而生畏或生厌，但是对于一个只要稍热衷于古典的读者，这仍是一部颇耐寻味的经典；而且也确是英国和欧洲文学史上不可回避的一部巨著。

英国现代小说，与西欧大多数国家相似，雏始于18世纪，至19世纪形成高峰。菲尔丁以他的《弃儿汤姆·琼斯史》等作品，上承甚至更早的《巨

菲尔丁（1707—1754）

人传》（法国，16世纪）、《堂吉诃德》（西班牙，17世纪初）以及其本国18世纪小说《鲁滨逊漂流记》《格列佛游记》，下启司各特、狄更斯等小说大师，在英国文学发展中途，坐稳了英国长篇小说已臻成熟的地标。菲尔丁小说的文本规模、情节结构、形象刻画等这些传统写实作品基本要素，都已到羽翼丰满。或许也算巧合，正当这同一个世纪，在我们中国，代表古典小说最高成就的《红楼梦》的版本也开始流行。早在上世纪前期，我国人文学者吴宓先生在他的《红楼梦》研究中，就以之与《弃儿汤姆·琼斯史》做过比较。至今，我们绝无理由说，曹雪芹或菲尔丁曾经读过彼此的巨著，但在地球上两个相距万里之遥的国家，于同一时段产生了各自的一部小说瑰宝，确也颇为耐人寻味！

仅从上述不及全豹一斑之情节简介来看，那不过是欧洲早期所谓流浪汉小说的构架，没有魔幻，没有穿越，但却仅凭作者高妙的智能、技艺与想象，已将现实生活五花八门的人事与图景细节尽行囊括。近二三十年，我国阅读评判文艺的视野和方式，大大改观，从单一的所谓社会学方法，渐趋多维化。尊重文艺本体的特性，以及其对人对社会长远深厚潜移默化功能之认同，也更为宽泛；但在中外古典文学研习、欣赏方面，写实小说的更近“功利性”，毕竟仍然不容忽视。好的作品，以《弃儿汤姆·琼斯史》为例，凭借其高超的说故事技巧，和刻画人物性格能力，给我们展现出的18世纪前期英国社会人生，真可谓一幅连绵不绝、高低错落、主次有序、粗细井然、色彩纷呈的《清明上河图》。富有社会生活和从政经历的小说家菲尔丁这部作品所体现出的业绩，恰正给我们补足了历史家所不意间忽略，或有意中删除的真实细节。

这部小说距我们固然古远，作为经典艺术，在它诞生伊始，就也已显现出其超前性，这正是我们今天的读者仍能与之亲和甚至受到启迪的缘由。诸如作家开篇以至通篇首选弃儿遭遇这一文学命题；主人公青春期的叛逆另类；人类社会两大性别的悖谬关系等等，其实久已有之。再如书中故事和人物那种反英雄本色以及通篇讽刺幽默的喜剧以及闹剧风格，按菲尔丁自己表白，则是古希腊阿里斯多芬，中世纪塞万提斯、乔叟、莎士比亚的传统。这种风格，历经数百年，在欧美文学以及与古希腊文艺并无传承关系的我国民间戏剧文学中，也都富有长远强大的生命力，至今不失其教化性及愉悦性。不过经典，无论隶属悲剧还是喜剧，其价值和功能，又都应像古希腊对悲剧的定义一样，能够净化人的灵魂，而不是诱使人从恶随俗，追逐下流。所以这部大书传奇而不离其奇，荒诞而不荒谬，繁复而不烦冗，诙谐而不亵痞。常言温故而知新，在当下一些追捧拥趸偷觑猎奇嗜丑的集体“审美”狂欢中，触摸些许中外古老经典，这句成语或许还可派上用场。

《弃儿汤姆·琼斯史》问世二百周年后不久，英国生产了一部据此小说改编，与主人公同名的电影，后获第三十六届（1964年）奥斯卡最佳电影、导演、编剧、音乐等众多奖项。导演托尼·理查森，编剧约翰·奥斯本，恰是其时英国新兴新潮电影和戏剧领军人物，这部获奖电影，也成为英国新潮电影代表作。历史又推进了半个世纪，抚今追昔，似乎也令人依稀看到，当年这些“愤怒的青年”，是如何早已驰回他们二百年前的远祖，行其穿越。

中译本《弃儿汤姆·琼斯史》在中国刊行，虽是20世纪八九十年代后，对这部小说的关注、研究、翻译，却是先行久矣。姑毋论上世纪前期前辈学人的探索，至少60年代初，中国出版、翻译界及其相关主管，在统筹世界文学经典出版工作时，就已将这部小说纳入视野。先父担负此书翻译之初，其实非其全部。大约1964年夏，那正是父亲大体完成《大卫·考坡菲》翻译的时期。我再从西北回京省亲，就听父亲提起，人民文学出版社当时的年轻编辑施咸荣、王仲英诸先生曾专程来访，谈及“外国文学名著丛书”编委会（由人文社、上海译文出版社和中国社会科学院外文所有关专家学者组成）正为已计划列入该丛书的《弃儿汤姆·琼斯史》组稿并物色译者，此时人文社恰巧收到西南一位大学教授对该译作的自动投稿。经慎重审阅，大家认为，应该珍视译者对这样一部文字艰深、内涵厚重经典所付出的劳动，因此特请人文社人员做了通篇校订、加工，但尚需重译、补译相当篇幅。编委会经过研究，才特派当时的青年编辑前来，约先父担负这一任务。

计划经济年代，文化工作同样有严格计划。当时各个国家出版社，担负出版物种类都有明确范围。人文社及译文社是主要两家可出版外译中文学作品的出版社，两家出版社又依具体作家作品各有分工。比如我所知哈代作品，由人文社负责，狄更斯作品则由译文社负责。先父当时已在人文社出版过《德伯家的苔丝》等三部哈代小说、一首莎士比亚长诗《维纳斯与阿都尼》与一部萧伯纳剧本《伤心之家》；又在译文社出版了狄更斯的《游美札记》，手头正为该社译狄更斯的《大卫·考坡菲》。当时两社的责任编辑以及社、室主管本人，大多也是翻译家，对于父亲的译笔多有了解，或可谓欣赏。此次他们又来约稿，其时先父已年逾花甲，在校任课不重，过去参与莎士比亚、萧伯纳、狄更斯翻译，都是出版社先已经过和父亲所属单位北大西语系沟通，再与父亲相互约定；此次，可能也是先已经过此程序，出版社来家面谈，父亲立即欣然接受。一向内敛，与世无争的父亲所以立即欣然，我深知是因为，他向来爱好翻译胜于教书，尤其乐于面对高难度名著挑战；又何况，施咸荣等人文社编辑在来访时还说，确定将这部书选入“外国文学名著丛书”（后来所谓“网格本”）时，党中央宣传部副部长周扬同志曾经说“苏联有的我们都要有！”；更何况，施先生还特别说了一句：“大家认为，菲尔丁那种18世纪的英语和他的风格，只有您能传达出来！”

人文社和父亲的互动十分快捷。不久，施咸荣又到父亲家中亲自送来一笔预付稿酬，说是按出版社不成文的特例。当父亲将手头即将完稿的《大卫·考坡菲》杀青后，本将立即转向投入《弃儿汤姆·琼斯史》，“文化大革命”轰然而至，一切正常工作戛然而止。再不久，父亲收到人文社革命造反组织便条一纸，勒令每月取工资后，抽十五元退还预支稿酬。从此，每当我从大西北回京省亲，匆匆帮父母料理家务当中，就多了一项去邮局向人文社寄十五元退款的任务。此事大约延续三年，据此粗略估算，当初那笔预付稿酬大约在三百至五百元间。“文革”风浪渐趋平静之后，大家都在收拾自己的风帆舢板，重新起航，父亲是率先回应出版社领导及年长编辑重行定约，并立即拿出译作的译者之一。因为他从70年代早中期风暴宁和的间歇，即已开始认真重新整理自己此前出版的全部旧译。

补译《弃儿汤姆·琼斯史》的重点，是这十八卷大部头作品各卷的首章，按中译文计，约六万言。这是菲尔丁文学艺术理念、小说创作主张的表述。其中，菲尔丁以其雄健如椽之笔，尽情挥洒，旁征博引，纵横辩证，明引暗喻，表达了一位以社会担当为己任伟大小说家的胸怀和技艺。先父酣畅地迅速完成了这部分译文，正值北京大学新晋副校长季羡林先生亲顾的《国外文学》杂志约稿，遂委托我们的通家中年好友，不久即任北大图书馆副馆长、国际问题研究中心副主任马士沂先生代此编辑部向父亲约稿，并于不久后发表。此部分译稿全文连载于该刊第二、三期，反应不俗；与此同时，这些译文手稿也交付人文社，受到上下编审赞赏，这是当时责编亲来告知先父。又经若干时日，人文社、室负责人孙绳武、蒋璐及徐日珪、任吉生多位编辑先生女士一行又来造访，称许补译稿后，却又恳切言说，出版社在将此译作三位译者稿件汇合，具体编辑处理过程中，遇到某种难题，特来征求父亲意见。最后，经父亲和来客共同商定（其间我也非礼插嘴略抒愚见），索性由父亲再独自译竣一部全书，纳入“外国文学名著丛书”出版。

80年代初，中国尚未加入世界版权协会，这类计划还都是作、译者与出版社口头协定，无书面合同文字。记得是从1983年秋凉后，我家已从城中心搬到西郊双榆树，年逾八十已鳏居十余年的父亲，终于喜获宽敞读写、起居、待客空间，匆匆安置好桌椅文具，就开始了他的新一程翻译之旅。每天晨起，依他终生习惯，草草梳洗、简单餐饮，遂后立即开始伏案读写翻译，约从9时开始，至13时午饭止，无论周末，亦不顾节假。

尽人皆知，翻译最首要，也是最浅表的意义和功能，是不同体系种类语文之间的对应转换与互动。译者完成这一艰辛过程的满意程度，首先自然决定于其准确把握起始语和目的语的能力。文学翻译，不言而喻，在把握上还要求更有层次的深度，以期传达出包括语文意义与风格方面不同层次的内涵与韵味。先父毕其生，始终致力倾自身中外语文技能修养于每部译作，力求从原文再创作出较满意的译文。

语言文字又是随时光潮流律动而演变的文化存在，18世纪与19至20世纪初或当代的英文，在词义语法以至修辞手段等方面，都有不同。为区别作品中古今有别的语文，父亲翻译《弃儿汤姆·琼斯史》这部二百多年前的经典，基本用语是一种古典味儿白话，或谓略近似明清时代白话。又由于菲尔丁是一位学识渊博精深、语言丰富多彩、行文潇洒磅礴的大师，父亲处理他的叙述、论辩语言及不同身份人物对话、独白等各种用语，也撷取力求对应的不同中文用语；对于英文原文中的拉丁、古希腊等欧洲古文，也采用古汉语对应。为解决途中难点，自然尚需借助参考书及工具书，其中难以自已解决的，便向东北韩井涛主教（1921—2020）书信讨教，韩先生擅拉丁文、希腊文、法文、英文等多种语种，对世界古典文明造诣精深。父亲本来富有藏书，“文革”中已四去其三，我们就在国内外公干之余，或通过中外朋友辗转之间，帮他搜购、求索。如今回想，那也并非一段简捷蹊径。

阅读外国文学作品，通常会遭遇无数表面文字背后隐形的异域文化、历史、民俗成分和谐谑、隐喻、反讽、调侃等等独具作家特色的修辞技巧，读者不一定尽皆直捷深切理解和欣赏，因此，父亲从早年出版翻译处女作

《还乡》《德伯家的苔丝》之始，就很注重译文注释，而且因此在学界颇受尊重。他是结合研究作注释，这是他身为译者以自身学识修养做研究的用武之地，也是将中国传统古籍研究中训诂、注疏方法，引用到研究翻译外国文学中的实践，远非简单地解释词语或“字典搬家”。此类注释，在我国古典名著中，读者已习以为常；而且确已从中获益匪浅。

如此，经过1983年至1987年，略相当于他80至85岁的五年间，约一千八百多个早晨，他终于满面含笑。随着长出一口气说道：“《汤姆·琼斯》的翻译已经完工，我从此不再翻译了！”

那时再过数月，他就整整八十五周岁。

大约两年后，一次在南方开会，我偶遇人文社新一届外文部主任秦顺新先生，他趁会间休闲散步，看似随意而又语气神情都甚庄重地对我说，他们社在安排处理父亲这部《汤姆·琼斯》译稿出版事宜时，又遇到某种未及预见情况，经与丛书合作者，又是兄弟出版社的上海译文社商议，上海方面非常乐于接受出版这部书。现通过我再征求父亲意见。

大约也是秉承了一些父母遗传，我是先天思维简陋、行止粗率类人，加之我混迹外文编辑行多年，人文、译文诸位领导、编辑又大都是我的同行长者，对这两家出版社如此两全的策划，自然易于理解接受。会后回到北京家中，即告知父亲出版社此一新设想。

父亲毕生从事翻译，首先是兴趣，在那一千八百余个上午终日伏案，又对原作那样详加脚注，着实辛苦；别人看来是那样不合时宜，以致吃力不讨好，他却以此为乐。他享受了这一快乐过程，交割了任务，即算万事大吉，至于哪个出版社怎样处理，对他并不那样重要。他既已封笔，就在阅读、赏画、听曲中自得其乐，只在静静等待面见他这最后一部大书。

那时出版周期实在是慢！1994年春，病榻上的父亲终于收到由上海寄来的一部《弃儿汤姆·琼斯史》样书；仅仅一部，不是按当时常规，由出版社送发给译者的二十部，而是此书在下印厂印制后，大规模批装之前，预先装订制作出极少样书，仅供出版印刷等各要隘最后检阅一番，签发退还工厂，再正式开印之用。父亲从1992年的除夕，突患中风，已缠绵病榻数月，亲切关怀老译者的人文、译文两社领导、编辑早对他的病情时予关注，译文社所以如此急迫寄送此一特别样书，确实体现了上海人工作作风中的细腻体贴；同时也令人由衷赞叹先父的幸运！

我至今记得，那时父亲半倚在床，用尚能动作的右手和勉强配合的左手，吃力地捧着这部比《现代汉语词典》还大还厚的书，微笑着吐出这几个字："这辈子，我没白活！"

那是在1993年的10月，此时，父亲已缠绵病榻十个月，不断有知情业内朋友前来探视。我们婉拒了一些泛泛之交或仅为临终留影客人的合照要求，只为父亲一生不支持这类举措。其间，他有时尚能以并未完全失去功能的右手，继续把玩着这部他暮生的孩子，偶尔还会依积习在上面偷偷涂涂改改。——他的翻译，永无定稿。为此，我曾经以列宾修改自己名作《伊凡雷帝杀子》，结果改得过犹不及一事为例，劝阻过他。但他置若罔闻。也许，一些人仿佛是对自己的作品和自己亲生的子女永无满意的时候！

感谢人文社的领导，他们以蒋璐先生为代表前来商议，为父亲召集一次聚会，展示他的成果一二，我代表他立即予以婉拒。相信我没有做什么越俎代庖之事，不过是仅以我向来的了解和认知，父亲一辈子最怕麻烦别人。对于这一类盛事或衰事，他一般都以"否"字应对。

1994年酷热之夏，8月18日，父亲永远离开了我们。他的人生故事就此打住；他的译事故事并未终止。

"千秋万岁名，寂寞身后事！"生前没有立下千秋万岁之名的人，何言寂寞？

就在先父缠绵病榻，亲手触摸到那部《弃儿汤姆·琼斯史》样书之后数月永别了我们。其时我正在英伦讲学。种种前因后果，在其身后祭文中已作交代。杜甫在深切怀念李白的诗中写下的这两句话，各人有各人的理解，我只照对其字面意义的理解，引用最后一句。

父亲生前一贯认可墨子的“节葬”“非命”，力避繁文缛礼。身后，我和舍妹揣度他的思绪，没有操办任何祭奠仪式，和母亲的后事一样。我们把他的骨灰捧回家来，与母亲的并排安放在书房高架的顶端。相关年节，或新发事件，诸如其译作再版书册、有识者相关新问世研究成果文稿等，必另设小台案于前，连同现实人间亲朋年节馈赠饮食，择其生前所好，代以贡献祭祀。不料月月岁岁倏忽又是二十余载，于此环境方式向双亲倾吐衷肠，恰比其生前面对，更加淋漓。

说来父亲生到这个世上，以九十一年走了一匝，原本并未留下什么千古之名，只不过随了他己之所欲，丢下了几本译作。也只不过，由他翻译生涯自始至终所倡导并坚持的“以地道的译文翻译地道的原文”日益受到业内同行认同、支持并发扬。也正因如此，引起认知他的故旧、亲朋、读者忆想。其覆盖地域波及中国港台地区，以及英国、澳大利亚、美国、加拿大等国家。今谨略去诸位大名流水账单，仅举一二群类或个人以示一斑。

他的同学同事李赋宁伯伯、王岷源教授、田德望教授、殷宝书教授等及较年轻朋友，陆续发来唁电。海外异邦也有吊唁纷至。香港著名报人、散

父亲晚年最重要的两部译著

文家罗孚连续著文发表于《大公报》，以示悼念。在他落难京华囚寄海淀双榆树公寓楼时，有缘与父亲成为近邻，偶有共享览画论文及美食之幸。

远在英格兰的哈代学会朋友们，其中一位托尼·丹尼尔斯先生，英格兰一座college的高级英国文学教师，唁函中一段素朴无华文字，尤其令人动情："我早晨第一堂课在教室向学生诵祭你父亲，每天如此，连续一周。"

看来，他是以其基督教国家的余脉传统仪式表达他对父亲这位文友的哀思。

他是一位比我还年轻许多的英国文学学者，又是哈代各种语言文本的著名收藏者。20世纪80年代，即已收集拥有世界各种语言哈代译作七十余种。改革开放之初，他为征集哈代中文译本，辗转和父亲建立了通信联系，往来长篇书信各有数十封。曾写专文介绍哈代的这位中文译者，发表在《哈代学刊》等英格兰刊物，文中特别提到张氏的译文对于哈代原著的注释，曾引起英国和世界哈代学者特别的关注。他把那期杂志远隔重洋寄到我们家里，那一部全篇英国文字的书本里有一页是编辑用影印的方法展示了父亲的《苔丝》中文译本的一页，底白处带有父亲作的中文脚注，父亲和我当时看了，都觉得新鲜有趣。在英国其他杂志上，也报道过这位托尼先生与父亲的书信交流和友谊。从80年代末开始，我去英国参加哈代年会，几次与托尼相逢畅谈，双方都有一个隐约的想望，就是有朝一日能够把父亲和他的几十封读文学论翻译的往来书信付梓出版，但至今尚未成熟蒂落。而关于《哈代学刊》，则至我阅览到2008年前后，还不断读到有中英学人评介张译哈代小说的英文文章。至于国内，父亲名姓亦见诸媒体，闻诸课堂。

张译《弃儿汤姆·琼斯史》获1994年外国文学类国家图书奖。我倾听学界权威同人看法："这是张先生译作中最好的一部，我们都译不出来！"相关此书译文内容的评论，为少浪费篇幅，仅精选抄录20世纪末上海译文社初版后有识之士的一段如下：

一九九七·四·四 晴

在二酉堂购（英）菲尔丁《弃儿汤姆·琼斯史》，张谷若译。上海译文一九九五·十·三印。一四三八页。珍藏版。金外套封。张氏译文典雅，趣味横生，无愧于菲尔丁。张氏译笔之传神韵胜于人民版之萧乾译本。后者信则信矣，然文采略输。读张译尤赏其长脚注，多为涉及英国文化习俗之妙文。译者心得如此，读其译述增吾知识。想起英国理查德·伯顿（Richard Burton）的名译《天方夜谭》之脚注。读是译吾心坦然、泰然。老辈译家专选挚爱之作品作家，数十载磨一译而沉潜把玩乐此不疲，比之今日"快刀译手""乳臭未干"译者乃天上地下，读时下"快手"之译，往往意尚未达，何况文采传神乎?！张译足令此辈汗颜。读名著必读名译，如无名译宁可不读名著。此为尊重知识，尊重品味。（见《书之爱》，王强著，世界知识出版社2000年1月版）

我恬然同意！世上还是有这样的爱书之人——有眼力、有独立见地、勇于论说之人！对这部书先父生前也有过"自己最为满意一部"的表示。可憾，"它"太厚太重！浮躁时代，莘莘学子研究"张译"时，麇集于《德伯家的苔丝》等较薄本，甚至只在开头篇节大作文章，无暇顾及这位汤姆。所幸者，"它"问世后，经译文社连年再版3次，发行量共80000册；2008年又经重庆出版社选入"企鹅经典丛书"出版。直至2014年春，身为父亲张谷若版权继承人，我偕同舍妹张林，与人民文学出版社就此书签订了新出版合同。这部先父的天鹅译作，纵跨大江南北转了一周，又回到人文社，完成了"它"的归来。

从纯市场经济视角看来，这样一部远隔重洋二百多年前作品译文的一套上下册大书，我们本不敢奢望它能为出版社赢利、看好。事实也果然恰与我们的预想吻合，直到2021年初春，大疫横行，黔首觳觫，社区封门。一日清晨，有一只沉重快递大箱破门入户。我心中充满悬念地开箱启封，原来是人文社新版《弃儿汤姆·琼斯史》样书！我静心检阅这部新书，不禁连连赞叹，当即取出一套，举向父母，高声倾诉：“这是我见过最美丽的书！”随后安放在父母的家中祭坛案前。

新版的《弃儿汤姆·琼斯史》

综观父亲一生成果，重头在晚年，如果言《大卫·考坡菲》堪称压轴之作，《弃儿汤姆·琼斯史》则应为大轴。

2021年4月，长期旅居伦敦的华人朋友梁女士偶读拙作《弃儿汤姆·琼斯史》“译本序”发来微信中言：“《弃儿汤姆·琼斯史》登陆中国故事很感人。这些文字让我更相信有的生命在人间的穿行是天赋使命的。”

父亲平常为人一生，多以教书先生面目身份示人。他的最后生命，还是嫁接到了翻译家上。他大概最后就是打着这个旗号，到什么地方报到去了！

近年再追溯往事，敲击键盘的劳作中，偶尔在尘封箱橱的角落邂逅父亲大部头之外的零星小件。诸如：商务版《英国文学名篇选注》中的《圣经》、《哈代诗选》、卡罗尔的小说《镜中世界》片段；高等教育出版社《二十世纪西方文论选》中的兰色姆文论《纯属思考推理的文学批评》；等等。可见诸多原创作家各种题材作品，在父亲那里，几乎都是奇迹般地得心应手。

父亲长逝的第九年夏，也是他诞辰的一百周年，中国翻译工作者协会偕同北京大学英语系、人民文学出版社，及山东大学、烟台大学、烟台师范大学各校外语学院联合举办了纪念研讨会，是为中国英语翻译学界对先父毕生从事翻译工作取得成绩的定格。短短一周会期，会上会下日日夜夜，我时时有一种父亲魂归故里的感应。

法国人说："笑到最后，笑得最好。"父亲最后是笑了。他的笑，前瞻先他而去的母亲；后顾自己一生的所作所为。

我从英国回来太迟，我也不用问当时守在身边的人，我肯定，他的笑宁静从容，无声无言，腼腆、憨厚、笃实，而且在愚痴中透着一点智慧。

托尼那一周向面对他学生的每天宗教色彩的晨悼，父亲在那边睡得很死，大概没听见吧……没关系，他一向不在意人家说什么，况且他也从不信上帝……

笑到最后，笑得最好

跋

作者继续着父亲的事业

这是一堆日间呻吟、夜来挣扎当中敲出的拙劣文字——一年有余，尽在耄耋病中。又因为构成脉络的主体是父亲，边写边警告自己：“少提我。”但终归必得向读者道歉：还是提了不少！不过逆向而思，又给自己找到了托词：“我本来就是他的主要亲人之一，无论是往昔生活中还是写作过程中，父女互动，纯属天然！”再者，既然我是他的女儿，我就是他的，他和母亲的作品。我毕竟是一部他们的另类作品，他们生命的一部分。而我今天记下的这些文字，又正是他们生命的延续。

说来，人皆有父母，除非悟空那样的石头怪胎。然而并非人皆写父母：谦逊者不愿写，健忘者无路写，受弃者恨拒写……唯独我如此平庸傻女儿，正经八百写平庸。

无论如何，我要向那边的父亲再添加几句：

对不起

您给我一个
生命的开启。
我还您一个
生命的继续。
我这和您那
怎能同日语？
无奈道一声：
老爸对不起！

——2021.2.10（农历庚子年腊月二十九）

中午停笔饭前购物行，在双安过街桥头偶得

最后，我要对助我完成拙稿诸君芹献谢意：

中国社会科学院刘玉杰女士——没有她的创意和启示，我不会动笔写此书；

图书策划人蒙木先生——在我书写此书过程中，他认同我的构思、行文，并多次拨冗助我钩沉检索重要资料，校正舛误；

上海悦悦图书公司王鑫先生、北京大钟寺社区王翼冰先生——在我伏案打字中，他们即时助我排除不少操作困难。

2021年除夕最终结稿